药品物资调度优化
理论与方法

刘 明 曹 杰 著

科学出版社

北 京

内 容 简 介

药品物资调度优化理论与方法研究，无论是在应急环境下，还是在常规环境下，都具有重要的理论意义和实践价值。对于应急环境而言，科学的应急药品物资调度，不但能使应急管理系统更好地发挥作用，而且能使政府及公众的应急行为更加规范和有序，从而产生巨大的协同效应。对于常规环境而言，科学的药品物资调度优化，不但能满足广大患者的用药需求，而且可以有效地控制物流响应成本，降低药品价格，减轻患者的经济负担。本书内容包括三个部分：第一部分为理论基础与篇章导引，简要阐述了药品物资调度的相关概念及调度优化模型所需应用到的相关理论方法；第二部分以生物恐怖袭击事件为对象，研究了传染病扩散环境下的应急药品物资调度优化理论与方法，试图为重大突发公共卫生事件或生物恐怖袭击事件的应急管理提供一些有效的决策建议；第三部分以常见的流感为例，研究了药房托管环境下的常规药品物资订购与配送协调优化问题，试图为国家推进药品药事服务改革、减少用药中间环节、实现医药分开寻求一个有效的切入点。

本书可供从事管理科学与工程、公共管理、应急管理、公共卫生管理等行业的科研人员使用，也可以为应急管理部门、公共卫生主管部门等人员提供科学的决策参考。

图书在版编目(CIP)数据

药品物资调度优化理论与方法/刘明，曹杰著. —北京：科学出版社，2017.6

ISBN 978-7-03-053687-7

Ⅰ.①药… Ⅱ.①刘… ②曹… Ⅲ.①药品–物资调度–研究–中国 Ⅳ.①F724.73

中国版本图书馆 CIP 数据核字(2017) 第 138078 号

责任编辑：惠　雪　沈　旭/责任校对：彭　涛
责任印制：张　倩/封面设计：许　瑞

科学出版社 出版

北京东黄城根北街 16 号
邮政编码：100717
http://www.sciencep.com

北京通州皇家印刷厂 印刷

科学出版社发行　　各地新华书店经销

*

2017 年 8 月第 一 版　　开本：720 × 1000 1/16
2017 年 8 月第一次印刷　　印张：16 1/4
字数：328 000

定价：99.00 元
(如有印装质量问题，我社负责调换)

前　　言

药品物资调度问题具有应急环境与常规环境的双重社会现实背景。在应急环境下，药品物资调度关乎应急救援效率甚至灾民生命安全；在常规环境下，药品物资调度关乎终端药品价格甚至医疗服务水平。因此，开展药品物资调度优化理论与方法研究，无论是在应急环境下，还是在常规环境下，都具有重要的理论意义和实践价值。

从应急管理角度而言，近十余年来在世界各地发生的各种非常规突发事件均对当地经济和社会环境等产生了严重的破坏，甚至引发全球危机；学术界在总结、分析、思考如何应对各类非常规突发事件时，逐步形成了面向自然灾害、公共卫生事件、社会安全、事故灾难等的应急药品物资调度优化理论研究成果。在这方面，本书作者基于 2007~2010 年参与完成的国家自然科学基金项目 "生物反恐体系中应急物流网络优化与仿真研究 (70671021)"，通过对不同生物危险源扩散规律进行分析，建立了相应的危险源扩散网络模型，并提出了生物危险源扩散的预测与控制策略；在危险源扩散规律研究的基础上，进一步研究刻画了生物危险源扩散网络和应急药品物资调度网络的协同优化理论与方法。本书的第二部分即为该项目研究成果的体现，其中第 3 章为基于生物危险源扩散模型的应急药品物资控制策略研究，该章节阐述了未考虑人口迁移的生物危险源扩散模型 (SIQRS 模型、SEIQRS 模型)、考虑人口迁移的生物危险源扩散模型 (SIS 模型)、生物反恐体系中的应急药品物资控制策略分析等；第 4 章为时间驱动环境下的应急药品物资混合协同配送方法研究，包括 PTP 模式与 HUB 模式混合的协同配送方法以及 PTP 模式与 MMTSP 模式混合的协同配送方法；第 5 章为资源驱动环境下的应急物流网络协同优化方法研究，分别考虑了药品资源供应充足与供应能力不足环境下的应急药品物资调度网络协同优化；第 6 章为生物反恐体系中应急物流网络集成动态优化，分别研究了两层次和三层次的应急药品物资调度网络集成动态优化模型。

就常规环境而言，传统的医院药房管理每年都需要抽出大量资金用于采购药品，大大占用了医院的流动资金，同时医院还承担着药品过期损失的风险。打破以药养医、推进医药分开、改进药品物资的供应结构，已成为当前第三方医药商业公司切入医院终端的最好入口。在这方面，本书作者基于 2013~2016 年主持完成的国家自然科学基金项目 "基于时空网络的季节性流感药品采购与供应交互式协调优化 (71301076)"，根据流感扩散行为规律，将药品的需求预测、采购、生产和供应进行整体优化设计，实现流感扩散网络与药品物资调度网络的动态协同，在满足患者用药需求的同时，有效的控制整个药品供应链成本。本书的第三部分即为该项目研究成果的体现，其中第 7 章为药房托管基本概念，包括药房托管的提出背景、药房托管的发展历程、主流的几种药房托管模式、药房托管的特点优势及存在问题分析、药房托管模式下药品物资调度问题的提出等；第 8 章为需求与旅行时间双重不确定性条件下的药品物资配送排程规划，包括动态决策架构设计、确定性药品物资输配送排程规划研究以及随机性药品物资输配送排程规划；第 9 章为基于时空网络和机会约束规划的常规药品物资订购与配送排程规划，包括动态决策架构设计、单种药品物资的确定性订购与配送规划模型研究、单种药品物资的随机性订购与配送规划模型研究以及多种药品物资的随机性订购与配送规划模型研究；第 10 章为基于流感扩散规律的药品物资订购与配送排程规划，包括流感扩散规律研究、患者整体指派情形下的药品物资订购与配送排程规划、订购量为决策变量情形下的药品物资订购与配送排程规划以及患者随机指派情形下的药品物资订购与配送排程规划。

　　本书所介绍的药品物资调度优化理论与方法充分吸收了复杂网络、生物数学、时空网络理论、运筹优化以及智能算法等理论方法的精华，并将其应用于药品物资调度决策中，这一创新性的应用不仅有助于更加科学地认识药品物资调度优化过程，促进药品物资调度优化理论在实际决策中全面有效地实施，同时对于帮助读者了解相关学术前沿、培养创新思维都有重要作用。

　　本书不仅是作者个人的研究成果，更是集体智慧的结晶。在作者 2007~2010 年攻读博士学位时，导师赵林度教授给予了莫大的帮助与鼓励，是他将作者引入生物反恐应急物流网络优化研究领域，并鼓励作者在学科发展的前沿研究中最大限度地发挥主观能动性和创造性；2011 年参加工作伊始，曹杰教授就给予作者多方面的帮助和指导，此书的出版也得到其所主持的基金资助；此外，作者的研究生刘东东、张慧祥、苏文龙、舒娜、余玮、张丽萍、李颖祖、刘立雯等，先后参与到作者所承担的国家自然科学基金项目中，完成了相关章节的研究，在此一并深表感谢。

　　本书的出版得到了国家自然科学基金项目 “基于时空网络的季节性流感药品采购与供应交互式协调优化 (71301076)” “紧急情境下复杂动态应急决策模型与方法研究 (71273139)” 和国家社科基金重大项目 “中国社会应急救援服务体系建设研究 (16ZDA054)” 等共同资助，也得到了科学出版社的大力支持，在此表示感谢！

　　由于时间仓促及作者水平有限，书中不当之处在所难免，请读者批评指正。

刘　明

2017 年 3 月

目 录

第三部分　药房托管环境下的常规药品物资调度优化理论与方法

第一部分

理论基础与篇章导引

第1章 药品物资调度基本概念

药品物资调度优化理论与方法研究，无论是在应急环境下，还是在常规环境下，都具有重要的理论意义和实践价值。对于应急环境而言，科学的应急药品物资调度不但能使应急管理系统更好地发挥作用，而且能使政府及公众的应急行为更加规范和有序，从而产生巨大的协同效应。本书将以生物恐怖袭击事件为对象，研究生物反恐体系中的应急药品物资调度优化理论与方法，试图为重大突发公共卫生事件或生物恐怖袭击事件的应急管理者提供一些有效的决策建议。对于常规环境而言，科学的药品物资调度优化不但能满足广大患者的用药需求，而且可以有效地控制物流响应成本，继而降低药品价格，减轻患者的经济负担。本书将以常见的季节性流感为例，研究药房托管环境下的常规药品物资订购与配送协调优化问题，试图为国家推进药品药事服务改革、减少用药中间环节、实现医药分开寻求一个有效的切入点。由于药品物资调度涉及应急与常规两种环境，本章将从这两个方面对药品物资调度的基本概念进行阐述。

1.1 药品物资相关概念

1.1.1 应急药品物资及其分类

应急药品物资是在各类非常规突发性事件，如自然灾害、恐怖袭击、公共卫生等发生后，为救治伤员而急需的各类药品物资。其中，美国国家战略配置中心计划的药品物资包括：抗生素、抗毒素、疫苗、个人防护装备、化学解毒剂、静脉给药设备、呼吸维持设备、生命支持药品设备及其他便携式药品设备和手术用品等[1]。

应急药品物资需求是处于各类非常规突发事件的背景环境下的，因此其具有以下特点。

(1) 不确定性。应急药品物资的不确定性是由非常规突发事件的不确定性决定的，灾害和公共卫生事件等非常规突发事件的发生时间、区域范围、程度等是不可预知的，因此救援活动中的应急药品物资的类型、数量、运送地点等都具有不确定性。

(2) 不可替代性。由于不同非常规突发事件的需求不同，因此应急药品物资具有某些特定的不可替代性。如应急疫情发生后的疫苗、地震后用于救治伤员的血液制品、大规模中毒事件后需要的解毒剂等，在特定的应急环境下不能用其他药品物资来代替。

(3) 时效性。应急救援活动中应急药品物资的需求是即时的, 应急药品物资必须在需求点要求的时间内送到伤员所在地才能够发挥其效用。

应急药品物资的种类有很多, 不同的应急药品物资对应急救灾所起的作用各有不同。因此, 有必要对应急药品物资进行科学的分类。对不同类型的应急药品物资采取不同的运输、配送方式, 有利于更好地发挥其价值和作用, 保证应急物流的快速实现。

(1) 按应急药品物资使用的紧急情况可分为一般级应急药品物资、严重级应急药品物资和紧急级应急药品物资三类。一般级应急药品物资是指有利于灾害救急, 有利于减轻灾害的损失且必要的药品物资, 如消毒处理类物资; 严重级应急药品物资是指对减轻灾害损失、缩小灾情范围、对应急救灾工作能够发挥重要作用、非常必要且重要的药品物资, 如救援运载、防护类物资; 紧急级应急药品物资是指对应急救灾工作的开展、挽救人民生命财产损失、稳定局势起关键性的作用、必须且极重要的药品物资, 如生命救助、生命支持、临时食宿类物资。

(2) 按应急药品物资的用途可分为防护用品类应急药品物资、生命救助类应急药品物资、生命支持类应急药品物资、救援运载类应急药品物资、临时食宿类应急药品物资、污染清理类应急药品物资六类。防护用品类应急药品物资主要包括卫生防疫设备、化学放射污染设备、防护通用设备等; 生命救助类应急药品物资主要包括处理外伤设备、高空坠落设备、生命救助通用设备等; 生命支持类应急药品物资主要包括窒息设备、呼吸中毒设备、食物中毒设备、生命支持通用设备, 如输液设备、输氧设备、急救药品、防疫药品等; 救援运载类应急药品物资主要包括防疫设备、水灾设备、空投设备、救援运载通用设备等; 临时食宿类应急药品物资主要包括饮食设备、饮用水设备、食品、住宿设备、卫生设备等; 污染清理类应急药品物资主要包括防疫设备、垃圾清理设备、污染清理通用设备, 如杀菌灯、消毒杀菌药水、凝油剂等。

(3) 按引起应急药品物资需求的原因可分为自然灾害类应急药品物资、事故灾害类应急药品物资、公共卫生事件类应急药品物资、社会安全事件类应急药品物资四类。自然灾害类应急药品物资主要包括水旱灾害、气象灾害、地震灾害、地质灾害、生物灾害和森林火灾等突发事件所需的应急药品物资; 事故灾害类应急药品物资主要包括工矿商贸等企业的各类安全生产事故、交通事故、危险化学品事故、公共设施和设备事故、核与辐射事故、环境污染和生态破坏事件等突发事件所需的应急药品物资; 公共卫生事件类应急药品物资主要包括传染病疫情、群体性不明原因疾病、食品安全和职业危害、动物疫情以及其他严重影响公众健康和生命安全的突发事件所需的应急药品物资; 社会安全事件类应急药品物资主要包括恐怖袭击事件、民族宗教事件、涉外突发事件和群体性事件等突发事件所需的应急药品物资。

(4) 按应急药品物资的使用范围可分为通用类应急药品物资和专用类应急药品物资两类。通用类应急药品物资适合一般情况下救灾工作的普遍需要，也是比较重要的物资，如食品、饮用水、药品等几乎每次应急救灾都是必需的物资；专用类应急药品物资则适用于不同的灾情，具有特殊性，应当视情况而定，如针对某些大范围疫情的特定抗生素、疫苗等。

1.1.2 常规药品物资及其分类

根据《中华人民共和国药品管理法》第一百条关于药品的定义：药品，是指用于预防、治疗、诊断人的疾病，有目的地调节人的生理机能并规定有适应证或者功能主治、用法和用量的物质，包括中药材、中药饮片、中成药、化学原料药及其制剂、抗生素、生化药品、放射性药品、血清、疫苗、血液制品和诊断药品等。

从使用对象上说，它是以人为使用对象，预防、治疗、诊断人的疾病的物资，有目的地调节人的生理机能，有规定的适应证、用法和用量要求。从使用方法上说，除外观可见，患者无法辨认其内在质量，许多常规药品需要在医生的指导下使用，而不能由患者选择决定。同时，常规药品的使用方法、数量、时间等多种因素在很大程度上决定了其使用效果，误用不仅不能"治病"，还可能"致病"，甚至危及使用者的生命安全。因此，常规药品是一种特殊的商品，具有如下几个特点。

(1) 种类复杂性。全世界各类常规药品大约有 20 000 种，我国中药制剂约 5000种，西药制剂约 4000 种，由此可见，常规药品的种类复杂、品种繁多。

(2) 医用专属性。常规药品不是一种独立的商品，它与医学诊断紧密结合，相辅相成。患者只有通过医生的检查诊断，并在医生与执业药师的指导下合理用药，才能达到预防疾病、恢复健康的目的。

(3) 质量的严格性。常规药品直接关系到人们的身体健康甚至生命存亡，因此，其质量必须得到有效保障，必须确保药品的安全、有效、均一、稳定。

另外，常规药品的质量还有一个显著的特点是，它不像其他商品一样，有质量等级之分。常规药品只有符合规定与不符合规定之分，只有符合规定的产品才能允许销售，否则不得进行销售。

医院在常规药品的库存管理上一般实施"三级"分类管理制度，即借助于统计学的相关方法，将常规药品库存按照物资的价值、品种，分为特别重要、一般重要和不重要三个等级，在进行等级分类的基础上再实行药品品种重点管理、控制管理和总额灵活调控管理。其中，一级材料主要以一些贵重的医学仪器和医用药品为主，如植入人体内的各种材料以及其辅助材料；二级材料主要是药房库存的各类普通价值的药品；三级材料主要指医院常用的低价值易耗品，如一次性卫生材料、病人使用的床上用品等。

对南京市相关医院管理人员进行访谈得知，在一般性经营策略下，常规药品物资的来源主要以合约性定期订购方式为主。医院在采购常规药品物资时，决策者会依据过去的历史数据和经验法则，先确定下一年度的预计需求量。采购人员在对市场上相关医疗产品的价格、折扣、质量以及供应商的信誉度等进行充分了解与评估之后，选择适当的供应商作为合作伙伴，就产品价格、订购数量、折扣条件、交付时间、配送方式、配送频次、售后服务等条款达成一致意见，并与其签订相关供应协议。

1.2　药品物资调度特点

1.2.1　应急药品物资调度特点

应急物资调度受灾情信息和外部客观环境的共同影响，决策者应准确把握应急物资的需求信息，考虑已有物资储备情况及交通运输安全等因素，合理安排应急物资调度活动，包括选择合适的应急供应点、筹集调用和分配应急物资、优化车辆运输路径等。

由于各类非常规突发事件所具有的破坏性、不确定性和不可控性，所以应急药品物资调度与一般的物资调度有明显的区别，主要体现在以下几个方面。

(1) 弱经济性。应急药品物资调度最主要的目标是在尽可能短的时间内将应急药品物资运送到灾区救援点，其更注重药品物资的时效性，不太注重运输费用，而一般药品物资调度通常需要优化物流成本。

(2) 需求变化大。应急药品物资调度中，随着时间的推移，救援点对药品物资种类和数量的需求可能会发生变化。如在应急救援初期，虽然对药品物资的需求量特别大，但由于灾区信息不完全，不同受伤情况的伤员所需要的药品数量无法准确数字化，特别是对平时储备中心未储存的药品物资需求未知，比如特种药品和专项药品等的随机性很大，只能在需求的有限时间里进行临时调拨。由此对很多药品的初步预测数往往大于实际需求数，导致不同程度的浪费。数据显示，2008 年汶川地震救援中，仅在收发环节，救灾药品剩余 6% 未发放，药品器械则剩余 14%，消杀类药物剩余量高达 20%。此外，突发事件发生后，不同的救援阶段会有不同的救援任务，如地震初期，首要的救援任务是挖出埋在废墟下的人，救援器械、纱布、绷带等是前期主要调度的应急药品物资；而在地震后期，救助伤员、后期恢复等是主要的救援任务，药品、饮用水、纱布、手术工具等则成为后期主要调度的应急药品物资。

(3) 调度约束多。非常规突发事件下的应急药品物资调度面临着复杂的约束条件，具体包括：①信息约束，由于突发事件的不确定性，应急管理中心在事件初期不能全面掌握有效信息，使得应急药品物资调度的决策判断受到影响；②时间窗约束，灾后 72h 是救治灾民、挽救生命的黄金时间，这期间药品物资的需求急剧上升，时间极度紧迫，所以药品物资的筹备、调运和分配都必须达到实时响应，尽可能以最快的速度供应；③资源约束，在突发事件发生的初期，应急管理中心在有限的时间和范围内难以筹措到大量的应急药品物资，即供应能力很有可能受限；④运输基础设施约束，突发事件的破坏性可能会使灾区的基础运输设施，如公路、铁路、通信设备等遭到严重的损坏，导致应急药品物资的调度过程极其困难。

(4) 调度的范围和领域广。部分药品物资具有稀缺性，一旦遇到需求较大的灾情，由于需求的紧迫性，企业或储备单位无法在短时间供应的，就必须从周边地区或者全国各地区广泛调运，甚至实行国外采购，这些筹措方式使得应急药品物资的调度范围和领域极广。

(5) 调度目标的变化。非常规突发事件的持续性使得救援阶段会持续较长时间，灾区的救援任务和药品物资的调度目标都会随着时间的变化而不同。在突发事件发生的初期，应急药品物资调度的主要目标是使调度的总时间最小，以尽可能减少损失，如伤员在地震发生后 24h 内能够得到救治会有较高的存活率，48h 后抢救出来的伤员存活率大大降低，72h 后存活率更低。随着时间的推移，到达配送中心的应急药品物资越来越多，信息的确定性加强，到应急救援后期，调度时间就不再是优化的主要目标，而重点考虑调度的效益或价值目标。

1.2.2 常规药品物资调度特点

纵观我国常规药品物资调度的发展历程，目前尚未发展出成熟的物流模式，其特点可以总结为 "一个特征、两个趋势、三个误区、四个问题"，具体分析如下[2]。

1) 一个特征

目前我国的常规药品物资调度最典型的特征就是：尚处在供应链单一环节优化的阶段。我国的医药物流起步较晚，目前大多数已经开展或即将开展的医药物流项目还停留在企业内部进、销、存业务整合、流程优化的阶段，很少涉及对上游药品生产厂、供应商和下游药品批发零售企业、医院的整合，无法根本性地解决重复运输、牛鞭效应、库存积压等现象，导致供应链效率低下、药品配送成本增加、药价抬高等不合理的问题。

2) 两个趋势

从发展趋势看，未来我国常规药品物资调度有两个显著的方向：一是物流整合上升到企业战略管理高度；二是物流服务与主营业务分开，实行专业化管理。

在物流服务整合方面，现代医药物流运作方式将从传统的批发模式向供应链管理模式发展，以物流中心为平台，与制造商及其他供应商（上游企业）和药品零售商及其他分销商（下游企业）建立一种面向市场的供应系统，提高药品分销效率，并形成相对稳定的产销联盟网络。在这一转变过程中，物流管理在很多企业中已经从作业管理的层面上升到了企业战略管理的高度，被当做发展战略的重要内容予以重视。形成这一趋势的原因有两个：第一是医药行业重组、整合的过程中，企业规模不断扩大，而药品物流网络是保障企业业务资源能够有效整合，形成规模优势的根本；第二是医药行业进入"微利时代"后，通过强化药品物流管理实现减本增效，以期在激烈的竞争中实现自身的成本优势。

在专业化管理方面，目前国内常规药品物资的调度费用仍居高不下，究其原因就是传统的物流模式运营成本太高。国内许多大型医药企业，如上海国药、上海医药、南京医药等，都把原有的物流业务、资产人员剥离或托管给第三方物流公司，并与第三方物流公司实行独立结算、相互考核。形成这一趋势的主要原因有两个：第一，第三方物流公司的专业化运作可以有效地提高物流服务水平、降低物流成本，为母体创造可观的经济效益；第二，第三方物流公司在为母体提供物流服务的同时，还可以利用剩余资源为社会上其他企业提供相似产品的物流服务。这对于初期投资巨大的医药物流项目而言，可以大大提高项目的投资回报率，实现集约化经营。可以预见的是，在医药物流越来越受重视的将来，我们将会看到越来越多主辅分离、专业化运营的管理模式。

3) 三个误区

(1) 中小规模企业没有必要也无法整合物流。据行业统计，目前全国药品批发企业有 1.65 万家，零售企业近 14 万家，药品生产企业 6300 多家，这些企业中 95% 以上都是中小型医药企业。与此同时，认为中小规模医药企业没有必要也无法开展物流整合，是中国目前常规药品物资调度过程中的一大认识误区。中小型医药企业虽然在投入上无法与大型企业相比，无法成为供应链整合的领导者，但是其作为现行医药供应体系中的一部分，任何一个供应链的优化项目都离不开这一环节。事实上，中小型医药企业可以在两个层面上开展物流整合，以提高物流服务水平、降低物流成本。一是在作业层面上，积极优化内部作业流程以提高效率和客户服务水平，并探索与第三方医药物流企业的合作模式，降低成本；二是在战略层面积极参与到大型企业领导的供应链整合中去，从上下游环节降低成本和提高服务。

(2) 设备和技术决定竞争能力。很多学者和企业经营者都认为，物流设备技术越先进就越有利于强化企业竞争力，越能吸引客户和战略合作伙伴。在物流项目的建设上重技术先进性带来的宣传效应，而忽视了系统应用中的协调一致性，是当前国内常规药品物资调度投资的另一认识误区。这一认识误区的直接后果就是物流系统化、信息化、自动化不能为自己"量体裁衣"，与企业自身现有的业务规模和管理水平不匹配。事实上，根据木桶原理，药品物资调度效率和服务水平的高低不是取决于整个系统最强的部分，而是取决于最薄弱的环节。单一技术环节的高要求、高投入并不能显著改善整个物流系统。战略投资者、商业合作伙伴或者下游的客户更注重的是整个物流系统的可靠性、完整性和物流整体服务水平的高低，而不是物流设备与技术的先进程度。中国的医药物流要由传统的粗放型向现代化的信息型转变，首先要解决政策法规、业态流程、经营模式、观念、软件开发和人员这几大问题，这几个主要的问题不解决，设备和技术再先进也无用武之地。

(3) 自动化带来成本降低。自动化对降低常规药品物资调度成本的作用主要体现在两个方面：一是工作效率提高后带来的直接人工成本的降低，二是差错率降低后带来的间接作业成本的降低。目前，各地企业投资自动化物流中心的热情很高，各类药品物流项目少则投资数千万元，多则高达数亿元。然而国内的现状是：一方面，企业在国营体制下很难通过裁减人员降低人工成本，另一方面自动化设备投入使用后每天要产生数万元的能耗成本。更有甚者，由于国内电力供应紧张，很多自动化设备只能处于半投产状态，无法通过规模化经营来降低成本。因此，很多企业面临的困境是：药品自动化物流中心全面投入使用后，物流成本不降反升。

产生上述问题的原因就是我国医药企业对自动化的片面认识。一个先进的机械设备运行系统能否有效地发挥作用，与企业本身的信息化程度、信息化管理程度密切相关。可是很多企业盲目地追求信息化与物流机械化，没有充分考虑自己企业的实际需求。事实上，中国的医药仓库完全没有必要上全自动的仓储设备，国外之所以实现全自动化，一是因为他们的人工成本高，二是因为他们的其他的配套环境：政策、人才、业务流程达到了与之匹配的水平。而这两大条件在中国尚不存在，所以物流设备的"自动化"应该是一个循序渐进的过程，当前只要针对自己的实际情况投入相应的设备就足够了。

4) 四个问题

(1) 配套政策和标准不到位。①对于第三方医药物流企业的审核制度仍然不明确。国家目前对江苏、浙江等 11 个省份成立的医药物流中心给予贴息贷款等政策支持，这种整改的一个必然结果就是医药第三方物流企业从原有的医药批发企业中剥离出来，进而面临对这些新的第三方物流企业进行资质考核和评估的问题。然而，目前国家对这方面没有一个新的考核和评估体系，而原有的 GSP 认证只适合医药经销企业，对于第三方医药物流企业 GSP 的很多内容都不再适用，一个新的考核、评估体系的制定迫在眉睫。②国家目前还没有出台统一的药品编码。统一编码可以建立起一套对药品质量全程跟踪和追究的制度，但是长期以来，由于药品的品种较多，国家没有进行统一编码。药品名称复杂，有中文名、商品名、英文名、拉丁名等，这给生产企业、医院，尤其给大型连锁药店带来很多的麻烦。这种各家自成体系的编码，在信息流通中既不能实现信息共享，也不利于对药品的监管，造成了资源的极大浪费。③药品物流标准不统一。药品物流标准的不统一也成为制约中国医药物流向规范化、高效化并与国际接轨的一大障碍。比如，药品物流容器、药品包装箱、药品仓储托盘等缺乏统一的标准，因此必须加快推进医药物流标准化的建设。同时,应当调整医药物流配送中心的许可证制度和经营对象范围,与国际接轨,建立配送中心严格准入许可证制度,建立配送中心下属的配送分中心的许可证备案制度。

(2) 投资过热、过散,缺乏有效整合。自 2002 年 7 月北京医药股份有限公司与西门子德马泰克公司正式签约,合作建立现代化医药物流配送中心,全国各地掀起了兴建大型医药物流中心的热潮。目前,国内销售额最大的中国医药集团、上海医药集团股份有限公司、九州通医药集团分别仅占医药市场销售总额的 3%~5%。与此同时,这些医药物流企业在物流建设中均以单个企业为主体,呈现点多、规模大、投资大的状况,设计规模要求往往是企业现有业务规模的 3~5 倍,动辄要求能够支持上百亿元的销售。然而,由于国内医药行业供应链整合的环境还没有形成,第三方医药物流也不成熟,各搞一块、重复投资的结果就是各家都吃不饱、很难形成规模效应。

与美国相比,平均每个配送中心能够支撑的消费额,我国只是美国的 11.75%;配送中心内每平方米能够支持的销售额,我国只是美国的 40%;平均每个配送中心能够支持的最小存货单位 (SKU) 品种规格,我国也只是美国的 24%;而平均处理单行订单的运作成本,我国却是美国的 2.78 倍。由于销售额小、效率低,经营会处于困难境地。2011 年,武汉已有四家已建和在建的医药物流中心,其中一家物流中心已明显业务不足,陷入亏损的困境。

(3) 第三方物流不成熟。由于从原有医药批发企业中剥离出来的医药物流企业没有经历第三方物流企业的一般发展过程,存在很多第三方物流能力方面的不足。第一,配送网络单一。配送网络主要从以前的药品进、销的路线和节点演化,分布不合理,没有从第三方物流系统规划配送网络的角度设计。第二,信息化能力低下。医药物流信息化建设落后,目前还没有一个适应国内市场的成熟的信息化方案。许多企业还没有能力利用信息化来提高效率。第三,医药物流企业采用的是仓库、车辆和人员的堆积方式,实现以人工为主的商品储运,人员素质不高,当面对更大的商品吞吐,效率、速度、准确与成本等因素将对发展造成影响。据有关统计,目前国内医药商业的平均物流成本占销售额的比重达 10% 以上,而美国医药批发商的该项指标仅为 2.6%;医药商业纯利润率仅有 0.72%,而美国医药批发商利润率为1.55%。

(4) 专业管理人才缺乏。目前有业内专家估计,能够真正称得上医药高级物流人才的仅超过百人。当前全国急需高级医药物流人才 2000 人左右,也就是说目前社会上医药物流人才的比例仅为总需求量的 1/20,并且随着医药物流的持续升温,这个差距会更加悬殊。造成医药物流专业人才缺乏的主要原因有三个:第一,很多的医药企业对物流的认识还只停留在浅层次的模糊概念上,以至于很多管理都认为医药物流不过是医药运输与仓储的简单相加。这种观念使对物流认识本身就一知半解的高层管理者们错误地认为: 高薪聘请医药人才还不如多找些仓库保管员和货物运输员。因此许多所谓的物流人才实际上只是些操作工而已,导致人才供给被假性扩大,而真正意义上的,对复合型物流人才、战略型人才的需求就不像原本那么强烈,这是不利于医药物流复合型人才培养的。第二,在整个物流人才管理过程中还存在着种种疏漏导致物流人才存在直接或间接的流失,比如传统的医药物流薪酬激励作用不大、员工的培养计划根本没有或者有但是不成熟等。第三,部门整合不彻底,物流部门作为一个协调生产与销售的服务部门,往往其成员所做出的战略决策是针对企业若干职能部门的,所以物流人员的积极性很大程度上取决于整个组织内部的协调合作。

1.3   药品物资调度研究现状

1.3.1   应急药品物资调度研究现状

"9·11" 事件及炭疽邮件事件之后,国内外皆涌现了大量有关应急药品物资调度优化的文献。范维澄院士从突发公共事件若干典型案例的分析出发,基于国内外应急管理基础研究大跨度、多学科交叉融合的特点,提炼出中国应急管理基础研究最近 5~10 年迫切需要解决的关键科学问题,主要包括应急管理体系的复杂性科学问题、应急心理行为与行为的科学问题、突发公共事件的信息获取及分析的科学问题、多因素风险评估和多尺度预测预警的科学问题以及复杂条件下应急决策的科学问题,并初步给出了这五个板块的研究内容[2,3]。Larson[4]、Wright 等[5]指出 OR/MS 模型可用于改进和优化国土安全方面的一些措施安排,Green 和 Kolesar 则具体研究了如何应用 OR/MS 模型来改善一个应急反应系统的救援效率[6]。Altay 和 Green 从应急缓和、准备、反应及修复四个方面总结了近 20 年有关 OR/MS 模型在灾难应急运营中应用方面的文献,并指出无论在应急准备、应急反应还是应急修复方面,都还有待进一步的研究[7]。

Banner 介绍了美国 Rhode 岛上的药品应急配送系统如何应对大规模突发性传染疾病[8]。Özdarmar 等把应急配送中的车辆和物资整合,然后把全面应急药品物资调度配送问题分解成两个多目标网络子问题,并运用拉格朗日方法求得了最优解[9]。Sheu 针对台湾集集大地震的实际情况,运用模糊聚类和加权多目标规划方法对灾难发生后的救援物资紧急配送建立了模型,尤其是文中的灾区动态需求预测模型,在其他文献中鲜有提到[10-12]。Yi 等运用蚁群优化启发式算法,对灾难发生后应急物资的紧急配送和灾区人员撤离的协同性进行了研究,建立了两阶段决策模型并用 CPLEX 软件求解[13,14]。在对灾区信息收集和传达做了一定的理想假设后,Tzeng 等运用模糊多目标规划方法对紧急救援物资的配送建立了模型,其特色在于将公平满意度纳入了应急药品物资调度模型，减小了某些区域应急物资配送的偏差[15]。Chang 等对不确定条件下洪水灾害紧急物流建立了两个随机模型，通过 GIS 的数据处理和网络分析功能，确定洪水泛滥区域图，从而确定救援配送中心位置及估算灾区需求物资量[16]。Yuan 和 Wang 考虑了应急条件下的紧急物资配送路径选择问题，给出了可适用于应急条件下路径选择的两类数学模型[17]。Yan 和 Shih 等考虑了自然灾害环境下的应急应从道路恢复和应急物资运输两方面来开展，并用两个时空网络模型分别加以描绘，通过构建一类多目标、混合整数、多品种物资流的模型，对应急条件下的应急道路修复和应急物资的配送进行了分析[18,19]。

在应急药品物资调度定性研究方面，王宗喜提出了与应急药品物资调度相适应的信息保障、交通保障和法规保障建议[20]。欧忠文和王会云提出应急药品物资调度中的政府协调机制、全民动员机制、法律机制和绿色通道机制，以及应急处理技术平台构建的设想[21]。王旭坪等研究了应急药品物资调度的快速反应机制[22]。谢如鹤和邱祝强建立了应急药品物资调度运作流程基本框架[23]。计国君和朱彩虹提出应综合考虑可重复利用和不可重复利用的抗灾物资，在针对突发事件的应急药品物资调度配送系统中实施转运策略，实现受灾点物资一体化协调，以提高应急服务水平，加快救灾速度[24]。

在定量研究方面，戴更新和达庆利针对多资源应急多点出救问题的特点，给出了多资源应急问题的数学模型[25]。刘春林等讨论了物资需求约束条件下多个出救点的紧急物资调度问题，给出了应急时间最早前提下出救点数目最少的应急模型，以及限制期条件下出救点数目最少的应急模型[26]。傅克俊等提出了基于突发事件的静态模型、动态模型和功能模型[27]。缪成等研究了应急配送中的车辆和物资整合问题，把全面应急药品物资调度配送问题分解成两个多目标网络子问题，并运用拉格朗日方法求得最优解[28]。谢秉磊等研究了应急需求稀少和应急需求密集两种情况下的系统期望时间。他们通过对 mSQM 策略和 TSP 策略的渐近性分析发现，当应急需求稀少时，mSQM 策略可作为最优调度策略；当应急需求密集时，TSP 策略尽管不是最优调度策略，但简单易行[29]。袁媛和汪定伟等建立了一类灾害扩散实时影响下的应急疏散路径选择模型[30,31]。

当大规模疫情暴发后，Ekici 等与美国红十字会合作，针对疫情扩散环境下的食物供给问题，建立了流感扩散与食物分销选址组合优化模型，并设计了启发式算法以求解大规模实际问题[32]。Huang 等针对大规模疫情扩散环境下居民可能不能依赖距离其最近的医疗服务设施等问题，提出了一类改进的 P-center 问题并利用动态规划算法进行求解[33]。Murali 等针对恐怖袭击环境下的应急医疗物资发放问题，建立了最大覆盖选址问题模型[34]。Hu 和 Zhao 针对突发公共卫生事件建立了一类医疗物资供应链整合的应急药品物资调度网络，以有效响应疫情扩散的应急医疗资源需求[35]。Zhu 和 Cao 根据传染病扩散模型建立应急医疗资源需求的时变预测方程,继而以应急总成本最小为优化目标,构建了一类三层次的应急药品物资调度网络均衡模型,以满足患者的动态变化需求[36]。Liu 和 Zhao 考虑到传染病扩散环境下前期的药品资源配置会对后期的药品需求产生影响,将药品资源需求信息不断进行更新,形成医疗资源动态多阶段协同优化配置模式[37]。Liu 和 Zhang 针对流感扩散环境,构建了医院、配送中心以及供应商之间的医疗资源动态订购与配送交互式协调优化模型[38]。Dasaklis 等针对天花的扩散传播,构建了大规模接种环境下的应急供应链管理模型[39]。早期有关疫情扩散与应急医疗物流网络相结合的研究,还可以参考 Dasaklis 等的综述性文章[40]。

此外,在疫情环境下的应急物资动态分配方面,相关研究主要针对疫情环境下,如何动态分配有限的应急物资,以获取最优的救援效果。如针对传统疫苗分配是以当地居民人口数而不是考虑疫情实际状态这一情形,Teytelman 和 Larson 以 H1N1 为例,研究了流感扩散环境下的多区域疫苗动态分配问题[41]。Rachaniotis 等以希腊 Attica 地区的 H1N1 防治为例,提出了有限应急物资分配的确定性规划模型[42]。朱莉和曹杰以 SIR 传染病模型分析受灾人群数量的变化,以广义应急成本最小化为目标,构建了一个包含 "供应点—中转点—受灾点" 的三层应急物资分配模型[43]。特别地,在应急物资受限情形下,Hutton 等评估了数个具有潜力的乙肝筛查、接种及治疗干预项目,力图找到最具成本效益的方法,让政府投入的每一分钱都花在刀刃上[44]。Juusola 和 Brandeau 在固定政府预算的条件下,为 HIV 疫情的防治投资决策建立了一个线性规划模型[45]。Alistar 等则研究了如何分配应急物资以降低 HIV 疫情的复制概率参数[46]。Liu 等针对疫情扩散环境下的应急物资供应不足情形,构建了应急物资调度的全局优化配置模式并与实际中常用的均衡配置模式进行了效果比对[47]。早期有关 OR 方法在传染病预防和控制方面的应用,还可以参考 Brandeau 的综述性文章[48]。

总体来说,这些研究成果对于各种非常规突发事件的应急救援来说,具有十分重要的理论和现实意义。本书的研究切入点则略显不同,以生物恐怖袭击事件为对象,研究生物反恐体系中的应急药品物资调度优化理论与方法。而生物反恐体系中的应急药品物资调度是由生物危险源扩散驱动的,有着与定常态物流调度系统不同的结构和从无序向有序演化的行为。因此,将当前国内外应急药品物资调度研究成果应用在生物反恐体系中,还需要在以下几个方面进行改进:

(1) 生物反恐体系中的应急药品物资需求是由生物危险源扩散驱动的。传统的扩散模型更多地专注于如何通过隔离、接种等措施来控制危险源的扩散,使得整个系统趋于稳定 (局部稳定或全局稳定);而对于由生物危险源扩散驱动的应急药品物资动态变化需求,以及这种动态变化需求应该如何及时有效地被调度到应急需求区域,传统扩散模型则缺乏全面考虑。

(2) 传统应急救援模型往往构建为 VRP 或 VRPTW 车辆路径问题, 即采用某种 (PTP、TSP、MTSP、HUB 等) 车辆配送方式, 以应急时间最短或应急出救点最少或应急成本最低等为目标函数, 再假设紧急物资配送满足多救出点、路径的选择、交通限制、调运系统的结构和功能等约束条件, 从而建立一类优化模型。实际运营中, 为提高应急救援的时效性, 兼顾配送物资的规模经济性, 往往构造的是一个复杂多模式并存的混合网络, 因此各模式间如何协同运作是一个值得深入研究的课题。

(3) 传统的应急救援规划大多为一次性离散规划, 较少将连续时间引入应急决策, 使得优化的结果不能很好地适应实际动态变化的应急需求。因此, 应构建一类动态、连续、有效的应急药品物资调度模型, 使应急资源能够根据灾区动态变化的需求连续进行配置。

(4) 目前应急药品物资调度方面的文献大多关注灾难刚发生时, 如何快速有效地开展应急救援 (应急救援的早期阶段), 鲜有文献从系统整体的角度, 考虑整个灾难的应急救援过程应如何协同优化。

1.3.2　常规药品物资调度研究现状

在过去的 10 余年间, 国家和地方政府一直在探索医疗改革的出路。参照国外医药管理模式, 将药品库房从医院中剥离出来, 交予专业的药事服务商进行经营管理 (即药房托管), 是近年来实践较多的医药改革模式。总体而言, 药房托管改革大致经历了以下三个发展阶段。

第一阶段是 2009 年前, 国家政策允许药品加成时, 医院希望通过药房托管将药品采购回扣等灰色利润 "阳光化"。比较典型的案例有三九医药股份有限公司托管柳州市中医院等 7 家医院药房 (2001 年)、南京医药股份有限公司托管南京市二级以下公立医院 153 家 (2006 年) 等, 这些改革随着 2009 年国家新医改在基层医疗机构推行基本药物统一招标后偃旗息鼓。

第二阶段的药房托管改革主要采用信息化和现代物流手段, 将药房物流交由第三方托管, 实现医院药品 "零库存", 以降低医院整体运作的成本。比较典型的案例有上药控股有限公司托管仁济医院 (南院)(2012 年)。

第三阶段是自 2013 年, 在药品零差率 (即取消药品加成) 等医改政策的挤压下, 医院主动选择将药房外包以保证收益, 药房托管开始第三波回潮。比较典型的案例有 2014 年 1~2 月, 康美药业股份有限公司连续发布 4 则公告, 宣称已和 81 家公立医院签订药房托管协议。

尽管托管模式在不断更新, 但药房托管的一些关键细节并未改变, 如药房的产权仍归属医院。而在欧美等西方国家, 医院往往不设药房, 80% 的药品销售由社会零售药店完成。究其原因, 还是在于国内药品供应链上的利益分配问题并未得到妥善解决。因此，国内这种并不彻底的药房托管模式，给参与托管的药事服务商带来了很多新的管理科学问题。

一方面，药事服务商由于获得了医院的独家供货权，可以垄断性地控制医院等药品消费终端，这会对原有的药品供应链结构造成巨大冲击，引发其中利益受损方的集体抵制。因此，需要为医药价值链中的各正当利益主体设计正向激励机制，以帮助实现药品供应链流程的重构。

另一方面，在当前的药房托管改革中，药事服务商既要支付医院不低于托管前的药费收入以保障医院的正常运转，又要满足政府让利于民降低药价的要求，药事服务商只有从供应链整体的角度出发，通过药品物流过程的联合优化实现规模经济效益，才能降低托管药房的整体运营成本。

文献调研发现，EOQ、JIT、VMI 是常规药品物资管理的常见应用模式，舒丽芯等在深入分析药品物资的生产资料和需求概率分布的基础上，通过增加和调整需求概率分布、配送时间、缺货成本等约束条件，在经典 EOQ 库存模型的基础上，建立了定量库存与不确定库存、参数已知与参数为随机变量等多种因素交叉的 3 个优化 EOQ 库存模型[49]。赵康生以某医药公司为研究对象，在讨论经典 EOQ 模型的基础上，构建了需求和采购价格都是时变且考虑退货率的 EOQ 模型[50]。Wen 等采用 JIT 和供应链管理理论，提出了一种系统性的医院物资综合物流管理模式，并通过业务流程优化、信息整合、加强与供应商的协作等方式，降低了物资管理的总成本并提高了运作效率[51]。林琰指出，由于中国药品供应链各环节信息不通畅、医院传统的进药方式、现行的管理体制等阻碍因素，中国大多数医院还不具备运用 VMI 管理医院库存的条件[52]。Hemmelmayr 等提出了一种供血站向医院供应血液制品的配送路径规划方法，这种基于抽样并结合整数规划和变邻域搜索的方法，能规避医院血液制品使用量的不确定性，降低成本并提供稳健的计划[53]。Stanger 设计了一个通用理论框架，并通过 13 个实例来评价在德国血液供应链中实施 VMI 的可行性[54]。

在药品采购与供应协调调度方面，钱宇和陈剑以医药供应链为背景，考虑由一个制造企业和两个批发企业组成的供应链系统，在分散决策的情况下，使用转运补货机制后，批发企业的最优订货决策和制造企业的最优定价决策[55]。晋灿瑞等提出建立高效的艾滋病抗病毒药品供应协调机制，以应对药品紧急需求等问题[56]。黄音等研究了时变需求下具有提前期的同一供应商向医药超市零售商不同专柜供货的库存订购策略模型，通过计算机仿真，得到了多种药品订购的近似最优策略[57]。

总体来说，这些研究成果对于常规药品物资调度来说，具有十分重要的理论和现实意义。特别地，药房托管是现阶段我国医疗改革的一个特有过渡环节，实现医药分开，推进药品物流的专业化、社会化发展是其未来的必然趋势，而药房托管模式必将对现行的药品物资调度引发一些触动，因此也将产生很多新的具有中国特色的管理科学问题。

1.4　本书内容结构安排

本书内容共分为三个部分，全书内容结构如图 1-1 所示。

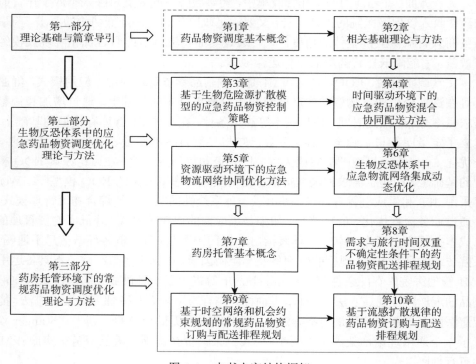

图 1-1　本书内容结构框架

第一部分为理论基础与篇章导引，包括两章内容。第 1 章为药品物资调度基本概念，从应急与常规两个角度介绍了药品物资相关概念、药品物资调度特点、药品物资调度研究现状等；第 2 章为药品物资调度基础理论与方法，分别介绍了复杂网络、传染病动力学基础模型、时空网络方法、协同优化理论以及数学规划基本理论方法等。

第二部分以生物恐怖袭击事件为对象，研究生物反恐体系中的应急药品物资调度优化理论与方法，包括四章内容。其中，第 3 章为基于生物危险源扩散模型的应急药品物资控制策略，阐述了未考虑人口迁移的生物危险源扩散模型 (SIQRS 模型、SEIQRS 模型)，考虑人口迁移的生物危险源扩散模型 (SIS 模型)，生物反恐体系中的应急药品物资控制策略分析等。第 4 章为时间驱动环境下的应急药品物资混合协同配送方法，包括 PTP 模式与 HUB 模式混合的协同配送方法以及 PTP 模式与 MMTSP 模式混合的协同配送方法。第 5 章为资源驱动环境下的应急物流网络协同优化，分别考虑了药品资源供应充足与供应能力不足环境下的应急药品物资调度网络协同优化。第 6 章为生物反恐体系中应急物流网络集成动态优化，分别研究了两层次和三层次的应急物流网络集成动态优化模型。

第三部分以常见的季节性流感为例，研究药房托管环境下的常规药品物资调度优化理论与方法，包括四章内容。第 7 章为药房托管基本概念，其中包括药房托管的提出背景、药房托管的发展历程、主流的几种药房托管模式、药房托管的特点优势及存在问题分析、药房托管模式下药品物资调度问题的提出等。第 8 章为需求与旅行时间双重不确定性条件下的药品物资配送排程规划，包括动态决策架构设计、确定性药品物资配送排程规划以及随机性药品物资配送排程规划。第 9 章为基于时空网络和机会约束规划的常规药品物资订购与配送排程规划，包括动态决策架构设计、单种药品物资的确定性订购与配送规划模型、单种药品物资的随机性订购与配送规划模型以及多种药品物资的随机性订购与配送规划模型。第 10 章为基于流感扩散规律的药品物资订购与配送排程规划，包括流感扩散规律研究、患者整体指派情形下的药品物资订购与配送排程规划、订购量为决策变量情形下的药品物资订购与配送排程规划，以及患者随机指派情形下的药品物资订购与配送排程规划。

参 考 文 献

[1] 于双平, 姜晓舜, 王松俊. 美国的灾害救援应急药品物资国家战略储备[J]. 中国急救复苏与灾害医学杂志,2008, 3(4):228-230.

[2] 百度百科. 医药物流 [EB/OL].http://baike.baidu.com/item/医药物流/4394601?fr=aladdin[2017-2-15].

[3] 范维澄. 国家突发公共事件应急管理中科学问题的思考和建议[J]. 中国科学基金, 2007, 21(2): 71-76.

[4] Larson R C. O.R.models for homeland security[J]. Published Article and Papers, 2004:82.

[5] Wright P D, Liberatore M J，Nydick R L. A Survey of operations research models and applications in homeland security[J]. Interfaces, 2006, 36(6): 514-529.

[6] Green L V, Kolesar P J. Applying management science to emergency response systems: lessons from the past[J]. Management Science, 2004, 50(8): 1001-1014.

[7] Altay N, Green W G. OR/MS research in disaster operations management[J]. European Journal of Operational Research, 2006, 175: 475-493.

[8] Banner G. The Rhode island medical emergency distribution system (MEDS)[J]. Dis-

aster Management & Response, 2004, 2(2): 53-57.

[9]　Özdarmar L,Ekinci E, Küçükyazici B. Emergency logistics planning in Natural Disasters[J]. Annals of Operations Research, 2004, 129(1): 217-245.

[10]　Sheu J B. Challenges of emergency logistics management[J]. Transportation Research Part E: Logistics and Transportation Review, 2007, 43(6): 655-659.

[11]　Sheu J B. An emergency logistics distribution approach for quick response to urgent relief demand in disasters[J]. Transportation Research Part E: Logistics and Transportation Review, 2007, 43(6): 687-709.

[12]　Sheu J B. Dynamic relief-demand management for emergency logistics operations under large-scale disasters[J]. Transportation Research Part E: Logistics and Transportation Review, 2010, 46(1): 1-17.

[13]　Yi W, Kumar A. Ant colony optimization for disaster relief operations[J]. Transportation Research Part E: Logistics and Transportation Review, 2007, 43(6): 660-672.

[14]　Yi W, Özdamar L. A dynamic logistics coordination model for evacuation and support in disaster response activities[J]. European Journal of Operational Research, 2007, 179(3): 1177-1193.

[15]　Tzeng G H, Cheng H J, Huang T D. Multi-objective optimal planning for designing relief delivery systems[J]. Transportation Research Part E: Logistics and Transportation Review, 2007, 43(6): 673-686.

[16]　Chang M S, Tseng Y L, Chen J W. A scenario planning approach for the flood emergency logistics preparation problem under uncertainty[J]. Transportation Research Part E: Logistics and Transportation Review, 2007, 43(6): 737-754.

[17]　Yuan Y, Wang D W. Path selection model and algorithm for emergency logistics management[J]. Computers & Industrial Engineering, 2009, 56(3): 1081-1094.

[18]　Yan S Y, Shih Y L. A time-space network model for work team scheduling after major disaster[J]. Journal of the Chinese Institute of Engineers, 2007, 30(1): 63-75.

[19]　Yan S Y, Shih Y L. Optimal scheduling of emergency roadway repair and subsequent relief distribution[J]. Computers & Operations Research, 2009, 36(6): 2049-2065.

[20]　王宗喜. 加强应急物流与军事物流研究刻不容缓[J]. 中国物流与采购, 2003, 22(23): 20.

[21]　欧忠文, 王会云. 应急药品物资调度[J]. 重庆大学学报, 2004, 27(3): 164-166.

[22]　王旭坪, 傅克俊, 胡祥培. 应急物流系统及其快速反应机制研究[J]. 中国软科学, 2005, (6): 127-131.

[23]　谢如鹤, 邱祝强. 论应急物流体系的构建及其运作管理[J]. 物流科技, 2005, (10): 78-80.

[24]　计国君, 朱彩虹. 突发事件应急物流中资源配送优化问题研究[J]. 中国流通经济, 2007, 21(3): 18-21.

[25]　戴更新, 达庆利. 多资源组合应急调度问题的研究[J]. 系统工程理论与实践, 2000, (9):52-55.

[26] 刘春林, 何健敏, 施建军. 一类应急物资调度的优化模型研究[J]. 中国管理科学, 2001, 9(3):29-36.

[27] 傅克俊, 王旭坪, 胡祥培. 基于突发事件的物流配送过程建模构想[J]. 物流技术, 2005, (10): 263-266.

[28] 缪成, 许维胜, 吴启迪. 大规模应急救援物资运输模型的构建与求解[J]. 系统工程, 2006, 24(11): 6-12.

[29] 谢秉磊, 毛科俊, 安实. 应急物流运输中的车辆调度策略分析[J]. 西南大学学报 (自然科学版), 2007, 29(3): 151-155.

[30] 袁媛, 汪定伟. 灾害扩散实时影响下的应急疏散路径选择模型[J]. 系统仿真学报, 2008, 20(6): 1563-1566.

[31] 袁媛, 汪定伟, 蒋忠中, 等. 考虑路线复杂度的应急疏散双目标路径选择模型[J]. 运筹与管理, 2008, 17(5): 73-80.

[32] Ekici A, Keskinocak P, Swann J L. Modeling influenza pandemic and planning food distribution[J]. Manufacturing & Service Operations Management, 2014, 16(1):11-27.

[33] Huang R B, Seokjin K, Mozart M. Facility location for large-scale emergencies[J]. Annals of Operations Research, 2010, 181(1): 271-286.

[34] Murali P, Ordóñez F, Dessouky M M. Facility location under demand uncertainty: Response to a large-scale bio-terror attack[J]. Socio-Economic Planning Sciences, 2012, 46(1): 78-87.

[35] Hu J X, Zhao L D. Emergency logistics network based on integrated supply chain response to public health emergency[J]. ICIC Express Letters, 2012, 6(1): 113-118.

[36] Zhu L, Cao J. A network equilibrium model for emergency logistics response under disaster spreading[C]. International Conference on Logistics Engineering and Intelligent Transportation Systems, 2010: 1-4.

[37] Liu M, Zhao L D. An integrated and dynamic optimization model for the multi-level emergency logistics network in anti-bioterrorism system[J]. International Journal of Systems Science, 2012, 43(8): 1464-1478.

[38] Liu M, Zhang D. A dynamic logistics model for medical resources allocation in an epidemic control with demand forecast updating[J]. Journal of the Operational Research Society, 2016, 67(6): 841-852.

[39] Dasaklis T K, Rachaniotis N P, Pappis C P. Emergency supply chain management for controlling a smallpox outbreak: the case for regional mass vaccination[J]. International Journal of Systems Science: Operations & Logistics, 2017, 4(1): 27-40.

[40] Dasaklis T K, Pappis C P, Rachaniotis N P. Epidemics control and logistics operations: A review[J]. International Journal of Production Economics, 2012, 139(2): 393-410.

[41] Teytelman A, Larson R C. Multiregional dynamic vaccine allocation during an influenza epidemic[J]. Informs , 2013, 5(3):197-215.

[42] Rachaniotis N P, Dasaklis T K，Pappis C P. A deterministic resource scheduling model in epidemic control: A case study[J]. European Journal of Operational Research, 2012, 216(1): 225-231.

[43] 朱莉, 曹杰. 面向灾害扩散的模糊需求下应急调配优化研究[J]. 系统科学与数学, 2014, 34(6):663-673.

[44] Hutton D W, Brandeau M L, So S K. Doing good with good or: Supporting cost-effective Hepatitis B interventions[J]. Interfaces, 2011, 41(3):289-300.

[45] Juusola J L, Brandeau M L. HIV treatment and prevention: A simple model to determine optimal investment[J]. Medical Decision Making, 2016，36(3):391-409.

[46] Alistar S S, Long E F, Brandeau M L, et al. HIV epidemic control-a model for optimal allocation of prevention and treatment resources[J]. Health Care Management Science, 2014, 17(2):162-181.

[47] Liu M, Zhang Z, Zhang D. A dynamic allocation model for medical resources in the control of influenza diffusion[J]. Journal of Systems Science and Systems Engineering, 2015, 24(3):276-292.

[48] Brandeau M L. Creating impact with operations research in health: making room for practice in academia[J]. Health Care Management Science, 2016, 19(4): 305-312.

[49] 舒丽芯、陈盛新、李捷玮, 等. 基于优化 EOQ 模型的战备储备药品库存控制策略[J]. 药学实践杂志, 2013，31(3): 187-190.

[50] 赵康生. EOQ 模型在医药企业的应用研究[D]. 太原: 山西大学, 2013.

[51] Wen Y, Liu Z X, Liu J L. Logistics mode reengineering of hospital materials based on JIT theory[C]. International Conference on Logistics Systems and Intelligent Management. 2010，(2):1039-1042.

[52] 林琰. VMI 在我国医院药品库存管理应用的可行性[J]. 中国物流与采购, 2010, (1): 72-73.

[53] Hemmelmayr V, Doemer K F, Hartl R F, et al. Vendor managed inventory for environments with stochastic product usage[J]. European Journal of Operational Research. 2010，202(3): 686-695.

[54] Stanger S H W. Vendor managed inventory in the blood supply chain in Germany: evidence from multiple case studies[J]. Strategic Outsourcing: An International Journal. 2013，6(1): 25-47.

[55] 钱宇, 陈剑. 供应链中考虑下游转运的订货和定价决策研究[J]. 中国管理科学, 2008, 16(1): 53-59.

[56] 晋灿瑞, 马春涛, 王强, 等. 中国艾滋病抗病毒治疗药品采购供应现状分析[J]. 中国公共卫生管理, 2012, 28(3): 257-259.

[57] 黄音, 李夏苗, 魏波. 时变需求下医药供应链多药品联合补货策略研究[J]. 铁道科学与工程学报, 2011, 8(1): 118-122.

第2章 相关基础理论与方法

本章为后面各章节提供了必要的数理模型和优化理论基础，包括复杂网络基础模型、传染病动力学基础模型、时空网络方法、协同优化理论、整数规划以及随机规划基础等，这些模型和优化方法在后续的章节中都将陆续得到应用和体现。此外，为保证读者在阅读后面各章不会发生理解上的困难，建议先学习运筹学、数学建模等基础知识。

2.1 复杂网络基础模型

2.1.1 小世界网络模型

1998 年，Watts 和 Strogatz 研究发现，规则网络具有高聚类特性，ER 随机图具有小的平均路径长度，虽然它们能够刻画一部分实际网络的拓扑结构，但实际中的许多生物网络却介于这两种极端网络之间，即不但具有较小的平均路径长度，而且具有较高的聚类系数。因此，二人提出了著名的小世界网络 (small-world networks) 模型 (简称为 WS 模型)。该模型是通过重新连接规则网络中节点之间的连线来增加网络的无规则性，以描述上述两种极端网络之间的网络类型。模拟结果显示，这些网络能够像规则网络那样具有高度的聚类性，又像随机网络那样具有短的平均路径长度。

WS 模型构造算法如下：考虑一个含有 N 个节点的最近邻耦合网络，每一个节点都与它左右相邻的各 $K/2$ 个节点相连，K 是偶数；然后，以概率 p 随机地重新连接网络中的每个边；其中规定，任意两个节点之间至多只能有一条边，并且每一个节点不能有边与自身相连。对每个节点重复上述过程，得到的网络称为小世界网络。图 2-1 为小世界网络的示意图。

特别地，当 $p=0$ 时，小世界网络对应于初始规则网络；当 $p=1$ 时，小世界网络对应于随机网络。按照 WS 模型构建的小世界网络，度分布近似 Poisson 分布，从而网络的平均度 $\langle k \rangle = 2m$ 可看作节点的特征标度。小世界网络的三个统计特征量如下：

1) 平均路径长度

由于随机远程边的存在，小世界网络的平均路径长度很小。Watts 发现当 $p > 2/(NK)$ 时，平均路径长度 l 基本不再下降，并且小世界网络现象的开端产生于重

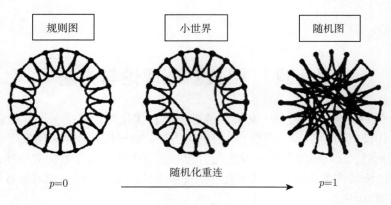

图 2-1   小世界网络的示意图

连概率 $p = 1/N$ 时。通常情况下，l 的变化主要依赖于三个参数 p，K 和 N，很难给出其精确的计算公式。Newman 和 Watts 利用重正化群方法[1]，得出以下公式

$$L(p) = \frac{2N}{K} f\left(\frac{NKp}{2}\right) \tag{2-1}$$

其中，$f(u)$ 为一普适标度函数，满足：

$$f(u) = \begin{cases} \text{cons} \tan t, & u \ll 1 \\ \dfrac{\ln u}{u}, & u \gg 1 \end{cases} \tag{2-2}$$

虽然 $f(u)$ 没有非常精确的显式表达式，但 Newman 等基于平均场方法给出的近似表达式比较具有实际应用价值[2]

$$f(x) \approx \frac{1}{2\sqrt{x^2 + 2x}} \arctan h \sqrt{\frac{x}{x+2}} \tag{2-3}$$

2) 聚类系数

对于规则网络 ($p=0$)，其聚类系数可通过公式 $C(0) = 3(K-2)/[4(K-1)]$ 求出。当 p 不断增大时，随着网络的随机化程度逐渐增强，聚类系数从 $C(0)$ 开始逐渐变小，对此，Barrat 和 Weigt 给出了近似计算公式[3]

$$C(p) \approx C(0)(1-p)^3, \tag{2-4}$$

其值不依赖于网络规模 N。

3) 度分布

Barrat 和 Weigt 给出了小世界网络中的节点度分布表达式如下[3]：

$$P(k) = \sum_{n=0}^{\min(k-\frac{K}{2}, \frac{K}{2})} C_{\frac{K}{2}}^n (1-p)^n p^{\frac{K}{2}-n} \frac{\left(p\frac{K}{2}\right)^{k-\frac{K}{2}-n}}{\left(k-\frac{K}{2}-n\right)!} e^{-p\frac{K}{2}}, \tag{2-5}$$

其中，当 $k \geqslant \dfrac{K}{2}$ 时，度分布的形态与 Poisson 分布相似；当 $\langle k \rangle = K$ 时，有一个明显的峰值；对于较大的 k，$P(k)$ 呈指数衰减。

2.1.2 无标度网络模型

1999 年，Barabási，Albert 和 Jeong 发现万维网 (WWW) 网页的度分布不是通常认为的 Poisson 分布，而是重尾特征的幂律分布，而且 WWW 基本上是由少数具有大量超链接的网页串联起来的，绝大部分网页的链接很少，他们把网络的这个特性称为无标度性 (scale-free nature，SF)。为了解释幂律分布的产生机理，Barabási 和 Albert 提出了一个无标度网络模型 (BA 模型)[4]，他们认为以前的许多网络模型都没有考虑到实际网络如下的两个重要特性：

(1) 增长特性：即网络的规模是不断扩大的，如每个月都会有大量的新的科研文章发表，而 WWW 上则每天都有大量新的网页产生。

(2) 优先连接特性：即新的节点更倾向于与那些具有较高连接度的"大"节点相连接，这种现象也被称为"富者更富"或"马太效应"，如新发表的文章更倾向于引用一些已被广泛引用的重要文献。

据此，他们建立了一个具有无标度性的演化模型，模型仿真结果与实证结论基本吻合。同时，他们考虑了无标度网络的两种极端情况，即只考虑增长特性而采取等概率连接的演化网络和只考虑优先连接特性而节点数保持不变的演化网络，前者的度分布服从指数分布，后者的度分布服从 Gauss 分布。因此，要使一个复杂演化网络最终具有无标度特性，这两个要素缺一不可。上述两个因素中，增长性意味着复杂系统形成无标度性的过程是一个动态演化过程，而择优性则是复杂系统形成严重不均匀分布的本质原因。

由于复杂网络中各个个体具有多重属性，通常我们只关注其中部分属性或者仅分析其中一个属性。设某个属性的属性变量为 z，且当 z 为连续量时进行离散化处理，则 z 可表示为 $z = 1, 2, 3, \cdots$。作为复杂系统的一个整体性质，我们考虑系统中海量个体对属性变量 z 的分布，即要研究概率分布 $P(k) = \Pr(k = x), k = 1, 2, \cdots$。从直观上说，$P(k)$ 表示复杂系统海量个体中属性变量为 k 的个体数占总体数的比例，因而它描述了复杂系统的一种总体分布，是复杂系统的一个整体的内在性质。复杂系统存在着各种不同的分布，它们可大致分为两类：一类是比较均匀的分布，另一类是严重不均匀的分布，前者可用 Poisson 分布或 Gauss 分布来描述，它们具有钟形的曲线，如图 2-2(a) 所示。此时复杂系统中大部分个体的属性变量分布在其均值附近, 属性变量远大于或远小于均值的个体数都很少。对于严重不均匀的分布, 可用幂律 (Power law) 分布来描述[5]

$$P(k) = Ck^{-\gamma}, \ \gamma > 0, k = 1, 2, \cdots \tag{2-6}$$

幂律分布是 "L" 形曲线, 如图 2-2(b) 所示。

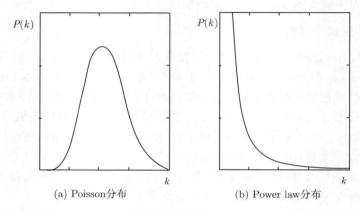

(a) Poisson分布　　　　　　　　(b) Power law分布

图 2-2　Poisson 分布与 Power law 分布

2.2　传染病动力学基础模型

2.2.1　传染病模型引言

人们对生活在人与动物中的无形疾病媒介的认识至少要追溯到公元前 384~前 322 年 Aristotle 的著作, 而直到 16 世纪人们才将这种认识发展为一种理论。van Leeuwenhoek (1632~1723) 第一次在显微镜的帮助下证明了微生物的存在。Jacob Henle(1809~1885) 于 1840 年第一次用细菌理论阐明疾病, 这个理论后来被 Robert Koch(1843~1910)、Joseph Lister(1827~1912) 和 Louis Pasteur(1827~1875) 以及 19 世纪后期的许多科学家所发展。

历史学家 W. H. McNell 在他的 *Plagues and Peoples*(1976) 一书中特别声称, 传染病的频繁传播在历史上有着重要的影响。例如, 整个 18 世纪世界人口急剧增长, 中国从 1760 年的 2 亿到 1794 年的 3.13 亿, 欧洲从 1700 年的 1.18 亿到 1800 年的 1.87 亿。这种增长包含许多因素, 如结婚年龄的变化以及技术进步带来的食物供应的增加, 但是这些因素还不足以解释这种增长。人口统计学研究指出, 周期性的流行性疾病导致的死亡率下降更应引起重视, 下降的部分原因是药品的改善, 但更重要的原因也许是人们增加了交流，进而开发了疫苗以对抗疾病的传染。此外，在他的著作中还记录着下面两个案例。

公元 2 世纪的 Antonine 瘟疫 (也许是麻疹和天花) 侵入罗马帝国，引起该国人口急剧下降，经济恶化，这使得入侵者乘虚而入，导致罗马帝国的瓦解。公元 3 世纪的中国汉朝经历了一系列非常类似的事件以后朝代灭亡。之后，数以百万计的 Aztec(阿兹特克) 人被 Cortez(科尔特斯) 和他的 600 名追随者所打败，部分原因是由于流行病天花摧毁了 Aztec 人，但几乎没有影响入侵的西班牙人，这要归功于他们建立的免疫力。Aztec 人不仅被疾病所削弱，而且还把疾病解释为神圣力量，偏袒入侵者。紧随天花的是其他疾病，如麻疹、白喉从欧洲流入北美，使得 1519~1530 年在墨西哥的印第安人从 3000 万减少到只剩下 300 万。

从 1346 年开始的黑死病 (淋巴腺鼠疫) 由亚洲传遍欧洲，引起在 1346~1350 年大约 1/3 欧洲人的死亡。这个疾病在欧洲不同地方有规律地复发了 300 多年，其中特别要提到的是 1665~1666 年的伦敦大瘟疫。之后，黑死病逐渐退出欧洲。中世纪部分地区的鼠疫严重影响了当地经济与政治的发展。最后一次 (1720~1722 年) 出现在法国的腹股沟腺炎瘟疫，使马赛的一半人口、土伦附近 60% 的人口、阿尔勒 44% 的人口以及艾克斯和阿维尼翁 30% 的人口死亡。

上述例子阐释了疾病引起死亡对人口统计学产生的突发的巨大影响。考虑到疾病、战争和自然灾害的结合对死亡率的作用，人们可以知道，人类历史上哪些人更容易幸存和生育。这些人或者有一个好的免疫系统，或者有避免战争和灾难的倾向，或者在当时有着良好的医疗服务或健康保险。这对于公共卫生管理有许多有意义的启示。例如，传染病会有多严重？有多少人受到疾病侵袭需要治疗？在任何特殊时刻需要照料的最大人数是多少？传染病会持续多长时间？在减少传染病的严重性方面对受害人做多少次疫检为好？

传染病学的数学模拟提供了对影响疾病传播的根本机制的理解，并在这个过程中提出控制策略。事实上，模型识别形态通常是在实验数据不清楚的情况下进行的，这往往是因为数据不能再生和数据点的个数有限，以及存在测量误差。例如，数学传染病学的一个基本结果是，包括高度非均匀性的大多数数学传染病模型，通常都具有 "阈值" 性态，用传染病学术语可叙述如下：如果由一个染病者引起的继发性传染病的平均数小于 1，那么疾病将消失，如果它超过 1，那么将有传染病。

许多早期发展的传染病数学建模是由公共卫生医师完成的，第一个数学传染病模型来源于 1760 年 Daniel Bernouilli 对接种牛痘疫苗防治天花的实践。他是著名数学家 Bernouilli 家族 (三代出了 8 个数学家) 的成员，并曾受训当医生。而在仓室模型基础上建立传染病学方法基础的是 A. Ross，W. H. Hamer，A. G. McKendrick 和 W. O. Kermack。它将被研究的人群划分到不同的仓室内，并假设人群以特定的概率从一个仓室转移到另一个仓室，且具有免疫力的疾病、没有免疫力的疾病和通过媒介传播的疾病有着不同的仓室结构。本书也是基于仓室模型开展相关研究的。

2.2.2　简单的 Kermack-McKendrick 传染病模型

Kermack-McKendrick(简称 K-M) 模型是一个仓室模型[6−8]，其本质是针对某类传染病，将该地区的人群分成以下三类 (即三个仓室)：易感染者 (susceptibles) 类：其数量记为 $S(t)$，表示 t 时刻未染病但有可能被该类疾病传染的人数；染病者 (infectives) 类：其数量记为 $I(t)$，表示 t 时刻已被感染成病人而且具有传染力的人数；移出者 (removed) 类：其数量记为 $R(t)$，表示 t 时刻已从染病者移除的人数，移去人员包括被隔离的人员，通过接种疫苗对抗感染的人员，感染康复后具有免疫力的人员，或者由于疾病造成死亡的人员。从传染病学角度来看，这些移去成员的刻画是各不相同的，但从建模观点来看，他们通常是等价的。设人口的总数为 $N(t)$，则有 $N(t) = S(t) + I(t) + R(t)$。

术语 SIR 用来描述具有免疫力的疾病，表示个体通过易感者类 S 到染病者类 I 再到移去者类 R 这个过程，通常的传染病就是这类疾病。术语 SIS 用来描述没有免疫力的疾病，它表示个体从易感者类 S 到染病者类 I 再回到易感者类 S 的过程。通常，由病毒引起的疾病是 SIR 型，而由细菌引起的疾病是 SIS 型。此外，还有暂时获得免疫力的 SIRS 型模型、存在潜伏期的 SEIR 模型和 SEIS 模型等。

1) SIR 模型

K-M 的 SIR 模型是一个十分简单的模型，它的建立基于以下三个基本假设：

(1) 不考虑人口的出生、死亡、流动等种群动力因素。这意味着考虑一个封闭环境而且假定疾病随时间的变化要比出生、死亡随时间的变化显著得多，从而后者可以忽略不计，这样，此环境的总人口始终保持为一个常数，即 $N(t) \equiv k$，或者 $S(t) + I(t) + R(t) \equiv K$。

(2) 一个病人一旦与易感者接触就必然有一定的传染力，这里假设在 t 时刻，一个病人在单位时间内能传染的易感染者数目与此环境内易感者总数 $S(t)$ 成正比，比例系数为 β，从而 t 时刻单位时间内被所有病人传染的人数 (即新病人数) 为 $\beta S(t)I(t)$。

(3) 在 t 时刻，单位时间内从染病者类移出的人数与病人的数量成正比，比例系数为 γ，从而单位时间内染病者移出的数量为 $\gamma I(t)$。显然，γ 是单位时间内移出者在病人中所占的比例，称为移出率系数或者移出率，当移出者中仅包括康复者时，移出率系数又称为恢复率系数或者简称为恢复率。

在以上三个基本假设下，易感者从患病到移出的过程可用图 2-3 描述。

图 2-3　SIR 模型示意图

对每一个仓室人口的变化率建立平衡方程式，便得到以下模型

$$
\begin{cases}
I'(t) = \beta S(t)I(t) - \gamma I(t) \\
S'(t) = -\beta S(t)I(t) \\
R'(t) = \gamma I(t)
\end{cases}
\tag{2-7}
$$

2) SIS 模型

一般来说，通过病毒传播的疾病，如流感、麻疹、水痘等康复后对原病毒具有免疫力，适合用上述 SIR 模型描述；但通过细菌传播的疾病，如脑炎、淋病等康复后不具有免疫力，可以再次被感染。1932 年 Kermack 与 McKendrick 针对这类疾病提出了康复者不具有免疫力的 SIS 模型[9]，模型的传播机制如图 2-4 所示。

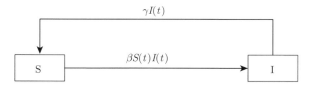

图 2-4　SIS 模型示意图

这里假设患者康复后将重新成为易感者，其他假设与 SIR 模型相同，此时模型为

$$
\begin{cases}
S'(t) = \gamma I(t) - \beta S(t)I(t) \\
I'(t) = \beta S(t)I(t) - \gamma I(t)
\end{cases}
\tag{2-8}
$$

3) SIRS 模型

该模型表示病人康复后只有暂时的免疫力，单位时间内将有 $\delta R(t)$ 数量的康复者丧失免疫力从而可能再次被感染，如图 2-5 所示。

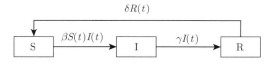

图 2-5　SIRS 模型示意图

类似地，其数学模型可以表达为

$$\begin{cases} S'(t) = -\beta S(t)I(t) + \delta R(t) \\ I'(t) = \beta S(t)I(t) - \gamma I(t) \\ R'(t) = \gamma I(t) - \delta R(t) \end{cases} \qquad (2\text{-}9)$$

SIRS 模型与 SIR 模型主要的区别在于：SIR 模型中患者康复后即具有免疫能力，不会再次被感染；而 SIRS 模型中，患者可能仅有暂时的免疫能力，但还会以比例 δ 丧失免疫力而再次变成易感者。

4) SEIR 模型

该模型表示在被感染成为患病者 $I(t)$ 之前有一段病菌潜伏期，并且假定在潜伏期内的感染者没有传染力。记 t 时刻暴露者的人数 (exposed individuals) 为 $E(t)$，如图 2-6 所示。

图 2-6　SEIR 模型示意图

类似地，其数学模型可以表达为

$$\begin{cases} S'(t) = -\beta S(t)I(t) \\ E'(t) = \beta S(t)I(t) - \delta E(t) \\ I'(t) = \delta E(t) - \gamma I(t) \\ R'(t) = \gamma I(t) \end{cases} \qquad (2\text{-}10)$$

2.2.3　具有出生和死亡的 SIR 模型

上述传染病模型忽略了人口的出生和死亡，这是因为传染病的时间尺度一般远远小于人口统计学中的时间尺度。在已经使用的时间尺度中，单位时间内人口的出生数和死亡数的效应可忽略。但是，世界上存在一些地方病，每年由此引起数百万人死亡。对于某个区域的地方病，人们希望能够估计在给定时间内的染病者人数，以及产生新染病者的比率。在 Kermack 和 McKendrick 的模型中，每类人群的死亡率与这一类人群的成员数成一定比例，如果出生率和死亡率不相等，那么这个模型就会允许总人口规模指数地增长或者指数地消亡。对这类疾病，移出成员类 R 应该仅包括恢复成员，没有成员因疾病死亡而移出。如果存在疾病死亡，那就不能假设总人口规模保持为常数。对某些染病者可致命的疾病，合理的模型必须允许总人口随时间变化。最简单的假设是允许出生率 Λ 是常数，不过，事实上如果出生率是总人口规模 N 的函数 $\Lambda(N)$，这个分析也很类似。

现在分析模型：

$$
\begin{cases}
S' = \Lambda - \beta SI - \mu S, \\
I' = \beta SI - \mu I - \alpha I, \\
N' = \Lambda - (1 - f)\,\alpha I - \mu N,
\end{cases}
\tag{2-11}
$$

其中，$N = S + I + R$，单位时间的出生率为常数 Λ；每类中与该类成比例的自然死亡率为 μ；染病者的恢复率或疾病死亡率为 α；有免疫力对抗再染病的比例为 f。在这个模型中，如果 $f = 1$，则人口总规模趋于极限 $K = \dfrac{\Lambda}{\mu}$，于是 K 是人口的容纳量。如果 $f < 1$，总人口规模就不是常数，K 代表容纳量或最大可能的人口规模，但不是人口规模。由式 (2-11) 中的前两个方程确定 S 和 I，一旦知道 S 和 I 就可用式 (2-11) 中的第三个方程确定 N。这是可能的，因为前面两个方程中没有 N。在这个模型中可用 R 代替 N 作为第三个变量做同样推导。

如果出生率或补充率 $\Lambda(N)$ 是总人口规模的函数，则在没有疾病的情况下总人口规模满足微分方程

$$
N' = \Lambda(N) - \mu N
\tag{2-12}
$$

容纳量满足以下条件

$$
\Lambda(K) = \mu K, \Lambda'(K) < \mu
\tag{2-13}
$$

容纳量为满足式 (2-13) 的极限人口规模，其中条件 $\Lambda'(K) < \mu$ 确保平衡点人口规模 K 渐近稳定。可假设 K 是唯一正平衡点，因此，对 $0 \leqslant N \leqslant K$ 有

$$
\Lambda(N) > \mu N
\tag{2-14}
$$

对大多数种群模型，

$$
\Lambda(0) = 0, \Lambda''(N) \leqslant 0
\tag{2-15}
$$

但是，如果 $\Lambda(N)$ 代表行为类中的补充，如对性传染病模型这将很自然，这时合理的要求应该是 $\Lambda(0) > 0$，即考虑 $\Lambda(N)$ 是常数函数。如果 $\Lambda(0) = 0$，我们就要求 $\Lambda'(0) > \mu$，因为如果这个要求不满足，则没有正平衡点，即使没有疾病种群也会逐渐消亡。

虽然考虑更一般的接触率可给出更精确的模型，但为了简单起见，我们用了质量作用接触率，那么具有一般接触率和出生率依赖人口密度的模型为

$$
\begin{cases}
S' = \Lambda(N) - \beta(N)\,SI - \mu S \\
I' = \beta(N)\,SI - \mu I - \alpha I \\
N' = \Lambda(N) - (1 - f)\,\alpha I - \mu N
\end{cases}
\tag{2-16}
$$

如果 $f = 1$，则不存在疾病死亡，N 方程为

$$N' = \Lambda(N) - \mu N \tag{2-17}$$

所以 $N(t)$ 趋于极限种群规模 K。由渐近自治系统理论得知，如果 N 有常数极限，则这个系统等价于当 N 由该常数极限代替的系统。于是模型 (2-16) 与模型 (2-11) 相同，其中 β 由常数 $\beta(K)$ 代替，N 由 K 代替以及 $\Lambda(N)$ 由 $\Lambda(K) = \mu K$ 代替。我们将定性分析模型 (2-11)。考虑到上面的说明，如果没有疾病死亡，本节的分析也适用于更一般的模型 (2-16)。对 $f < 1$ 的模型 (2-16) 的分析更加困难，本节对它的研究不作详细叙述。本节的方法是先求平衡点 (常数解)，然后确定每个平衡点的渐近稳定性。平衡点的渐近稳定性指从充分靠近平衡点开始，解将停留在平衡点附近，且当 $t \to \infty$ 时趋于平衡点，平衡点的不稳定性意味着存在从任意靠近平衡点开始但不趋于平衡点的解。为了求平衡点 (S_∞, I_∞)，令式 (2-16) 中的前两个方程的右端都等于零，所得的第二个代数方程有两个选择。由第一个选择得 $I_\infty = 0$，它给出无病平衡点；由第二个选择得 $\beta S_\infty = \mu + \alpha$，这给出地方病平衡点，只要 $\beta S_\infty = \mu + \alpha < \beta K$。如果 $I_\infty = 0$，另一个方程给出 $S_\infty = K = \dfrac{\Lambda}{\mu}$。

对地方病平衡点，由第一个方程给出

$$I_\infty = \frac{\Lambda}{\mu + \alpha} - \frac{\mu}{\beta} \tag{2-18}$$

令 $y = S - S_\infty, z = I - I_\infty$，利用新变量 y 和 z，在 Talor 展开中仅保留线性项，作系统关于平衡点 (S_∞, I_∞) 的线性化，得到两个线性微分方程的方程组

$$\begin{aligned} y' &= -(\beta I_\infty + \mu)y - \beta S_\infty z, \\ z' &= \beta I_\infty y + (\beta S_\infty - \mu - \alpha)z \end{aligned} \tag{2-19}$$

这个线性系统的系数矩阵是：

$$\begin{bmatrix} -\beta I_\infty - \mu & -\beta S_\infty \\ \beta I_\infty & \beta S_\infty - \mu - \alpha \end{bmatrix} \tag{2-20}$$

然后我们找其分量是 $\mathrm{e}^{\lambda t}$ 乘上一个常数的解，这意味着 λ 必须是这个系数矩阵的特征值。在平衡点的线性化的所有解 $t \to \infty$ 时都趋于零的条件是，这个系数矩阵的每个特征值的实部为负数。在无病平衡点，这个矩阵是

$$\begin{bmatrix} -\mu & -\beta K \\ 0 & \beta K - \mu - \alpha \end{bmatrix} \tag{2-21}$$

它有特征值 $-\mu$ 和 $\beta K - \mu - \alpha$。因此，如果 $\beta K < \mu + \alpha$，则无病平衡点渐近稳定；如果 $\beta K > \mu + \alpha$，则无病平衡点不稳定。注意，无病平衡点不稳定的这个条件与存在地方病平衡点的条件相同。

一般的 2×2 矩阵的特征值有负实部的条件是, 该矩阵的行列式为正, 迹 (矩阵对角线元素之和) 为负。由于在地方病平衡点 $\beta S_\infty = \mu + \alpha$ 的线性化矩阵是

$$\begin{bmatrix} -\beta I_\infty - \mu & -\beta S_\infty \\ \beta I_\infty & 0 \end{bmatrix} \tag{2-22}$$

这个矩阵有正的行列式和负的迹, 因此地方病平衡点如果存在就永远渐近稳定。如果量

$$\Re_0 = \frac{\beta K}{\mu + \alpha} = \frac{K}{S_\infty} \tag{2-23}$$

小于 1, 则系统只有一个无病平衡点, 且这个平衡点渐近稳定。事实上, 不难证明这个渐近稳定性是大范围的, 就是说, 每个解都趋于这个无病平衡点。如果量 $\Re_0$ 大于 1, 这个无病平衡点不稳定。其中 $\Re_0$ 是基本再生数, 是由于单个染病者进入整个易感者人群引起的继发性染病的人数, 因为单位时间内每个染病者接触的人数是 βK, 平均患病期 (对有自然死亡的要修正) 是 $\dfrac{1}{\mu + \alpha}$, 它依赖于特殊的疾病 (由参数 α 确定) 和接触率。这个疾病模型具有阈值性态: 如果基本再生数小于 1, 疾病将消失; 如果基本再生数大于 1, 疾病将成为地方病。

由于模型 (2-16) 是不能化为二维系统的三维系统, 它在平衡点的线性化矩阵是 3×3 矩阵, 所得的特征方程是三次多项式方程:

$$\lambda^3 + a_1\lambda^2 + a_2\lambda + a_3 = 0 \tag{2-24}$$

这个特征方程的所有根具有负实部的充分必要条件是满足 Routh-Hurwitz 条件:

$$a_1 > 0, \ a_1 a_2 > a_3 > 0 \tag{2-25}$$

2.3 时空网络方法

时空网络图模型 (time space network mode) 是一种描述组成网络各要素之间关系的网络流模型, 首先由 Hane 等提出, 用以解决航空机型指派调度问题[10]。在做机型指派时, 我们需要在时间上和空间上 (机场) 跟踪某机型的飞机。为了直观地表示这一点, 方便构建相应的数学模型, 学者们设计出了时空网络[11]。

和一般网络一样, 时空网络也由节点和有向边组成, 但节点含有时间和空间两维坐标。首先以机场为横坐标 (是离散的), 在横轴上标上各机场的名称, 对每个机场作一纵轴, 为时间轴, 方向从上向下, 起点为机场的开放时间, 终点为机场的宵

禁时间。时间轴是连续的,我们根据航班时刻表给出相应的节点,这些节点表示了某机场某航班的到达时刻或出发时刻,如图 2-7 所示。

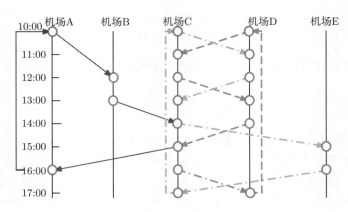

图 2-7　时空网络图实例

时空网络有三种边:①航班边,从航班出发机场的节点指向到达机场的节点;②停场边,从同一机场的某节点指向下一节点,这种边的方向总是从上指向下,因此方向常常略去,同一机场任意两节点之间的线段都可以认为是一条停场边;③过夜边,从同一机场的最后一个节点指向第一个节点,方向是向上的,表示飞机在该机场过夜,准备执行第二天的飞行任务。

在时空网络中,流动着的是各种机型的飞机,每条航班边只能有一架飞机流,每条停场边和过夜边一般不设置容量限制,必要时也可对过夜边设置容量。在时空网络中可以构建多商品流问题的模型,一种典型的约束条件是每节点的飞机流平衡条件,即流进某节点的某机型飞机数等于流出该节点的该种机型飞机数。例如图 2-8 的节点,应有如下的约束条件

$$留下飞机数 = 2(原有飞机数) + 1(到达 1 架) - 1(出发 1 架) = 2$$

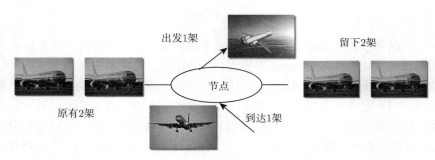

图 2-8　时空网络某节点的飞机数平衡条件

如果问题涉及的机场很多，时空网络的规模将很大，则难以分析和处理。此时可以将一个机场的时间轴抽出，包括到达该机场的航班边和从该机场出发的航班边，这样得到的图叫做机场时间线 (time line)，图 2-9 是某机场的时间线。有了这条时间线，可以为该机场的各节点建立飞机流平衡条件。如果给每个机场都绘制了时间线，就可以给时空网络的所有节点建立飞机流平衡条件了。

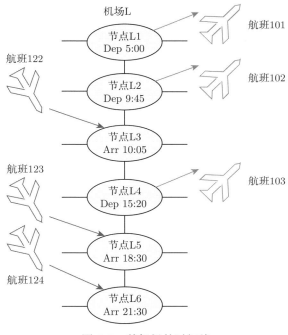

图 2-9　某机场的时间线

与一般的物理网络连接不同，时空网络最大的优势是将时间和空间进行有机结合，构成一个含时间轴和空间轴的二维空间，给复杂动态网络流规划问题的建模和求解带来便利。时空网络方法常被应用于交通领域日常空车的动态交通优化分配问题，其核心就是将物理网络上的节点在离散时间轴上进行复制扩展，离散的时间段表达有利于网络弧的时间扩展以及动态流的机理解析。将一个复杂场景网络流问题构造成时空网络问题，有利于准确刻画其复杂环境的时变性特征，时空网络优化方案的形成恰恰也能够体现外在时变环境下系统协同动态优化的过程。

2.4　协同优化理论

协同强调的是一个演变的过程，揭示了复杂、开放的系统内部各子系统如何通过非线性的相互作用产生协同效应, 使系统从混沌无序状态向稳定有序结构、从低级有序向高级有序演变的一般机理和共同规律。不论是非平衡态还是平衡态, 由完全不同子系统构成的系统, 其在宏观结构上所产生的质变行为 (即从旧结构演变为新结构的机理) 是相同的。不管是什么关系的演化, 在协同论看来, 都是大量子系统间相互作用而又相互协调一致的结果, 可以说协同导致有序。协同论所研究的这种有序结构是通过自组织方式形成的, 它用序参量来描述一个系统宏观有序的程度, 其协同是指在序参量支配下形成的子系统之间的协作运动, 它是系统走上有序以及形成演化序列的原因。

2.4.1　协同学基本原理

哈肯 (Haken) 认为协同学基本原理有三个[12], 即不稳定性原理、序参量原理和役使原理。不稳定性在新旧结构转换中起重要的媒介作用, 由此产生序参量, 序参量又导致役使原理。

1) 不稳定性原理

不稳定性原理认为, 协同学以探究系统结构有序演化规律为出发点, 从相变机制中找到界定不稳定性概念。系统的各种有序演化现象都与不稳定性有关, 在旧结构的瓦解和新结构的产生过程中, 不稳定性在系统新旧结构交替中充当了媒介, 从某种意义上说, 协同学是研究不稳定性的理论。

2) 序参量原理

序参量原理主要运用相变理论中的序参量, 替代耗散结构理论中熵的概念, 作为刻画有序结构不同类型和程度的定量化概念和判据, 以描述和处理自组织问题。

3) 役使原理

役使原理又称为支配原理, 指在系统自组织过程中, 一方属性支配着另一方的属性, 使对方丧失其原有的某一属性、而以支配方属性为自己的新属性; 或一方属性同化了另一方的属性, 使对方的属性与自己属性相同。

协同学的这三个基本原理存在着紧密的内在联系: 当系统的控制参量适当改变时, 系统可能成为线性不稳定, 有关变量可以划分为稳定和不稳定两种, 应用役使原理可以消去快变量, 而在不稳定点上, 序参量支配系统行为使系统发生结构演化。

2.4.2　协同学相关理论

对于协同学的具体概念、协同发挥效用的具体机理以及协同实现的具体方法等, 目前还存在着诸多模糊的理解和认识。与协同密切相关的概念还包括协作、协调和协商。协作 (cooperation) 是指协同系统中的各子系统互相配合一起工作的合作性行为。协作行为强调多个子系统相互合作的能力, 子系统间协作行为的协调程度，对整个协同系统的性能具有重要影响。协调 (coordination) 是指各子系统对自己的局部行为进行推理分析，并估计其他子系统的行为，以保证系统整体协作行为以连贯方式进行的一种方法。典型协调方法的例子包括子系统之间及时地共享信息、契约合作保证相关子系统行为的同步，避免冗余的问题求解等。协商 (negotiation) 是指通过结构化地交换信息来改进有关共同观点或共同计划的过程，即协商是协作双方为达成共识而减少不一致性或不确定性的过程。协商也是实现协调和解决冲突的一种方法，一般通过协商来消除干扰协作行为的一些冲突。

从整体系统论的角度，协同学基本理论可解释为：组成系统的要素的各个体自身目标、取向，能够在与环境的交流与互动作用中，有目的、有方向地改变自己的行为方式和结构，达到适应环境的合理状态。与协同学紧密关联的还有如下相关理论。

1) 复杂适应系统理论

复杂适应系统 (complex adaptive system，CAS) 理论的基本思想是，系统中的个体 (元素) 被称为主体，是具有自身目的性与主动性，有活力和适应性的个体。主体可以在持续不断地与环境以及其他主体的交互作用中学习和积累经验，并且根据学到的经验改变自身的结构和行为方式，正是这种主动性及主体与环境的、主体与其他主体的相互作用，不断改变着它们自身，同时也改变着环境，系统发展和进化才有了基本动因。整个系统的演变或进化，包括新层次的产生、分化和多样性的出现，新聚合而成的、更大主体的出现等，都是在这个基础上逐步派生出来的。

2) 和谐管理理论

和谐管理是指在变动的环境中，围绕和谐主题的分辨，以 "优化设计" 的控制机制和 "能动致变" 的演化机制为手段，提供问题解决方案，促使组织系统螺旋逼近和谐状态。其中，和谐主题是指组织在特定环境、特定发展阶段下需要解决的核心问题或要完成的核心任务，而 "优化设计" 的控制机制和 "能动致变" 的演化机制，即和谐管理理论的 "谐则" 与 "和则" 机制 (称之为 "双规则" 机制)，表示和谐管理在寻求复杂问题求解之道时所遵循的两种不同规则。谐则、和则是核心问题或核心任务的解决之道。和谐管理理论将 "优化设计" 对应于 "谐"，将 "人的能动作用" 对应为 "和"。

"谐则" 定义为有关 "优化设计" 的机理、规律或者主张，其机制具体可理解为活动安排与资源配置的规范化与结构化过程，其目的是对组织中的确定性要素 (包括资源与活动) 及其间相对确定的关系进行合理安排和调整优化，使之配合合理、运作有序，促进组织的顺畅运转。"和则" 定义为有关 "人的能动作用" 的机理、规律或者主张，其作用为针对具有能动特征的行为主体，利用心理的、行为的措施，诱导其尽可能地表现出组织所期望的行为。如何利用价值观、文化、激励机制等影响行为主体的行为，这是 "和则" 所要解决的主要问题。和谐管理的基本内容包括和谐主题分辨，和则、谐则体系的分析和设计，优化及不确定性消减。和谐管理理论提倡在对研究对象的系统考察过程中，围绕和谐主题，通过 "和则" "谐则" 的互动耦合，推动组织螺旋式的提升发展和进步。

3) 超网络均衡理论

超网络指一些具有多层、多级、多维、多属性和多准则等特征的多个网络组成的网络[13]，这样的复杂网络结构在真实世界里普遍存在，如供应链网络、知识网络、交通网络、电力网络、金融网络、通信网络和社会网络等。以供应链超网络均衡为例，超网络中各交易决策者从个体优化的角度寻求各自效用最大化，并在相互博弈的过程中达到非合作纳什均衡，即任何个体决策者偏离此均衡状态都无法实现最优。此时的网络均衡解实质上是个体协同优化过程的结果，体现了系统中各不同利益主体通过博弈操作实现协同优化状态的过程。

从超网络均衡视角而言，协同的核心思想如下[14]：协同 (collaboration) 是指多个子系统或者系统中不同元素围绕一个共同目标，相互作用、彼此协作而产生效益增值的过程。协同的目的是：通过多个子系统的并行性协作行为，避免相互作用中的不利因素，降低子系统之间的负面干扰，全面提高系统整体效益。

2.4.3　协同的基本方法

有关系统的协同性研究有很多方法，单纯从方法的定性、定量分类标准上看，可简单分为定性协同优化方法和定量协同优化方法。

1. 定性协同优化方法

定性协同优化方法主要包括头脑风暴法、小组讨论法、德尔菲法和集体意见法等。

1) 头脑风暴法

头脑风暴法一般是针对某个决策问题，由相关决策人员组成一个专家小组，通过组织会议使专家们在相对宽松的氛围中敞开思路、畅所欲言，充分发挥各专家的协同创造性思维来获取决策方案。这种方法要求主持人在会议开始时的发言能激起专家们的思维灵感，促使专家们感到急需回答会议提出的问题，通过各专家之间的信息交流和相互启发，从而诱发专家们产生 "思维共振"，以达到想法意见的互相补充并产生 "协同组合效应"，使决策方案更加准确有效。头脑风暴法有四项基本原则：①倡导专家各自发表自己的意见，对别人的建议不作评论；②建议发言不必深思熟虑，意见观点越多越好；③鼓励独立思考、奇思妙想；④在多轮发言中可补充完善自己已给的建议。

2) 小组讨论法

小组讨论法是选择决策问题相关领域的一些人员成立讨论小组，决策过程如下：①提供一些与决策问题相关的信息，鼓励小组中各位成员经独立思考后提出决策建议；②召开小组会议，让小组成员一一陈述自己的决策方案；③全体小组成员对所有备选决策方案进行投票，协同产生大家最赞同的决策方案，并形成对其他备选方案的意见，以供上级决策参考。

3) 德尔菲法

德尔菲法，也称专家调查法，该方法主要通过反复收集专家对某一问题意见的方式做决策，决策步骤如下：①选择和邀请合适数量的相关领域专家，并与这些适当数量的专家建立直接函询联系，通过函询收集各专家意见；②对收集的专家意见加以综合整理再匿名反馈给各位专家，再次征询各位专家意见；③这样反复经过4~5轮，逐步使专家的意见趋向一致，以此作为形成最后协同优化方案的依据。在运用此方法时，需要注意的是，要求在选定的专家之间相互匿名。

2. 定量协同优化方法

针对不同的决策问题，现有的定量协同优化方法和技术比较丰富，基于本书后续章节将要采用的相关研究工具，现简要介绍几种常用的定量协同优化方法。

1) 数学规划法

很多决策过程都可抽象定量建模成在一定约束限制条件下寻找总体目标最优的数学规划问题。其中，当约束条件与目标函数均为线性函数时，该决策模型为线性规划问题；若目标函数与约束条件均为非线性函数时，该决策模型是非线性规划问题；若在目标函数与约束条件中考虑时间因素、且将决策问题划分为若干时间段时，该决策模型就是动态规划问题；当考虑多个决策目标时，则该决策模型为多目标规划问题。这些多种约束条件下的优化决策问题及相应的数学规划方法，为协同优化提供了较为客观的辅助参考方案。

2) 模糊决策法

模糊决策是指在模糊环境下进行决策的数学理论和方法，适用于解决包含大量不确定信息和模糊信息的问题。在众多实际决策问题中既有客观因素 (如决策环境的不确定性等)，又有决策者自身的主观因素 (如性格、偏好、能力和认知程度等)，模糊决策在充分考虑这些主客观因素的基础上采用各种方法把定性指标转化为定量指标，以提高决策的科学性。常用的模糊决策方法有模糊排序、模糊寻优和模糊对策等：①模糊排序是研究决策者在模糊环境下如何确定各种决策方案之间的优劣次序；②模糊寻优与一般数学规划问题类似，是在给定备选方案集及各种目标函数和限制条件的基础上寻求最优方案的优化，只不过此时目标函数或约束条件是模糊的；③模糊对策是决策双方在选取策略时接受一定模糊约束的协同优化方式。

3) 系统理论方法

系统理论中的耗散结构论认为，如果一个系统处于开放的环境中，并且该系统远离平衡，系统与外界环境不断交换物质和能量，通过能量耗散过程和系统内部的非线性动力学机制来形成和维持宏观时空的有序结构，那么该系统就称为耗散结构系统。用系统理论方法研究某体系的协同优化，是指远离平衡态的开放体系在与外界进行物质和能量交换的情况下，如何通过自己内部的协同作用，自发地实现时间、空间以及功能上的有序结构，即属于系统进化的内在动力问题。

如前文所述，系统协同学通常认为，在远离平衡态的开放系统由无序向有序转化的过程中，系统中不同的参量在临界点处的行为大不相同。根据在临界点附近变化的快慢程度可将参量分为两类：一类是阻尼大、衰减快，对转变的整个进程没有明显影响的快弛豫参量；另一类是临界无阻尼、在演化过程中起着主导作用的慢弛豫参量。这两类参量相互联系、相互作用、相互制约、相互竞争。虽然慢参量只有一个或几个，但它却控制着系统演化的整个过程，决定着演化结果所具有的结构和功能，慢参量代表着系统的"序"，因而也被称为是表征系统有序程度的序参量。序参量支配系统，系统伺服于序参量，系统的有序演化过程及相互关联性如图 2-10 所示[15]。

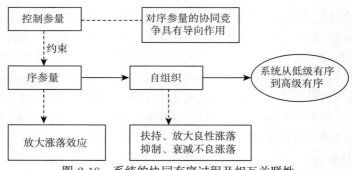

图 2-10　系统的协同有序过程及相互关联性

4) 博弈论方法

博弈论研究的是两个或两个以上决策者行为发生相互作用时的策略方案以及各种策略方案间的均衡问题。从结构上分析，所讨论系统中的各交易决策者构成了博弈参与人主体；而每个参与人目的不同，导致策略选择各不相同，这就构成了博弈的策略空间；每个参与人在整个系统中所获得的收益不同，进而形成各自不同的收益函数。目前，应用博弈论方法主要从两方面对系统决策进行协同优化的讨论：一方面是从影响某系统博弈活动复杂程度的因素入手，如博弈方数量、偏好、信息获得、次数、时序等；另一方面则是从关注某系统协同优化实现过程的角度进行分析。

5) 超网络方法

超网络方法是将相互作用的多维属性要素构造成相互关联、相互交织的不同网络，可利用整个超网络的共享与联动机制来均衡优化配置各关联主体间的孤岛资源。通过超网络中各类主体与要素之间的整合与协同，全面实现 $1+1>2$ 的协同效应。应用超网络方法来实施协同优化通常具备以下几个典型特征：①所研究的整个网络体系本身较复杂，超网络方法有利于对复杂网络结构的抽象与概括，且各子网络间的关联高度密集，既可能是嵌套，也可能是相交，也可能是重叠；②不同网络的节点之间既可能存在同构同质性，也可能存在异构异质性，且从超网络中抽取的部分子网络也可能存在异质异构的节点或关联边；③超网络整体优化与单个网络个体优化之间可能存在冲突，需要协同；④不同的子网络内部可能存在一定拥塞性。

6) 时空网络方法

时空网络方法相比一般物理连接网络最大的不同，在于其将时间和空间进行了有机结合，面向时间轴和空间轴构成了一个二维空间，给复杂动态网络流协同优化问题的建模和求解带来便利。依据时间的离散和连续表达，时空网络方法一般分为离散型时间时空网络法和连续型时间时空网络法两种：①离散型时间时空网络法。该方法早期主要应用于动态交通分配中，将一般物理连接网络上的节点在离散时间轴上进行复制扩展形成一个二维的时空网络。此方法中离散的时间段表达有利于网络弧的时空扩展以及动态流的机理解析。②连续型时间时空网络法。该方法在时间连续的时空网络上确定决策事件发生的时空位置，并将该位置作为时空网络节点，而节点之间的弧表征了决策事件发生的连续过程，此方法最先应用于研究动态连续车流组织问题。总的来看，时空网络方法为外在环境发生变化下系统协同优化决策问题的研究提供了较好的分析工具。

2.5 数学规划基本理论方法

2.5.1 整数规划

整数规划 (integer programming) 由美国数学家 Dantzig (George Bernard Dantzig) 于 20 世纪 50 年代最先提出，他发现在进行构建最优化模型时，可以使用 0-1 变量来描绘模型中的固定成本、变量上限、非凸分片线性函数等。1958 年，美国学者 R. E. 戈莫里提出了求解一般线性整数规划的方法——割平面法 (cutting-plane method)，在此之后整数规划成为了数学规划中的独立分支。经过数十年的不断发展和完善，并且随着整数规划技术和运算软件 (比如 CPLEX、MATLAB 等) 的发展和普及，整数规划方法在企业生产、工程、运营管理、交通、通信等领域得到了更加广泛的运用。本书介绍如下几种常见的整数规划。

1) 线性混合整数规划

一般线性混合整数规划可表示为

$$(\text{MIP}) \min c^{\mathrm{T}} x + h^{\mathrm{T}} y, \tag{2-26}$$

$$\text{s.t. } Ax + Gy \leqslant b, x \in Z_+^n, y \in R_+^n,$$

这里的 Z_+^n 表示 n 维非负整数向量集合, 而 R_+^n 表示 n 维非负实数向量集合。

如果问题 (MIP) 中没有连续型决策变量, 则 (MIP) 为一个 (纯) 线性整数规划, 可以表示为

$$(\text{IP}) \min c^{\mathrm{T}} x, \tag{2-27}$$

$$\text{s.t. } Ax \leqslant b, x \in Z_+^n.$$

2) 非线性整数规划

非线性混合整数规划问题的一般形式为

$$(\text{MINLP}) \min f(x, y), \tag{2-28}$$

$$\text{s.t. } g_i(x, y) \leqslant b_i, i = 1, 2, \cdots, m,$$

$$x \in X, y \in Y.$$

这里 $f, g_i, i = 1, 2, \cdots, m$ 是 R^{n+q} 上的实值函数, X 为 Z^n 的子集, Y 是 R^q 的一个子集。如果问题 (MINIP) 中没有连续型变量 y 时, 那么它就是一个 (纯) 非线性整数规划, 即

$$(\text{NLIP}) \min f(x), \tag{2-29}$$

$$\text{s.t. } g_i(x) \leqslant b_i, i = 1, 2, \cdots, m$$

$$x \in X.$$

3) 0-1 整数规划

在实际问题中, 有些问题只需回答 “是” 或 “否”, 问题就解决了, 描述这类问题的变量只需取两个值就可以了, 例如是否采纳某个方案, 某项任务是否可以交某人承担, 集装箱内是否装入某种货物等。这类问题我们可以用逻辑变量来描述

$$x = \begin{cases} 1, & \text{是} \\ 0, & \text{否} \end{cases} \tag{2-30}$$

类似地, 如果整数规划中的决策变量为逻辑变量, 即取值只能为 0 或 1, 那么我们将问题称为 0-1 整数规划。

0-1 整数规划的一般形式可以表示为

$$\min f = cx, \tag{2-31}$$

$$\text{s.t.} \begin{cases} Ax = b \\ x_i \text{ 取 } 0 \text{ 或 } 1, \ (i = 1, 2, \cdots, n) \end{cases}$$

其中，$c = (c_1, c_2, \cdots, c_n)$，$x = (x_1, x_2, \cdots, x_n)^{\mathrm{T}}$，$A = (a_{ij})_{m \times n}$，$b = (b_1, b_2, \cdots, b_m)^{\mathrm{T}}$。

对于 0-1 整数规划问题的求解，一般的解决办法主要采用穷举法和隐枚举法 (implicit enumeration method)。穷举法的基本思想是逐一验证所有可能的情况，即检查问题中变量取值为 0 或 1 的每一种组合 (需要检查 2^n 个组合)，通过比较所有组合所对应的目标函数值来获得问题最终的最优解。但如果 $n > 10$，那么这时组合的数量就非常庞大，应用此方法几乎是求解不了的，因此就需要运用隐枚举法。隐枚举法本质上为一种特殊的分支定界法，它只检查变量取值组合的一部分，进行分支定界，从而得到问题的最优解。在求解时，为了减少运算次数，此方法先将模型转化为求极小值的问题，再按照目标函数的性质增加一个相应的不等式作为过滤条件。而且，还要将目标函数中的变量 x_i 按照各自系数的大小进行排序，约束条件中的变量也应按照相同方法排列。此外，对于特殊问题，还可以采用一些特殊的方法，例如，在求解指派问题时，使用 D. Konig 提出的匈牙利法进行求解就更加方便、有效。

2.5.2 随机规划

在实际生活中，人们在制定决策时经常会遇到随机现象，描述这些随机现象的变量称为随机变量，含有随机参数的数学规划称为随机规划 (stochastic programming)。随机规划为解决带有随机参数的优化问题提供了有力的工具，而且比起确定性数学规划更适合于实际问题。

了解问题中哪些因素具有随机特性是构建随机模型的首要工作，并且需要以随机变量的形式来表示此因素。在取得这些随机变量 (随机因素) 的概率分布 (probability distribution)、概率密度函数 (probability density function) 或概率测度 (probability measure) 之后 (在研究中通常假设这些值为已知)，再根据问题相关的约束条件构建随机规划模型。

一个复杂的决策系统一般具备多维性、多样性、多功能性和多准则性，并具有随机参数。在处理随机规划问题时，首先要解决的就是随机规划问题中的随机变量。人们的管理目的和技术要求不同，其对应的解决办法也各不相同。解决随机规划问题通常有三种方法。第一种方法是由美国经济学家 George Dantzig 于 1955 年提出的期望值模型，此方法的思路是将随机规划问题转化成一个确定性规划问题，即在期望约束下，使得目标函数的期望值 (概率平均值) 达到最大或者最小。第二种方法是由查纳斯 (A. Charnes) 和库伯 (W. W. Cooper) 于 1959 年提出的机会约束规划，它的原则是在一定的概率前提下满足模型的约束条件并使得目标函数达到最优。随机规划的第三个分支是由我国清华大学的刘宝碇教授于 1997 年提出的相关机会规划，它是一种使事件的机会函数在随机环境下达到最大值的优化理论。

由于本书后续章节中将应用到机会约束规划理论，在此对其做进一步阐述。

机会约束规划 (chance constrained programming，CCP) 又称为概率规划 (probabilistic programming)，以概率的形式来表示模型中一部分约束条件或目标式是这一规划问题的特性。一般的数学规划模型中的约束条件或者目标函数必须完全得到满足，而机会约束规划模型并非如此，它允许在一定程度上违背上述条件，但绝不能超过其底线，即要保证该约束条件或目标函数在不低于其所对应的某一概率 (置信水平) 的基础上成立。

一般的机会约束规划模型可用如下的形式表示：

$$\max \overline{f} \tag{2-32}$$

$$\text{s.t.} \begin{cases} \Pr\{f(X,\xi) \geqslant \overline{f}\} \geqslant \beta \\ \Pr\{g_j(X,\xi) \leqslant 0, j = 1, 2, \cdots, p\} \geqslant \alpha \end{cases}$$

在式 (2-32) 中，α 和 β 即为上面所提到的置信水平，表示目标函数和约束条件得到满足的最低概率；$\Pr\{\cdot\}$ 表示 $\{\cdot\}$ 中的事件成立的概率。判断变量 X 是可行解的条件是，当且仅当事件 $\{\xi | g_j(X,\xi) \leqslant 0, j = 1, 2, \cdots, p\}$ 的概率测度不小于 α，即变量 X 必须使得该事件至少在置信水平 α 下成立。

对于一个确定的决策变量 X，只要函数中包含随机参数 ξ，那么对于任何函数形式的 $f(X,\xi)$ 均为随机变量，其概率密度函数为 $\varphi_{f(X,\xi)}(f)$。这时可能会有多个 $\overline{f}$ 使得 $\Pr\{f(X,\xi) \geqslant \overline{f}\} \geqslant \beta$ 成立。但数学规划的目标是获得能使目标函数值取得最大值或最小值时的可行解，因此，我们应当选择的是在保证置信水平不小于 β 的前提下，目标函数 $f(X,\xi)$ 取得最大值时的目标值 $\overline{f}$，即

$$\overline{f} = \max\{f \mid \Pr\{f(X,\xi) \geqslant f\} \geqslant \beta\}.$$

参 考 文 献

[1] Newman M E J, Watts D J. Renormalization group analysis of the small-world network model[J]. Physics Letters A, 1999, 263(4-6): 341-346.

[2] Newman M E J, Moore C, Watts D J. Mean field solution of the small-world network model[J]. Physics Review Letters, 2000, 84(14): 3201-3204.

[3]　Barrat A, Weigt M. On the properties of small world networks[J]. The European Physical Journal B, 2000, 13(3): 547-560.

[4]　Barabási A L, Albert R. Emergence of scaling in random networks[J]. Science, 1999, 286(5439): 509-512.

[5]　覃森. 无标网络及其应用研究[D]. 西安：西北工业大学, 2006.

[6]　布劳尔, 卡斯蒂略·查韦斯. 生物数学: 种群生物学与传染病学中的数学模型[M]. 金成桴译. 北京：清华大学出版社, 2013.

[7]　周敏. 两类离散生物数学模型的稳定性与分岔分析[D]. 长沙：中南大学, 2012.

[8]　Kermack W O, McKendrick A G. Contributions to the mathematical theory of epidemics: V. Analysis of experimental epidemics of mouse-typhoid; a bacterial disease conferring incomplete immunity[J]. Bulletin of Mathematical Biology, 1939, 39(3):271-288.

[9]　Kermack W O, Mckendrick A G. Contributions to the mathematical theory of epidemics: IV. Analysis of experimental epidemics of the virus disease mouse ectromelia[J]. The Journal of Hygiene, 1937, 37(2):56-88.

[10]　Hane C A, Barnhart C, Johnson E L，et al. The fleet assignment problem: solving a large-scale integer program[J]. Mathematical Programming Study, 1995, 70(1):211-232.

[11]　朱金福. 航空运输规划[M]. 西安：西北工业大学出版社, 2010.

[12]　Haken H. 协同学: 大自然构成的奥秘[M]. 凌复华译. 上海：上海译文出版社, 2013.

[13]　朱莉. 全球供应链网络优化管理: 协调、均衡、协同[M]. 北京：科学出版社, 2014.

[14]　NagurneyA,Dong J，Zhang D. A supply chain network equilibrium model[J]. Transportation Research Part E: Logistics and Transportation Review, 2002, 38(5):281-303.

[15]　曹杰, 朱莉, 刘明，等. 应急协同决策理论与方法[M]. 北京：科学出版社, 2015.

第二部分

生物反恐体系中的应急药品物资调度优化理论与方法

第3章 基于生物危险源扩散模型的应急药品物资控制策略

在生物反恐预警防御系统建设过程中，必须首先了解危险源扩散的规律，以及危险源扩散网络和应急物流网络之间的协同关系。如果一座城市遭受生物恐怖袭击(如天花)，将会形成一个以人为节点的危险源扩散网络，具有扩散的快速性和跳跃性。生物反恐预警防御系统中的应急药品物资就会随着危险源的扩散，形成一个以城市中应急救援机构为节点的应急物流网络，具有流动的时效性和连续性。因此，生物反恐体系中的应急药品物资调度网络是由生物危险源扩散网络驱动的，有着与定常态物流系统不同的结构和从无序向有序演化的行为。

因此，以提高生物反恐应急救援系统中应急药品物资保障和供应能力为目标的优化问题研究，需要研究生物危险源扩散的动力学行为，以及危险源扩散网络和应急药品物资调度网络的协同性；同时，需要研究高效的应急药品物资配送方法、动态连续变化的应急资源配置策略以及应急药品物资储备和配送集成动态优化问题。所获得的生物反恐体系中应急药品物资调度网络协同优化理论研究成果与项目团队已有成果相结合，可为中国政府及时、高效、妥善地处置可能发生的生物恐怖袭击事件提供科学决策的依据，同时也可为其他各种灾害的应急决策提供借鉴和参考。

3.1 生物恐怖事件概述

根据《中华人民共和国突发事件应对法》《突发公共卫生事件应急条例》《国家突发公共事件医疗卫生救援应急预案》等相关法律法规，凡故意实施下列行为之一者，都属于生物恐怖袭击事件：

(1) 怀疑有通过邮件等载体或空中播洒等方式释放生物战剂的恐怖袭击事件。

(2) 怀疑在党政机关、涉外机构、公众聚集场所及城市标志性建筑等重要地点施放生物恐怖战剂的袭击事件。

(3) 怀疑有对城市饮用水源、中央空调及通风系统、大宗食品等民生相关的目标施放生物恐怖战剂的袭击事件。

(4) 怀疑在江河、湖泊、海洋生态敏感区、水库及其他地表、地下水源等重要环境大量排放、倾倒、灌注生物恐怖战剂的袭击事件。

(5) 怀疑有大规模施放生物战剂袭击境内动物、植物的恐怖事件。

(6) 怀疑有利用各种手段攻击、破坏我国生物制剂的实验、生产、储运设施等相关恐怖事件。

(7) 实验室泄露或有害标本丢失并对公众造成危害的事件。

(8) 政府有关领导机构和相关部门提出的疑似生物恐怖事件。

(9) 在一定范围内，发现有与传染病流行相关的异常现象，包括病种异常、传播途径异常、流行季节异常、职业分布异常及出现反季节的动物昆虫或生物媒介、发生多种传染病病原体混合感染的病例等，怀疑有发生生物恐怖战剂袭击事件的可能性。

随着经济全球化的迅猛发展，社会的复杂性和不确定性因素不断增加，环境结构也不断向多样化发展。在这个不断变化的过程中，各种生物恐怖袭击事件时有发生，如 1993 年的日本地铁沙林毒气事件、2001 年的美国炭疽邮件事件 (图 3-1) 等。面对可能存在的各种生物恐怖事件，早在 20 世纪 90 年代，美国就开始投入大量的资金建设和完善突发公共卫生事件预警防御体系，从国家安全的高度防范潜在的生物、化学和放射性物资的恐怖袭击，大都市医疗反应系统 (metropolitan medical response system，MMRS) 就是其中的一个重要组成部分[1]。在 "9·11" 事件中，MMRS 发挥了重要作用，7 小时内就将 50 吨医药物资送到纽约。在 2001 年 10 月遭受炭疽病生物恐怖袭击时，联邦医药储备库及时向地方卫生部门发放了大量医药物资[2]。"9·11" 事件之后，英国、法国、意大利等国相继制定了生物反恐计划，建立了生物反恐预警防御系统。2002 年美国投入 11 亿美元，用于扩大联邦医药储备，将分布于全国的 8 个储备库增加到 12 个，美国境内任何地区都可以在 12 小时内得到储备的疫苗、抗生素、药物 (包括消毒药械) 等应急药品物资，同时美国还投入 9.18 亿美元，用于扩大州和地方卫生部门的药品储备。

图 3-1　炭疽邮件事件

生物恐怖威胁具有容易实施、施放突然、心理威胁大、后果严重[3]以及生物恐怖威胁的跨国性、不确定性和高难度防扩散性[4]等特点, 可以通过接种疫苗和适当的接触隔离防止疾病扩散[5]。美国的应急医疗服务 (emergency medical services, EMS) 在生物反恐预警防御系统中发挥着重要作用, EMS 条例 (1973) 规定乡村的紧急医疗救护必须在 30 分钟到达, 城市必须控制在 10 分钟[6]。EMS 和应急部门对生物恐怖袭击的反应能力, 取决于他们对疾病和疾病扩散知识的了解程度[7]。2006 年的《美国国家安全战略报告》指出: "生物武器不需要那些难以获得的基础设施和材料来与之配套。这使得控制它扩散所面临的挑战更大"[8]。欧盟也密切关注生物武器扩散问题, 欧盟认为, 尽管有效地使用生物武器需要特殊的科学知识和技能, 但随着生命科学的迅速发展, 错误使用军民两用技术与知识的潜力在增长。生物武器特别难以对付, 尤其是它在被使用时, 针对植物、动物还是人类, 造成的后果大不相同, 所以防范起来更为困难[9]。

相比之下, 中国目前正处于经济学家所预言的 "非稳定状态" 频发的 "关键时期", 即人均国民收入水平处于 5000~8000 美元发展阶段。这是一个人口与资源环境、效率与公平正义等矛盾突出的时期, 也是经济容易失控、社会容易失序、心理容易失衡、政治思想观念和社会伦理价值容易失调的关键时期。因此, 更加有必要加强对生物恐怖袭击事件的防范和研究。2003 年在中国暴发的严重急性呼吸道综合征 (非典型肺炎的一种)(severe acute respiratory syndrome, SARS), 虽然不是严格意义上的生物恐怖事件, 但却用深刻的教训, 验证了中国应急药品物资储备和应急配送体系的不健全。2003 年 5 月 9 日, 国务院颁布了《突发公共卫生事件应急条例》, 我国应急药品物资的储备和应急配送才开始进入规范化管理的轨道。2008 年政府工作报告指出, "加强应急体系和机制建设, 提高预防和处置突发事件能力; 加强对现代条件下自然灾害特点和规律的研究, 提高防灾减灾能力", 并将 "进一步加强应急管理工作" 作为 2008 年国务院 57 条工作的要点之一。科技部相关部门在 "2009 国际生物经济大会" 上发布的一份报告也指出, "未来 10 年, 中国将力争在生物安全与生物反恐技术上取得重大突破, 建立健全生物安全保障体系, 建立健全防御生物恐怖袭击及防治重大疫病的应急技术体系, 保障人民健康和社会稳定"[10]。由此可见, 中国正在加速构建生物反恐安全保障体系。

3.2 未考虑人口迁移的生物危险源扩散模型

在人类社会的发展进程中, 曾经遭遇过很多突发性的大规模传染病暴发事件, 如近年出现的 SARS、H1N1 等。李光正和史定华[11]研究了 SIRS 类传染病模型在小世界网络和无标度网络上的传播特性, 得出小世界网络上 SIRS 模型的疾病传播

阈值为 $\lambda_c = \langle k \rangle^{-1}$，无标度网络上 SIRS 模型的疾病传播阈值为 $\lambda_c = \dfrac{\langle k \rangle}{\langle k^2 \rangle}$，疾病传播阈值完全取决于网络的拓扑结构。他们还发现小世界网络的重连接概率 p 对疾病蔓延速度有很大影响，但不影响平稳状态指标[11]。上述研究主要集中在传播阈值和稳态染病节点密度两个指标。基于此，本书将对其进行进一步拓展，考虑了对感染者采取隔离措施后的传染病扩散情况。

3.2.1　SIQRS 模型

1. 模型建立

假设在某地区发生生物恐怖袭击事件后，该区域爆发了某种传染病。为方便模型的建立，首先给出相关的假设条件如下。

(1) 不考虑被感染区域人口自然出生率和自然死亡率。

(2) 假设生物恐怖事件发生后，生物危险源 (疾病) 在扩散过程中不会受到自身的干扰，即病毒传染率参数 β 为某一个常量。

(3) 假设生物恐怖事件发生后，各感染区域能被封锁，从而不需要考虑节点相互迁移的情况。

模型中所涉及的参数说明如下。

N：被感染区域内的人口总数；$S(t)$：被感染区域内易感人口 (如年老体弱者、孕妇、小孩等) 的数量，$s(t) = S(t)/N$ 表示其密度；$I(t)$：被感染区域中已被危险源感染且未被隔离的人口数量，$i(t) = I(t)/N$ 表示其密度；$Q(t)$：被感染区域中已被隔离的感染的人口数量，$q(t) = Q(t)/N$ 表示其密度；$R(t)$：被感染区域中感染过疾病但已被治疗健康的人口数量，$r(t) = R(t)/N$ 表示其密度。

上述参数满足：$S(t) + I(t) + Q(t) + R(t) = N$，$s(t) + i(t) + q(t) + r(t) = 1$。

$\langle k \rangle$：网络节点的平均度分布；β：生物危险源的传染率；γ：已康复人口再次转化为易感人口的概率；δ：已感染人口被发现并进行隔离的概率；μ：被隔离进行治疗并康复为健康人口的概率；d_1：感染人口中未被发现而死亡的概率，即感染因病死亡率；d_2：被隔离进行治疗但失败而死亡的概率，即隔离因病死亡率。

根据上述假设和说明，如果在某地区发生生物恐怖袭击事件并造成当地传染病流行，在不考虑该疾病具有潜伏期的情形下，其危险源扩散过程可用图3-2表示。

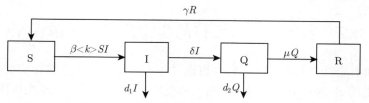

图 3-2　生物危险源扩散的 SIQRS 模型

在小世界网络中，运用平均场理论可以得出易感人口的密度 $s(t)$ 从时间 t 到时间 $t + \Delta t$ 满足以下公式

$$s(t + \Delta t) - s(t) = -\beta\langle k\rangle s(t)i(t)\Delta t + \gamma r(t)\Delta t \tag{3-1}$$

将其变形后，可以得到

$$s'(t) = -\beta\langle k\rangle s(t)i(t) + \gamma r(t) \tag{3-2}$$

同理可得

$$i'(t) = \beta\langle k\rangle s(t)i(t) - d_1 i(t) - \delta i(t) \tag{3-3}$$

$$q'(t) = \delta i(t) - d_2 q(t) - \mu q(t) \tag{3-4}$$

$$r'(t) = \mu q(t) - \gamma r(t) \tag{3-5}$$

联合式 (3-2)、式 (3-3)、式 (3-4) 和式 (3-5)，可以得到基于小世界网络且未考虑潜伏期特性的 SIQRS 模型方程组

$$\begin{cases} s'(t) = -\beta\langle k\rangle s(t)i(t) + \gamma r(t) \\ i'(t) = \beta\langle k\rangle s(t)i(t) - d_1 i(t) - \delta i(t) \\ q'(t) = \delta i(t) - d_2 q(t) - \mu q(t) \\ r'(t) = \mu q(t) - \gamma r(t) \end{cases} \tag{3-6}$$

其中，β，γ，δ，μ，d_1，d_2 皆为正的常数。

模型的初始条件为，$i(0) = i_0 \ll 1$，$s(0) = 1 - i_0$，$q(0) = r(0) = 0$。

2. 模型分析

1) 传染发生的条件

上述模型中，i_0 和 s_0 分别为初始网络中的感染人口密度和易感人口密度，很显然，如果生物恐怖袭击引发疾病传染，则必须要满足以下条件：

$$i'(t)|_{t=0} > 0 \tag{3-7}$$

代入式 (3-3) 可以得到：

$$s_0 > \frac{d_1 + \delta}{\beta\langle k\rangle} \tag{3-8}$$

即 s_0 必须满足上述条件，生物危险源扩散才会发生。同时从式 (3-8) 还可以看出，生物危险源的扩散与网络节点的度分布有关，即 $s_0 \propto \langle k\rangle^{-1}$。

2) 系统平衡态的存在性

考虑区域中感染人口密度 $i(t)$ 随时间的变化情况，式 (3-6) 的解析解一般很难得到。现考虑式 (3-6) 的稳态情况，将 $s(t) + i(t) + q(t) + r(t) = 1$ 代入式 (3-2)、式 (3-3)、式 (3-4)，消去式 (3-5)，可得到

$$\begin{cases} s'(t) = -\beta\langle k \rangle s(t)i(t) + \gamma[1 - s(t) - i(t) - q(t)] \\ i'(t) = \beta\langle k \rangle s(t)i(t) - (d_1 + \delta)i(t) \\ q'(t) = \delta i(t) - (d_2 + \mu)q(t) \end{cases} \tag{3-9}$$

考虑 $s'(t) = 0$，$i'(t) = 0$，$q'(t) = 0$ 时的情况。此时，容易直观地获得系统的一个平衡点

$$P_1 = (s, i, q) = (1, 0, 0) \tag{3-10}$$

由于此时感染区域中的感染人口密度为 0，被隔离人口的密度为 0，说明区域中的生物危险源没有进行扩散自行消亡，最后区域中的所有人口都成为易感人口，网络处于无病状态，即该点为感染区域的无病平衡点。

通过求解方程组 (3-9)，还可获得方程组的另外一个解

$$P_2 = (s, i, q) = \left(\frac{d_1 + \delta}{\beta\langle k \rangle}, \frac{\gamma[\beta\langle k \rangle - (d_1 + \delta)](d_2 + \mu)}{\beta\langle k \rangle[(d_1 + \delta + \gamma)(d_2 + \mu) + \gamma\delta]}, \right.$$
$$\left. \frac{\gamma\delta[\beta\langle k \rangle - (d_1 + \delta)]}{\beta\langle k \rangle[(d_1 + \delta + \gamma)(d_2 + \mu) + \gamma\delta]} \right) \tag{3-11}$$

从式 (3-11) 可以看出，当危险源扩散系统处于稳态时，还存在被感染的人口，因此，该点称为感染区域的地方病平衡点。

3) 系统平衡态的稳定性

引理 3.1：如果 $\beta < \dfrac{d_1 + \delta}{\langle k \rangle}$，生物危险源扩散网络中的无病平衡态 P_1 是稳定的；否则，P_1 是不稳定的。

证明：$P_1 = (s, i, q) = (1, 0, 0)$，此时，方程组 (3-9) 对应的 Jacobi 矩阵为

$$\boldsymbol{J}_{P_1} = \begin{bmatrix} \dfrac{\partial P_{11}}{\partial s} & \dfrac{\partial P_{11}}{\partial i} & \dfrac{\partial P_{11}}{\partial q} \\ \dfrac{\partial P_{12}}{\partial s} & \dfrac{\partial P_{12}}{\partial i} & \dfrac{\partial P_{12}}{\partial q} \\ \dfrac{\partial P_{13}}{\partial s} & \dfrac{\partial P_{13}}{\partial i} & \dfrac{\partial P_{13}}{\partial q} \end{bmatrix}$$

$$
=\begin{bmatrix} -\gamma & -\beta\langle k\rangle - \gamma & -\gamma \\ 0 & \beta\langle k\rangle - (d_1+\delta) & 0 \\ 0 & \delta & -(d_2+\mu) \end{bmatrix} \tag{3-12}
$$

其中，P_{11}, P_{12}, P_{13} 为 P_1 环境下依次对应方程组 (3-9) 中的三个方程，则很容易求得该 Jacobi 矩阵的特征方程为

$$
(\lambda+\gamma)(\lambda-\beta\langle k\rangle+d_1+\delta)(\lambda+d_2+\mu) = 0 \tag{3-13}
$$

通过解方程，容易得方程的三个特征根分别为 $-\gamma$, $\beta\langle k\rangle - d_1 - \delta$, $-d_2 - \mu$。由 Routh-Hurwitz 稳定性判据可知：当 $\beta\langle k\rangle - d_1 - \delta < 0$，即 $\beta < \dfrac{d_1+\delta}{\langle k\rangle}$ 时，方程组 (3-9) 的 Jacobi 矩阵三个特征根都具有负实部，此时，$P_1 = (s, i, q) = (1, 0, 0)$ 是方程组的稳定解；否则，P_1 是不稳定的。

引理 3.2：如果 $\beta > \dfrac{d_1+\delta}{\langle k\rangle}$，生物危险源扩散网络中的地方病平衡态 P_2 是稳定的；否则，P_2 是不稳定的。

证明：类似于引理 3.1 的证明，结合方程组的另外一个解式 (3-11)，此时，方程组 (3-9) 对应的 Jacobi 矩阵为

$$
\boldsymbol{J}_{P_2} = \begin{bmatrix} -\dfrac{\gamma[\beta\langle k\rangle - (d_1+\delta)](d_2+\mu)}{[(d_1+\delta+\gamma)(d_2+\mu)+\gamma\delta]} - \gamma & -(d_1+\delta) - \gamma & -\gamma \\ \dfrac{\gamma[\beta\langle k\rangle - (d_1+\delta)](d_2+\mu)}{[(d_1+\delta+\gamma)(d_2+\mu)+\gamma\delta]} & 0 & 0 \\ 0 & \delta & -(d_2+\mu) \end{bmatrix} \tag{3-14}
$$

整理可得其 Jacobi 矩阵的特征方程为

$$
\begin{aligned}
&\lambda(\lambda+A+\gamma)[\lambda+(d_2+\mu)] + \gamma\delta A + (d_1+\delta+\gamma)[\lambda+(d_2+\mu)]A \\
&= a_0\lambda^3 + a_1\lambda^2 + a_2\lambda + a_3 = 0
\end{aligned} \tag{3-15}
$$

其中，$A = \dfrac{\gamma[\beta\langle k\rangle - (d_1+\delta)](d_2+\mu)}{[(d_1+\delta+\gamma)(d_2+\mu)+\gamma\delta]}$，

$$
\begin{aligned}
a_0 &= 1 \\
a_1 &= (d_2+\mu) + (A+\gamma) \\
a_2 &= (d_2+\mu)(A+\gamma) + (d_1+\delta+\gamma)A \\
a_3 &= (d_2+\mu)(d_1+\delta+\gamma)A + \gamma\delta A
\end{aligned}
$$

很显然，如果 $\beta > \dfrac{d_1 + \delta}{\langle k \rangle}$，则 $A > 0$，很容易得到 $a_1 > 0, a_2 > 0, a_3 > 0$。

$$a_1 a_2 - a_0 a_3 = (d_2 + \mu)(A + \gamma)(d_2 + \mu + A + \gamma) + (d_1 + \delta + \gamma)A^2 + \gamma A(d_1 + \gamma) > 0,$$

则由 Routh-Hurwitz 稳定性判据可知：当 $\beta > \dfrac{d_1 + \delta}{\langle k \rangle}$ 时，Jacobi 矩阵的特征方程三个特征根将具有负的实部，此时方程组 (3-9) 的解 P_2 是稳定的；否则，P_2 是不稳定的。

结论 3.1：从引理 3.1 和引理 3.2 可以得出结论，在不考虑生物危险源具有潜伏期的情况下，生物危险源的扩散阈值除了取决于所构建的小世界网络拓扑结构 (节点平均度分布)，还与生物危险源的危险程度 (因病死亡率) 以及生物危险源暴发后采取多大强度的隔离措施 (感染者被隔离的比率) 有密切关系：当 $\beta < \dfrac{d_1 + \delta}{\langle k \rangle}$ 时，生物危险源扩散网络会稳定于危险源消失的平衡点 P_1；当 $\beta > \dfrac{d_1 + \delta}{\langle k \rangle}$ 时，生物危险源将会在较长的一段时间内扩散并最终稳定于地方病 P_2 的状态。

3.2.2　SEIQRS 模型

1. 模型建立

类似于 3.2.1 节，假设在某地区发生生物恐怖袭击事件并造成当地传染病流行，在考虑该疾病具有潜伏期的情形下，其危险源扩散过程可用图 3-3 表示。

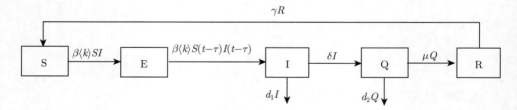

图 3-3　生物危险源扩散的 SEIQRS 模型

类似于 3.2.1 节的方法，运用平均场理论得到基于小世界网络且考虑有潜伏期的 SEIQRS 模型方程组为

$$\begin{cases} s'(t) = -\beta \langle k \rangle s(t) i(t) + \gamma r(t) \\ e'(t) = \beta \langle k \rangle s(t) i(t) - \beta \langle k \rangle s(t-\tau) i(t-\tau) \\ i'(t) = \beta \langle k \rangle s(t-\tau) i(t-\tau) - d_1 i(t) - \delta i(t) \\ q'(t) = \delta i(t) - d_2 q(t) - \mu q(t) \\ r'(t) = \mu q(t) - \gamma r(t) \end{cases} \quad (3\text{-}16)$$

其中，$E(t)$ 表示区域中被感染进入潜伏期的人口数量；$e(t) = E(t)/N$ 表示其密度；$s(t)+e(t)+i(t)+q(t)+r(t) = 1$；$\beta, \gamma, \delta, \mu, d_1, d_2, \tau$ 皆为正的常数；τ 为潜伏期。模型的初始条件为：$i(0) = i_0 \ll 1$，$e(0) = \langle k \rangle i(0)$，$s(0) = 1-e_0-i_0$，$q(0) = r(0) = 0$。

2. 模型分析

1）系统平衡态的存在性

现考虑方程组 (3-16) 的稳态情况。考虑到在生物危险源扩散系统达到稳态时，各参数值不再变化的特性，即 $s(t) = s(t - \tau)$，$i(t) = i(t - \tau)$，则可知此时有

$$e'(t) = \beta\langle k \rangle s(t)i(t) - \beta\langle k \rangle s(t - \tau)i(t - \tau) = 0 \tag{3-17}$$

式 (3-17) 是恒成立的。即在系统稳态时，在潜伏期内的人口密度 $e(t) = e$ 为某个常数。由于 $s(t) + e(t) + i(t) + q(t) + r(t) = 1$，代入方程组 (3-16)，可得

$$\begin{cases} s'(t) = -\beta\langle k \rangle s(t)i(t) + \gamma[1 - s(t) - e(t) - i(t) - q(t)] \\ i'(t) = \beta\langle k \rangle s(t - \tau)i(t - \tau) - (d_1 + \delta)i(t) \\ q'(t) = \delta i(t) - (d_2 + \mu)q(t) \end{cases} \tag{3-18}$$

考虑 $s'(t) = 0$，$i'(t) = 0$，$q'(t) = 0$ 时的情况，容易解得系统的平衡点为

$$P_3 = (s, i, q) = (1 - e, 0, 0) \tag{3-19}$$

$$P_4 = (s, i, q) = \left(\frac{d_1 + \delta}{\beta\langle k \rangle}, B, \frac{\delta}{d_2 + \mu}B \right) \tag{3-20}$$

其中，$B = \dfrac{\gamma[\beta\langle k \rangle(1 - e) - (d_1 + \delta)](d_2 + \mu)}{\beta\langle k \rangle[(d_1 + \delta + \gamma)(d_2 + \mu) + \gamma\delta]}$。类似于 3.2.1 节，$P_3$ 为考虑潜伏期条件下的感染区域无病平衡点，P_4 为地方病平衡点。

2）系统平衡态的稳定性

引理 3.3：如果 $\beta < \dfrac{d_1 + \delta}{\langle k \rangle(1 - e)}$，考虑潜伏期条件下的生物危险源扩散网络中无病平衡态 P_3 是稳定的；否则，P_3 是不稳定的。引理 3.3 的证明类似于引理 3.1，故略去。

引理 3.4：如果 $\beta > \dfrac{d_1 + \delta}{\langle k \rangle(1 - e)}$，考虑潜伏期条件下的生物危险源扩散网络中地方病平衡态 P_4 是稳定的；否则，P_4 是不稳定的。引理 3.4 的证明类似于引理 3.2，故略去。

结论 3.2：从引理 3.3 和引理 3.4 的证明结果可以得出，在考虑潜伏期的情况下，生物危险源的扩散阈值除了取决于所构建的小世界网络拓扑结构、生物危险源

的危险程度以及生物危险源暴发后采取多大强度的隔离措施外，还与生物危险源扩散系统达到稳态时，在潜伏期内的人口密度有关。

从上述基于小世界网络的生物危险源扩散模型分析可看出，在对感染者采取隔离措施后，无论生物危险源传播过程中是否具有潜伏期，其扩散到最后都存在一个系统平衡态 (无病平衡态或地方病平衡态)，即存在扩散阈值。反映到生物反恐应急救援实际中，即生物危险源的扩散虽然会形成一个以人为节点的危险源扩散网络，具有扩散的快速性和跳跃性，但从宏观上看，其总体是一种从无序向有序演化的行为。因此，生物危险源的扩散具有一定的规律性。

3.2.3　数值模拟测试

考虑一个地区人口总数 $N = 10^5$，初始感染人口密度 $i(0) = 2 \times 10^{-4}$ 的生物危险源扩散算例，模型中各参数值如下：$\beta = 10^{-6}$，$\langle k \rangle = 6$，$\gamma = 2 \times 10^{-4}$，$\delta = 0.3$，$\mu = 0.1$，$d_1 = 5 \times 10^{-3}$，$d_2 = 1 \times 10^{-3}$，$\tau = 5$，应用 MATLAB 7.0 仿真软件包分别对前文所建立的两类生物危险源扩散模型进行仿真模拟，结果如图 3-4 所示。

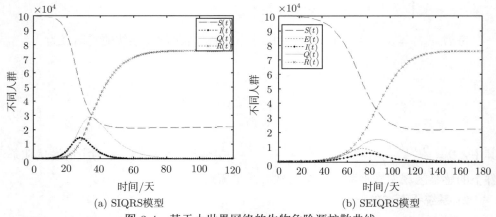

(a) SIQRS模型　　　　　　　　　(b) SEIQRS模型

图 3-4　基于小世界网络的生物危险源扩散曲线

从图 3-4 可明显看出，无论生物危险源的扩散是否具有潜伏期，基于小世界网络的生物危险源扩散都存在很明显的阈值现象，这点验证了引理 3.1~3.4 的正确性。相比图 3-4(a) 而言，考虑潜伏期条件下生物危险源扩散的高峰期 (图 3-4(b)) 要到达得相对晚一些，且在所有参数取值都相同的情况下，考虑潜伏期条件下被生物危险源感染和被隔离人口的最高峰值都要比不考虑潜伏期条件的时候小，得到这个结果的原因是相对于 SIQRS 模型中扩散的最高峰来说，在 SEIQRS 模型中有一部分被感染者还处于潜伏期内，尚未成为已感染者，这个结果同时也说明了潜伏期对生物危险源的扩散和防治具有较大的影响。

在现实的生物反恐应急救援中，人们更为关注的是生物危险源扩散中被感染人口与被隔离的感染人口随时间的变化规律，即 $i(t)$ 随 $q(t)$ 的变化规律。根据前文的理论证明，下面将以生物危险源扩散中被感染人口 $i(t)$ 变化为例，分别讨论几个关键参数 $(\beta, \langle k \rangle, \delta)$ 的变化对生物危险源扩散结果的影响。

考虑生物危险源传染率的变化对生物危险源扩散结果的影响，结果如图 3-5 所示。无论对于 SIQRS 模型还是 SEIQRS 模型，都得到了类似于文献中的结论，即在初始的一段时间内，生物危险源感染率的变化对区域中被感染的人口数不会产生太大的影响。如在 SIQRS 模型的环境下，保持其他参数不变，当将感染率 β 增大 4 倍时，在初始的 40 天内，$i(t)$ 的值几乎没有大的变化；而在 40 天之后，被感染人口的高峰值逐渐出现，且与感染率 β 成正比。在 SEIQRS 模型的环境下，也可以得到类似的结论，只是高峰值相对小一些。比较图 3-5(a) 与图 3-5(b)，可以发现，在 SIQRS 模型的环境下，虽然感染率 β 的值不断变化，但被感染人口的高峰期在时间上是一致的；而在 SEIQRS 模型的环境下，被感染人口的高峰期会随着 β 值的增加而不断向后延迟，这是由于在 SEIQRS 模型中考虑了疾病的潜伏期。因此，在生物反恐应急救援中，确定生物危险源扩散传染是否具有潜伏期，具有很重要的实际意义。对于具有潜伏期的生物危险源扩散，要根据其传染率的不同，调整应急资源的部署，以应对被感染人口高峰到来时的应急药品物资需求。

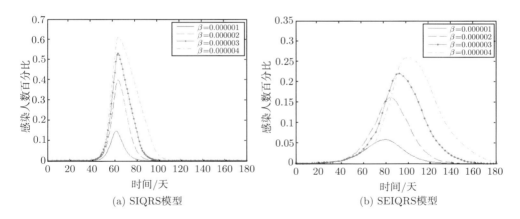

(a) SIQRS模型　　　　　　　　　　　　(b) SEIQRS模型

图 3-5　传染率 β 变化对 $i(t)$ 的影响

考虑生物危险源扩散网络中的节点平均度分布的变化对生物危险源扩散结果的影响，结果如图 3-6 所示。将网络节点的平均度分布 $\langle k \rangle$ 的值分别取 4、6、8、10，同样地，无论对于 SIQRS 模型还是 SEIQRS 模型，都得到了类似于上文的结论，即在初始的一段时间内，网络中的节点平均度分布的变化对区域中被感染的人口数不会产生太大的影响。这个时间大致在 40 天左右，40 天后被感染人口的高峰值逐渐出现，且与网络节点的平均度分布 $\langle k \rangle$ 成正比。在实际的生物反恐应急网络中，网络节点平均度分布 $\langle k \rangle$ 的含义是所有节点间联系或接触的平均值。由图 3-6 分析可知，当生物恐怖事件发生后，人群节点进行自我隔离是非常重要的，无论生物危险源是否具有潜伏期，控制人群间的接触都能有效地抑制危险源的扩散，这一结论也间接地证明了中国在 2003 年的 SARS 事件中所采取的一系列控制措施的正确性和有效性。另外一个值得注意的现象是，在 SEIQRS 模型的环境下，被感染人口的高峰期并不会像预想的那样随着 $\langle k \rangle$ 值的增加而向后有明显延迟，这一结论说明 $\langle k \rangle$ 值的变化对感染高峰期在时间轴上的影响不是非常敏感。

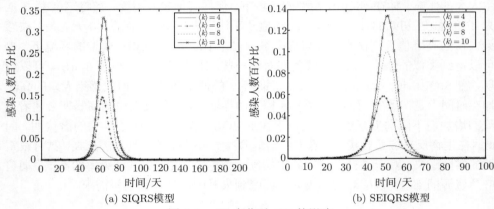

(a) SIQRS模型　　　　　　　　　　(b) SEIQRS模型

图 3-6　$\langle k \rangle$ 变化对 $i(t)$ 的影响

在前文的证明过程中，感染人口中未被发现而死亡的概率 d_1 总是与感染人口被发现并进行隔离的概率 δ 相关，因此应考虑 $d_1 + \delta$ 的变化对生物危险源扩散结果的影响。由于参数 d_1 与 δ 的数量级相差较大，其对危险源扩散的影响容易被病态淹没，因此仅考虑感染人口被发现并进行隔离的概率 δ 变化对 $i(t)$ 的影响，结果如图 3-7 所示。

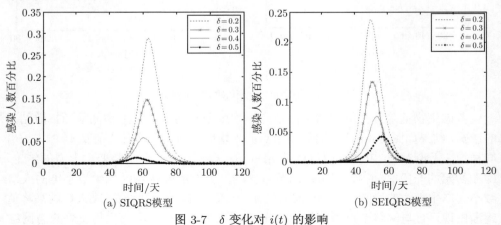

(a) SIQRS模型　　　　　　　　　　(b) SEIQRS模型

图 3-7　δ 变化对 $i(t)$ 的影响

保持其他参数值不变，将 δ 逐渐加大，可以发现无论对于 SIQRS 模型还是 SEIQRS 模型，都得到类似于前文的结论，且在 SEIQRS 模型的环境下，被感染人口的高峰期会随着 δ 值的增加而向后延迟。上述结论表明，除了要求未被感染的人群进行自我隔离外，对已经被感染者的早发现、早隔离同样重要。因此，在实际的生物反恐应急救援中，应尽可能早的对被感染人口实施隔离治疗。

3.3 考虑人口迁移的生物危险源扩散模型

3.3.1 SIS 模型

1. 模型建立

类似于 3.2 节，假设在某地区发生生物恐怖袭击事件并造成当地传染病流行，在考虑区域人口流动的情形下，其危险源扩散过程可用图 3-8 表示。

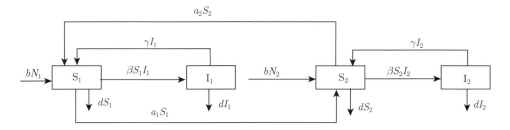

图 3-8 SIS 模型的人群迁移图

为方便模型的建立，首先给出相关的假设条件如下。

(1) $S_i(t)$ 和 $I_i(t)$ 分别表示 t 时刻城市 i 的易感人数和感染者人数，因此，城市 i 的总人口数为 $N_i(t) = S_i(t) + I_i(t)$。

(2) b 和 d 分别为自然出生率与自然死亡率；γ 为治愈率；β 为繁殖系数，为方便后续计算过程，我们假设 $b = d$，则可以保持总人口数不变。需要说明的是，d 是自然死亡率，在这里并不考虑疾病致死率。

(3) 在本书中只有易感人群可以迁移，a_i 表示城市 i 的易感人群迁移率 ($a_i > 0, i = 1, 2$ 且 $a_1 \neq a_2$)。

(4) N 表示这两个城市中的总人口数，$N = N_1 + N_2$。

因此，SIS 流行病扩散模型的常微分方程可以表示如下

$$\begin{cases} S_1' = bN_1 - a_1 S_1 + a_2 S_2 - dS_1 - \beta S_1 I_1 + \gamma I_1 \\ I_1' = \beta S_1 I_1 - \gamma I_1 - dI_1 \\ S_2' = bN_2 + a_1 S_1 - a_2 S_2 - dS_2 - \beta S_2 I_2 + \gamma I_2 \\ I_2' = \beta S_2 I_2 - \gamma I_2 - dI_2 \end{cases} \tag{3-21}$$

方程组 (3-21) 描述了如下生物危险源扩散模型：城市 1 和城市 2 中的易感人群变化率由到达人口、离开人口和实际接触到疾病因而成为感染者的损失人口来决定，其中损失人口与繁殖系数 β、易感人群的当前规模和感染者的当前规模成比例。方程组 (3-21) 中所有参数 $\beta, b, \gamma, a_1, a_2$ 都是正的，且模型的初始条件如下

$$I_1(0) = i_1^0 \ll N, I_2(0) = i_2^0 \ll N, S_1(0) = s_1^0, S_2(0) = N - s_1^0 - i_1^0 - i_2^0. \tag{3-22}$$

2. 模型分析

1) 传染发生的条件

如式 (3-22) 所示，$I_1(0) = i_1^0 \ll N, I_2(0) = i_2^0 \ll N, S_1(0) = s_1^0$ 和 $S_2(0) = N - s_1^0 - i_1^0 - i_2^0$ 是所提出模型的初始条件，象征着易感人群和感染者的初始数据。那么，如果生物恐怖袭击引发疾病传染，则必须要满足以下条件

$$I_1' |_{t=0} > 0, \quad I_2' |_{t=0} > 0 \tag{3-23}$$

代入方程组 (3-21)，可以得到

$$s_1^0 > \frac{b+\gamma}{\beta}, \quad s_2^0 < N - i_1^0 - i_2^0 - \frac{b+\gamma}{\beta} \tag{3-24}$$

式 (3-24) 表明，当且仅当 s_1^0 和 s_2^0 满足上面的初始条件时，生物危险源扩散才会发生。

2) 系统平衡态的存在性

一般来说，很难得到方程组 (3-21) 的解析解。为了分析流行病的扩散，本书仅考虑它的稳定状态。令 $b = d$ 且删去 S_2，将方程组 (3-21) 改写为

$$\begin{cases} S_1' = -a_1 S_1 + a_2(N - S_1 - I_1 - I_2) - \beta S_1 I_1 + (b+\gamma)I_1 \\ I_1' = \beta S_1 I_1 - (b+\gamma)I_1 \\ I_2' = \beta(N - S_1 - I_1 - I_2)I_2 - (b+\gamma)I_2 \end{cases} \tag{3-25}$$

令 $I_1' = 0$，可以得到 $I_1 = 0$ 或者 $S_1 = \dfrac{b+\gamma}{\beta}$。类似地，令 $I_2' = 0$，可以得到

$I_2 = 0$ 或者 $S_1 + I_1 + I_2 = N - \dfrac{b+\gamma}{\beta}$。令偏导数 $S_1' = 0$，$I_1' = 0$ 且 $I_2' = 0$，当 $I_1 = 0$ 且 $I_2 = 0$ 时，可以得到 SIS 扩散模型的第一个平衡点

$$P_1 = (S_1, I_1, I_2) = \left(\frac{a_2}{a_1 + a_2} N, 0, 0 \right) \tag{3-26}$$

由式 (3-26) 可以看出，城市 1 和城市 2 的感染者数量都为 0，说明区域中的生物危险源没有进行扩散自行消亡，最后区域中的所有人口都成为易感人口，网络处于无病状态，即该点为感染区域的无病平衡点。

当 $I_1 = 0$ 且 $S_1 + I_1 + I_2 = N - \dfrac{b+\gamma}{\beta}$ 时，可以得到上述 SIS 扩散模型的第二个平衡点

$$P_2 = (S_1, I_1, I_2) = \left(\frac{a_2}{a_1} \cdot \frac{b+\gamma}{\beta}, 0, N - \frac{a_1 + a_2}{a_1} \cdot \frac{b+\gamma}{\beta} \right). \tag{3-27}$$

由式 (3-27) 可以看出，当危险源扩散系统处于稳态时，城市 1 中的感染者数量为 0，而城市 2 中仍然存在一些感染者。在这样的情况下，我们称它为地方病平衡点。

同理，当 $S_1 = \dfrac{b+\gamma}{\beta}$ 且 $I_2 = 0$ 时，可以得到第三个平衡点

$$P_3 = (S_1, I_1, I_2) = \left(\frac{b+\gamma}{\beta}, N - \frac{a_1 + a_2}{a_2} \cdot \frac{b+\gamma}{\beta}, 0 \right). \tag{3-28}$$

与上述描述一致，当危险源扩散系统处于稳态时，城市 2 中的感染者数量为 0，而城市 1 中仍然存在一些感染者，所以它也是地方病平衡点。值得一提的是，当 $S_1 = \dfrac{b+\gamma}{\beta}$ 和 $S_1 + I_1 + I_2 = N - \dfrac{b+\gamma}{\beta}$ 时，有 $\dfrac{\mathrm{d}S_1}{\mathrm{d}t} = (a_2 - a_1) \cdot \dfrac{b+\gamma}{\beta} \neq 0$ 且 $a_1 \neq a_2$。这意味着，在 $S_1 = \dfrac{b+\gamma}{\beta}$ 和 $S_1 + I_1 + I_2 = N - \dfrac{b+\gamma}{\beta}$ 的条件下，联立方程 $S_1' = 0$，$I_1' = 0$ 和 $I_2' = 0$ 无解。

3) 系统平衡态的稳定性

引理 3.5：当且仅当 $\beta < \min\left\{ \dfrac{(a_1 + a_2)(b+\gamma)}{a_1 N}, \dfrac{(a_1 + a_2)(b+\gamma)}{a_2 N} \right\}$ 时，生物危险源扩散网络中的无病平衡态 P_1 是稳定的；否则，P_1 是不稳定的。

证明：令 $P = S_1'$，$Q = I_1'$ 和 $R = I_2'$，可以得到方程组 (3-25) 的 Jacobi 矩阵为

$$
\boldsymbol{J} = \begin{pmatrix} \dfrac{\partial P}{\partial S_1} & \dfrac{\partial P}{\partial I_1} & \dfrac{\partial P}{\partial I_2} \\[2mm] \dfrac{\partial Q}{\partial S_1} & \dfrac{\partial Q}{\partial I_1} & \dfrac{\partial Q}{\partial I_2} \\[2mm] \dfrac{\partial R}{\partial S_1} & \dfrac{\partial R}{\partial I_1} & \dfrac{\partial R}{\partial I_2} \end{pmatrix}
$$

$$
= \begin{pmatrix} -a_1-a_2-\beta I_1 & b+\gamma-a_2-\beta S_1 & -a_2 \\[1mm] \beta I_1 & \beta S_1-(b+\gamma) & 0 \\[1mm] -\beta I_2 & -\beta I_2 & \beta(N-S_1-I_1-2I_2)-(b+\gamma) \end{pmatrix} \tag{3-29}
$$

因为 $P_1 = (S_1, I_1, I_2) = \left(\dfrac{a_2}{a_1+a_2}N, 0, 0 \right)$，Jacobi 矩阵 $\boldsymbol{J}$ 可以被改写成如下形式

$$
\boldsymbol{J}_{P_1} = \begin{pmatrix} -a_1-a_2 & b+\gamma-a_2-\dfrac{a_2 N}{a_1+a_2}\beta & -a_2 \\[3mm] 0 & \dfrac{a_2 N}{a_1+a_2}\beta-(b+\gamma) & 0 \\[3mm] 0 & 0 & \dfrac{a_1 N}{a_1+a_2}\beta-(b+\gamma) \end{pmatrix}
$$

根据 Jacobi 矩阵 $\boldsymbol{J}_{P_1}$，可以很容易地得到方程组 (3-25) 的特征方程：

$$
(\lambda+a_1+a_2)\left(\lambda+b+\gamma-\dfrac{a_2 N}{a_1+a_2}\beta\right)\left(\lambda+b+\gamma-\dfrac{a_1 N}{a_1+a_2}\beta\right) = 0 \tag{3-30}
$$

该特征方程的三个特征根为 $-a_1-a_2$，$\dfrac{a_2 N}{a_1+a_2}\beta-b-\gamma$ 和 $\dfrac{a_1 N}{a_1+a_2}\beta-b-\gamma$。根据 Routh-Hurwitz 稳定性判据可知，当且仅当 $\beta < \dfrac{(a_1+a_2)(b+\gamma)}{a_1 N}$ 和 $\beta < \dfrac{(a_1+a_2)(b+\gamma)}{a_2 N}$ 时，特征方程的三个特征根才有负实部，同时，$P_1 = (S_1, I_1, I_2) = \left(\dfrac{a_2}{a_1+a_2}N, 0, 0 \right)$ 是微分方程的稳定解。

引理 3.6：当且仅当 $a_2 < a_1$ 且 $\beta > \dfrac{(a_1+a_2)(b+\gamma)}{a_1 N}$ 时，生物危险源扩散网络中的地方病平衡态 P_2 是稳定的。

证明：如果地方性平衡点 $P_2 = (S_1, I_1, I_2) = \left(\dfrac{a_2}{a_1} \cdot \dfrac{b+\gamma}{\beta}, 0, N-\dfrac{a_1+a_2}{a_1} \cdot \dfrac{b+\gamma}{\beta} \right)$ 存在，它首先应该满足条件 $I_2 > 0$。即繁殖系数 β 应该满足 $\beta > \dfrac{(a_1+a_2)(b+\gamma)}{a_1 N}$。

然后与引理 3.5 相似, 可以得到如下关于 P_2 的 Jacobi 矩阵

$$
\boldsymbol{J}_{P_2} = \begin{pmatrix} -a_1 - a_2 & b + \gamma - a_2 - \dfrac{a_2}{a_1}(b+\gamma) & -a_2 \\[2mm] 0 & \dfrac{a_2}{a_1}(b+\gamma) - (b+\gamma) & 0 \\[2mm] \dfrac{a_1+a_2}{a_1}(b+\gamma) - \beta N & \dfrac{a_1+a_2}{a_1}(b+\gamma) - \beta N & \dfrac{a_1+a_2}{a_1}(b+\gamma) - \beta N \end{pmatrix}
$$

根据 Jacobi 矩阵 $\boldsymbol{J}_{P_2}$, 可以再次得到方程组 (3-25) 的特征方程

$$
[\lambda + b + \gamma - \frac{a_2}{a_1}(b+\gamma)](\lambda^2 + A_1\lambda + A_0) = 0. \tag{3-31}
$$

这里 $A_0 = a_1\left[\beta N - \dfrac{a_1+a_2}{a_1}(b+\gamma)\right]$, $A_1 = a_1 + a_2 + \beta N - \dfrac{a_1+a_2}{a_1}(b+\gamma)$。很明显, 式 (3-31) 的一个特征根为 $\lambda_1^* = \dfrac{a_2 - a_1}{a_1}(b+\gamma)$。当且仅当 $a_2 < a_1$ 时, 特征根 λ_1^* 为负数。另一方面, 当 $\beta > \dfrac{(a_1+a_2)(b+\gamma)}{a_1 N}$ 时, 有 $A_0 > 0$ 和 $A_1 > 0$。基于 Routh-Hurwitz 稳定性判据, 式 (3-31) 的另外两个特征根有负实部。因此, 当且仅当 $a_2 < a_1$ 和 $\beta > \dfrac{(a_1+a_2)(b+\gamma)}{a_1 N}$ 时, P_2 是方程组的稳定解。

引理 3.7: 当且仅当 $a_1 < a_2$ 且 $\beta > \dfrac{(a_1+a_2)(b+\gamma)}{a_2 N}$ 时, 生物危险源扩散网络中的地方病平衡态 P_3 是稳定的。

证明: 与引理 3.6 相似, 如果地方性平衡点 $P_3 = (S_1, I_1, I_2) = \left(\dfrac{b+\gamma}{\beta}, N - \dfrac{a_1+a_2}{a_2} \cdot \dfrac{b+\gamma}{\beta}, 0\right)$ 存在, 它应该满足条件 $I_1 > 0$。即繁殖系数 β 应该满足 $\beta > \dfrac{(a_1+a_2)(b+\gamma)}{a_2 N}$。那么, 我们可以得到如下关于 P_3 的 Jacobi 矩阵:

$$
\boldsymbol{J}_{P_3} = \begin{pmatrix} -a_1 - a_2 - \beta N + \dfrac{a_1+a_2}{a_2}(b+\gamma) & -a_2 & -a_2 \\[2mm] \beta N - \dfrac{a_1+a_2}{a_2}(b+\gamma) & 0 & 0 \\[2mm] 0 & 0 & \dfrac{a_1 - a_2}{a_2}(b+\gamma) \end{pmatrix}
$$

同样, 根据 Jacobi 矩阵 $\boldsymbol{J}_{P_3}$, 我们可以得到方程组 (3-25) 的特征方程

$$
\left[\lambda - \frac{a_1 - a_2}{a_2}(b+\gamma)\right](\lambda^2 + B_1\lambda + B_0) = 0 \tag{3-32}
$$

这里 $B_0 = a_2\left[\beta N - \dfrac{a_1 + a_2}{a_2}(b + \gamma)\right]$, $B_1 = a_1 + a_2 + \beta N - \dfrac{a_1 + a_2}{a_2}(b + \gamma)$。很明显，式 (3-32) 的一个特征根为 $\lambda_1^* = \dfrac{a_1 - a_2}{a_2}(b + \gamma)$。当且仅当 $a_1 < a_2$ 时，特征根 λ_1^* 是负的。另一方面，当 $\beta > \dfrac{(a_1 + a_2)(b + \gamma)}{a_2 N}$，有 $B_0 > 0$ 且 $B_1 > 0$。基于 Routh-Hurwitz 稳定性判据，式 (3-32) 的另外两个特征根有负实部。因此，当且仅当 $a_1 < a_2$ 和 $\beta > \dfrac{(a_1 + a_2)(b + \gamma)}{a_2 N}$ 时，P_3 是方程组的稳定解。

结论 3.3：由引理 3.5，引理 3.6 和引理 3.7，可以得到，在考虑人口迁移的情况下，生物危险源的扩散阈值依赖于两个城市 $a_i(i = 1, 2)$ 易感人群的迁移系数，同时也依赖于以下三个关键参数，即两个城市的人口总数 N、出生率 b 和治愈率 γ。

3.3.2　数值模拟测试

在本节中，我们采用数值模拟来测试所提出的模型在实践中的应用效果。模型参数的初始值给出如下：$\beta = 8 \times 10^{-6}, b = 2 \times 10^{-4}, \gamma = 0.4, a_1 = 0.02, a_2 = 0.01, N = 10^5, S_1(0) = 0.7 \times 10^5, I_1(0) = 600, I_2(0) = 400$。使用 MATLAB 7.0 和 Runge-Kutta 方法来模拟上述模型，该测试电脑的配置包括 2GB RAM，Intel(R)Core TM i3 CPU 2.4GHz，Microsoft Windows XP。图 3-9 是测试结果，其中各曲线分别代表这两个城市中不同人群随时间的变化。

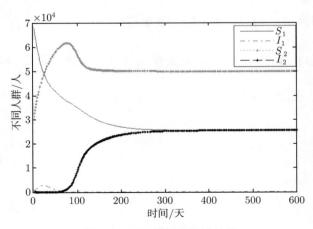

图 3-9　SIS 模型的测试结果

从图 3-9 可以看出，城市 1 中易感个体的数量随着时间的增加而逐渐减少，而城市 2 中的易感个体的数量首先增加然后减少。另外，城市 1 中感染个体的数量是先增加后减少，而城市 2 中感染个体的数量随着时间的增加而逐渐增加。当时间足够长时，城市 1 和城市 2 中的所有易感个体和感染个体倾向于固定值。

图 3-10 显示了两个城市中在不同的传播系数下受感染个体数量的变化。从图 3-10(a) 可以看出，在最初几天，β 越大，城市 1 中生物危险源或传染病传播越快。但从图 3-10(b)，我们不能得到相似的结论，城市 2 中受感染个体的数量与传播系数 β 不是正相关。值得一提的是，当城市 1 的感染人数达到零时，其他城市的感染人数仍然是增多的，此时达到疾病的地方病平衡点，这与引理 3.5 一致。类似地，如果初始条件改变，我们也可以测试和验证其他引理。

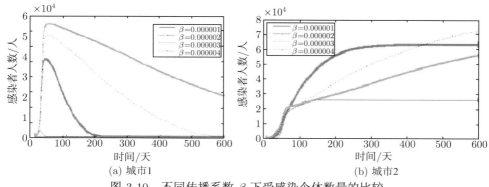

图 3-10 不同传播系数 β 下受感染个体数量的比较

图 3-11 显示了不同恢复率 γ 下的两个城市中感染者数量的变化。如图 3-11(a) 所示，当 $\gamma = 0.2$，城市 1 中受感染个体的最大数量约为 3.3×10^4；当 $\gamma = 0.3$，感染个体的最大数量约为 1.5×10^4；当 $\gamma = 0.4$ 时，城市 1 中感染个体的最大数量小于 0.5×10^4；这表明，恢复率常数 γ 越大，城市 1 中被感染个体数量越小。类似的现象也可以从图 3-11(b) 的城市 2 观察到。这一现象表明，在控制流行病蔓延时尽可能提高恢复率是重要的。

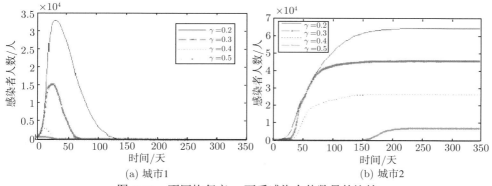

图 3-11 不同恢复率 γ 下受感染个体数量的比较

图 3-12 显示了两个城市在不同迁移系数 a_1、a_2 下的受感染个体数量的变化。由图 3-12 可以看出，无论城市 1 还是城市 2，当易感个体的迁移系数发生变化时，感染个体的演化轨迹可能会产生严重的变化。例如，在城市 1 中，当 $a_2 < a_1(a_1 = 0.02, a_2 = 0.01$ 和 $a_1 = 0.02, a_2 = 0.015)$，感染个体的数量趋向于零。然而，当 $a_1 < a_2(a_1 = 0.02, a_2 = 0.025$ 和 $a_1 = 0.02, a_2 = 0.03)$，感染个体的数量倾向于某常数。换句话说，随着城市 2 中迁移系数的增加，城市 1 中感染个体的最终数量可能从零开始变为正数。城市 2 中的迁移系数越大，城市 1 中感染个体的极限数目越大。与城市 1 相对，当 $a_2 < a_1(a_1 = 0.02, a_2 = 0.01$ 和 $a_1 = 0.02, a_2 = 0.015)$，城市 2 中的感染个体的数量趋向于某常数。当 $a_1 < a_2(a_1 = 0.02, a_2 = 0.025$ 和 $a_1 = 0.02, a_2 = 0.03)$，城市 2 中感染个体的数量非常小，并且趋向于零。这一现象表明，随着城市 2 中的迁移系数的增加，城市 2 中的感染个体的极限数量可以从正值变为零，城市 2 中的迁移系数越大，城市 2 中感染个体的数量越小。总之，只减少一个城市的迁移人口数不如提高控制流行病扩散的恢复率更有效。然而，我们可以在这两个城市的迁移系数之间找到一个平衡点，以控制两个城市的感染者。

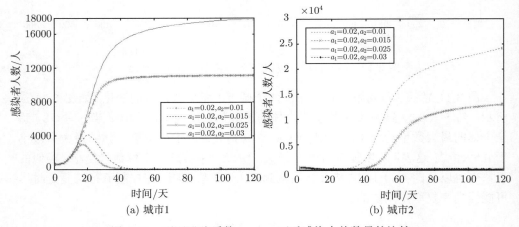

图 3-12　不同迁移系数 a_1、a_2 下受感染个体数量的比较

3.4　生物反恐体系中的应急药品物资控制策略分析

生物恐怖事件发生后，人们总是会尽可能地展开应急救援，为了提高应急救援的时效性，首先要做的工作即是分析和确认受生物危险源感染区域对应急救援资源的需求情况。以往文献有的将应急药品物资需求定义为脉冲变量[12]，有的将其定义为服从某种分布[13,14]，有的则设计为某种时变量[15,16]，然而，实际的应急药品物资需求不但非常难以预测，且随着危险源的扩散不断地动态变化。因此，本节

在生物危险源扩散规律分析的基础上，对生物反恐体系中的应急药品物资需求规律先建立一类简单的预测模式 (微分关系式)。在后续的研究中，本书将在此预测模式的基础上，构建新的时变需求预测模式。

定义 $D(t)$ 为感染区域在 t 时刻的应急药品物资需求量，很明显，对于受感染区域而言，被感染的人口数越多，应急资源的需求越大 (这里被感染人口包括两个部分，一是被感染但还未被隔离的人口，一是被隔离的感染人口)，即 $D(t) \propto f[I(t) + Q(t)]$。假设每个感染者需要 a 个单位的应急资源，在考虑区域中被感染但未被隔离的人口还会对周边密切接触的人进行传染的条件下，应急资源的需求量 $D(t)$ 满足以下的需求函数

$$D(t) = a\left[\langle k \rangle I(t) + Q(t)\right] = aN[\langle k \rangle i(t) + q(t)] \tag{3-33}$$

分别对 $D(t)$ 在 SIQRS 模型和 SEIQRS 模型的环境下求偏导，可得

$$\begin{aligned}
\frac{\partial D_{\mathrm{I}}(t)}{\partial t} =& aN\{\langle k \rangle[\beta\langle k \rangle s(t)i(t) - (d_1 + \delta)i(t)] \\
& + [\delta i(t) - (d_2 + \mu)q(t)]\}
\end{aligned} \tag{3-34}$$

$$\begin{aligned}
\frac{\partial D_{\mathrm{II}}(t)}{\partial t} =& aN\{\langle k \rangle[\beta\langle k \rangle s(t - \tau)i(t - \tau) - (d_1 + \delta)i(t)] \\
& + [\delta i(t) - (d_2 + \mu)q(t)]\}
\end{aligned} \tag{3-35}$$

由于 $\langle k \rangle > \delta$ 是恒成立的，则可知应急资源的需求量 $D(t)$ 与关键参数中的传染率 β 和网络的平均度分布 $\langle k \rangle$ 成正比，与感染人口被发现并进行隔离的概率 δ 成反比。

保持 3.2 节中的参数值设置，为方便计算，取参数 $a = 1$，对生物反恐体系中的应急药品物资需求进行模拟分析，结果如图 3-13 所示。对图 3-13 进行分析可知，无论在 SIQRS 模型还是 SEIQRS 模型的环境下，受生物危险源感染区域对应急药品物资的需求皆呈现较为明显的三阶段特性：即在生物恐怖事件暴发初期，生物危险源还未开始大面积扩散，因此在开始的一段时间内，感染区域对应急药品物资的需求较为平稳，称为第一阶段；在经过一段潜伏期后，生物危险源开始大面积扩散，感染人口出现高峰，对应急药品物资的需求也急剧变化，在采取了一系列应对措施后，生物危险源扩散开始回落，称为第二阶段；最后，当生物危险源扩散趋于稳定或消失，对应急药品物资的需求也逐渐平稳，称为第三阶段。

在第一阶段，危险源没有大面积扩散，人们往往很难发现已经遭到袭击，而这正是生物恐怖袭击的隐蔽性所在。而到了第二阶段，危险源会在短时间内急剧扩张 (被感染者发病人数急剧增加)，使得该阶段的应急救援压力陡增。正是由于生物恐怖袭击事件具有这样的特性，生物反恐应急救援比自然灾害的应急救援更难开展。

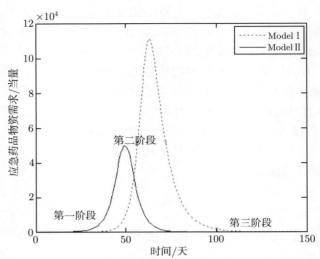

图 3-13　不同模型环境下应急药品物资的需求规律

Model I 为 SIQRS 模型；Model II 为 SEIQRS 模型

因此，应针对这三个不同的阶段，分别制定不同的应急药品物资控制策略，以有效地应对生物恐怖事件。

(1) 对于生物反恐应急救援第一阶段，由于生物恐怖袭击刚发生，受感染区域对应急药品物资的需求还处于较稳定状态。而在受感染的区域中，当地的医疗部门应该还有一些应急药品物资库存。此时，应抓住这段有利时机，快速诊断出危险源的病因、病种以及所需的应急药品物资，该阶段的应急救援目标即是尽可能地在生物危险源大规模扩散高峰来临前，将感染区及周边区域原有储备应急药品物资调配到应急需求点。

(2) 对于生物反恐应急救援第二阶段，由于生物危险源的大面积扩散，此时人们会尽可能地采取各种措施进行应对。因此，在这一阶段，应急药品物资的需求将会呈现很明显的先增后减现象。由于经历了第一阶段的应急救援，此时当地医疗部门的应急药品物资库存可能将要或已经耗尽，需要及时补充新的应急药品物资，因此，该阶段的应急救援目标是随着生物危险源扩散情况的不断变化，应急药品物资能够源源不断地从城市储备库等机构配送到当地应急医疗部门，以满足受感染区域对应急药品物资的动态变化需求。

(3) 对于生物反恐应急救援第三阶段，由于生物危险源扩散将趋于稳定或消失，受感染区域对应急药品物资的需求也将趋于平稳。因此，该阶段的应急救援目标是综合集成考虑生物反恐体系中的应急药品物资储备问题与应急药品物资优化配置问题，实现在开展应急救援的同时，恢复和优化各城市储备库中的应急药品物资库存水平。

参 考 文 献

[1] 张慧, 黄建始, 胡志民. 美国大都市医疗反应系统及其对我国公共卫生体系建设的启示[J]. 中华预防医学杂志, 2004, 38(4): 276–278.

[2] 李立明. 试论 21 世纪中国公共卫生走向[J]. 中华预防医学杂志, 2001, 35(4): 219–220.

[3] 施忠道. 全球严防生物恐怖袭击[J]. 实用预防医学, 2003, 10(1): 114–115.

[4] 周媛媛. 非传统安全视角下的生物安全[J]. 现代国际关系, 2004, (4): 17–23.

[5] Victor R S, Gary D V H. Smallpox and pregnancy: From eradicated disease to bioterrorist threat[J]. Obstetrics & Gynecology, 2002, 100(1): 87–93.

[6] Tracy Y, James C T, Kristen C S, et al. Factors associated with mode of transport to acute care hospitals in rural communities[J]. Journal of Emergency Medicine, 2003, 24(2):189–198.

[7] Eric R S, David E F.Anthrax threats: A report of two incidents from salt lake city[J]. Journal of Emergency Medicine, 2000, 18(2): 229–232.

[8] The White House. The National Security Strategy of the United States of America[EB/OL]. http://www.whitehouse.gov/nsc/nss/2006/[2006–03].

[9] Council of the European Union. Fight Against the Proliferation of Weapons of Mass Destruction: EU Strategy Against Proliferation of Weapons of Mass Destruction, Brussels[EB/OL].http://ue.eu.int/uedocs/cmsUpload[2003-12-10].

[10] 吴晶晶, 胡梅娟. 中国力争在生物安全与生物反恐技术上取得突破 [EB/OL]. http://news.xinhuanet.com/politics/2007-06-26/content_6293450. html[2007-06-26].

[11] 李光正, 史定华. 复杂网络上 SIRS 类疾病传播行为分析[J]. 自然科学进展, 2006, 16（4）: 508–512.

[12] 赵林度, 刘明, 戴东甫. 面向脉冲需求的应急药品物资调度问题研究[J]. 东南大学学报（自然科学版）, 2008, 38(6): 1116–1120.

[13] Yan S Y, Shih Y L. A time-space network model for work team scheduling after major disaster[J]. Journal of the Chinese Institute Engineers, 2007, 30(1): 63–75.

[14] Yan S Y, Shih Y L. Optimal scheduling of emergency roadway repair and subsequent relief distribution[J]. Computers & Operations Research, 2009, 36(6): 2049–2065.

[15] Sheu J B. An emergency logistics distribution approach for quick response to urgent relief demand in disasters[J]. Transportation Research Part E: Logistics & Transportation Review, 2007, 43(6): 687–709.

[16] Sheu J B. Dynamic relief-demand management for emergency logistics operations under large-scale disasters[J]. Transportation Research Part E: Logistics & Transportation Review, 2010, 46(1): 1–17.

第4章 时间驱动环境下的应急药品物资 混合协同配送方法

在生物危险源扩散规律分析的基础上，首先需要针对生物恐怖事件暴发后应急救援初期阶段受感染区域对应急药品物资的需求还处于较稳定状态的情况，研究如何尽可能快地将当地及周边医疗部门的应急药品物资调配到应急需求点。本书主要从两个方面着手：一是考虑应急药品物资供应点与需求点存在特殊地理位置关系条件下，如何实现混合协同配送；二是针对应急条件下药品物资供应设备存在数量、容量及时间窗等限制条件下，如何实现混合协同配送。

4.1 应急药品物资的三种配送模式

普通物流既强调物流的效率，又强调物流的效益，而应急物流在许多情况下是通过物流效率来完成其效益的实现。由于生物反恐体系所具有的一些特性 (如生物恐怖事件通常是在人群中释放某种生物危险源导致人群死亡，却并不会像自然灾害那样破坏交通通信、中断应急药品物资配送路径等)，生物反恐体系中的应急药品物资配送与其他灾害环境下的应急药品物资配送相比，有着一定的差异性。

经典的物资配送模式有点对点配送 (PTP 模式)、枢纽辐射式 (HUB 模式) 以及旅行商或多旅行商 (TSP、MTSP 模式) 等，这些物资配送模式都各自具有不同的优势。显然，在应急条件下，如果应急药品物资能全部采用 PTP 模式进行配送，则各需求点都能在尽可能短的时间获得应急药品物资；但相应地，应急药品物资的配送缺乏规模效益性 (反映在实际中即每个需求点都要进行单独配送，需要大量的人力、车辆等资源)。反过来，虽然传统的 HUB 模式具有较强的规模效益[1]和竞争优势[2,3]，可是其又会导致救援时效性的相对降低。而在具体的应急救援中，由于应急事件的突发性和应急设备的有限性，常见的形式是应急救援的指挥中心根据所拥有的医疗资源 (包括医疗车辆、医务人员等)，分组同时出发，对各应急药品物资的需求点进行配送或补给应急药品物资 (如接种疫苗)；各组配送式补给的应急药品物资尽量不重复，使得所有的需求点都在尽可能短的时间内得到应急药品物资[4]，由此可见经典的 MMTSP(多出发点多旅行商) 理论在生物反恐应急药品物资配送中具有一定的借鉴性。

基于上述理论，结合生物恐怖事件暴发后应急救援初期阶段受感染区域对应急药品物资的需求还处于较稳定状态的特性，能否构建一类应急药品物资混合协同配送模式，使其兼顾各种模式的优点，是本书的研究目标。本书中混合协同的含义主要指应急药品物资配送过程中两种运输方式并存运营的状态。

4.2　PTP 模式与 HUB 模式混合的协同配送方法

在混合配送方面，柏明国和朱金福对航空网络中的 PTP 网络和 HUB 网络进行了比较研究[5]，Liu 等从运输总成本的角度研究了车辆运输系统的混合配送模式，他们指出，混合后的网络无论从规模效益还是运输频率，都较混合前有所提高[6]。受其启发，本书结合生物反恐应急救援初期阶段所需应急药品物资的特性，构建融合 PTP 模式和 HUB 模式的应急药品物资混合协同配送模式。

4.2.1　PTP 模式与 HUB 模式效率比较分析

在 PTP 模式下，任意应急药品物资供应点可对任意应急药品物资需求点进行物资配送；在 HUB 模式下，HUB 节点既负责对所有的应急药品物资供应点进行资源收集，又负责对所有的应急药品物资需求点进行物资配送。图 4-1 给出了 PTP 应急药品物资配送模式与 HUB 应急药品物资配送模式的结构示意图。

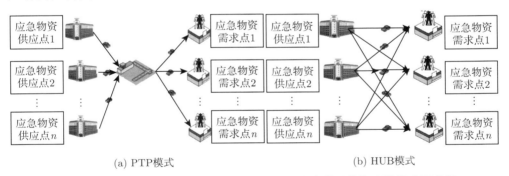

(a) PTP模式　　　　　　　　　　　　　　(b) HUB模式

图 4-1　PTP 应急药品物资配送模式与 HUB 应急药品物资配送模式示意图

为提高应急救援的时效性，通常调用飞机来进行紧急药品物资运输。如果将航空客流运输看作应急救援的药品物资运输，则使得在传统航空网络中研究的 HUB 模式在应急救援过程中具有了现实借鉴意义。结合应急药品物资配送特点，将文献 [7] 中的网络参数关系改进如下。

在 HUB 应急药品物资配送模式中，从任一应急药品物资供应点 i 经 HUB 枢纽中转到达任一应急药品物资需求点 j 运输单位物资的时效价值 P_h、运输物资数量 q_{hij} 与运输频率 f_h 之间满足

$$P_h = \alpha - \mu - \beta q_{hij} - \gamma / f_h \tag{4-1}$$

在 PTP 应急药品物资配送模式中，从任一应急药品物资供应点 i 到达任一应急药品物资需求点 j 运输单位物资的时效价值 P_d，直达物资数量 q_{dij} 与运输频率 f_d 之间有

$$P_d = \alpha - \beta q_{dij} - \gamma/f_d \tag{4-2}$$

式 (4-1) 和式 (4-2) 说明提高运输频率，能使应急药品物资的时效价值增加。其中，α、β、γ、μ 是网络模型参数，α 与直达运输的运输能力 G 成正比；β 与单位时间运输获得的时效价值成反比；γ 与单位时间的救灾延误损失成正比；μ 与物资在枢纽中转时损失的时效价值有关，损失的时效价值越大则 μ 越大，损失的时效价值越小则 μ 越小。可知在具有 m 个应急药品物资供应点和 n 个应急药品物资需求点的应急药品物资配送网络中，采用 HUB 模式和 PTP 模式的总时效价值分别如下：

$$R_h = \sum_{i=1}^{m} \sum_{j=1}^{n} q_{hij}(\alpha - \mu - \beta q_{hij} - \gamma/f_h) \tag{4-3}$$

$$R_d = \sum_{i=1}^{m} \sum_{j=1}^{n} q_{dij}(\alpha - \beta q_{dij} - \gamma/f_d) \tag{4-4}$$

对于任意的 q_{hij}, q_{dij} 令 $\dfrac{\partial R_h}{\partial q_{hij}} = 0, \dfrac{\partial R_d}{\partial q_{dij}} = 0$，整理可得

$$f_h = \frac{\gamma}{\alpha - \mu - 2\beta q_{hij}} \tag{4-5}$$

$$f_d = \frac{\gamma}{\alpha - 2\beta q_{dij}} \tag{4-6}$$

根据文献[5]可知 $q_{dij} \leqslant q_{hij}$，再结合式 (4-5)、式 (4-6)，显然有 $f_h > f_d$，即 HUB 模式中的运输频率要大于 PTP 模式中的运输频率。从而可知，HUB 应急药品物资配送模式比 PTP 模式具有更好的规模经济性。

4.2.2　参数说明

虽然 HUB 模式具有较好的规模经济性，然而在应急救援的现实情况中，部分应急供应点与部分应急需求点之间没必要通过 HUB 节点中转，它们在地理位置上也许靠得很近，可采用直接配送方式，从而形成了如图 4-2 所示的两种模式并存的混合协同配送模式。因此，前文所提出的问题可归结为：确定应急药品物资配送网络中，哪些点之间的配送采用 HUB 配送模式？哪些点之间的配送采用 PTP 模式？并且要求这种混合配送的效果要比两种单纯的配送模式更优。

模式中涉及的参数说明如下。q_{ij}^d：采用 PTP 模式从第 i 个应急药品物资供应点配送到第 j 个应急药品物资需求点的应急药品物资量；q_{ij}^h：采用 HUB 模式

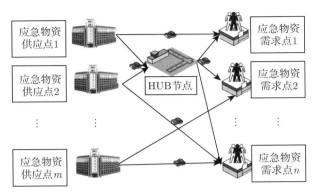

图 4-2 应急药品物资混合协同配送模式

从第 i 个应急药品物资供应点配送到第 j 个应急药品物资需求点的应急药品物资量；q_i^h：第 i 个应急药品物资供应点通过 HUB 模式配送的应急药品物资总量；q_{ij}^h：第 j 个应急药品物资需求点通过 HUB 模式得到的应急药品物资总量；q_i：第 i 个应急药品物资供应点所能提供的应急药品物资总量；q_j：第 j 个应急药品物资需求点所需要的应急药品物资总量；D^d：采用 PTP 模式进行应急药品物资配送的节线 (弧) 集合；D^h：采用 HUB 模式进行应急药品物资配送的节线 (弧) 集合；t_{ij}^d：单位应急药品物资通过 PTP 模式从第 i 个应急药品物资供应点配送到第 j 个应急药品物资需求点的平均分配时间；t_{i0}^h：单位应急药品物资通过 HUB 模式从第 i 个应急药品物资供应点收集到 HUB 节点的平均消耗时间；t_{0j}^h：单位应急药品物资通过 HUB 模式从 HUB 节点配送到第 j 个应急药品物资需求点的平均消耗时间；t_{ij}^{dh}：应急药品物资配送弧 (v_i, u_j) 从 PTP 模式转换到 HUB 模式后能节约的时间；t_{ij}^{hd}：应急药品物资配送弧 (v_i, u_j) 从 HUB 模式转换到 PTP 模式后能节约的时间；x_{ij}^d：PTP 模式下应急药品物资从第 i 个应急药品物资供应点配送到第 j 个应急药品物资需求点时，$x_{ij}^d = 1$，否则为 0。

4.2.3 混合协同配送模式构建

设在应急药品物资配送网络 $N = (V, D)$ 中，$V = \{v_0\} \cup \{v_1, v_2, \cdots, v_m\} \cup \{u_1, u_2, \cdots, u_n\}$，$v_0$ 为应急配送中的 HUB 节点，$v = \{v_1, v_2, \cdots, v_m\}$ 为应急药品物资的供应点集合，$u = \{u_1, u_2, \cdots, u_n\}$ 为应急药品物资需求点集合，$D = \{(v_i, u_j) | i = 1, 2, \cdots, m, j = 1, 2, \cdots, n\}$ 为弧集，每条弧代表一个应急药品物资供应点和一个应急药品物资需求点之间的路。

对于任意的 $i = 1, 2, \cdots, m, j = 1, 2, \cdots, n$ 应急药品物资配送应满足以下基本关系

$$q_i^h = \sum_{j=1}^{n} q_{ij}^h \tag{4-7}$$

$$q_j^h = \sum_{i=1}^m q_{ij}^h \tag{4-8}$$

$$\sum_{i=1}^m q_i \geqslant \sum_{j=1}^n q_j \tag{4-9}$$

$$D = D^d \cup D^h \tag{4-10}$$

其中，式 (4-7) 和式 (4-8) 为应急药品物资流量守恒约束，式 (4-9) 保证资源供应充足，式 (4-10) 为网络配送弧集约束。在满足以上基本关系的基础上，若所有的应急药品物资配送都采用 PTP 模式，则总的应急时间需求模型为

$$\min T^d = \sum_i \sum_j t_{ij}^d q_{ij}^d \tag{4-11}$$

$$\text{s.t.} \begin{cases} \sum_{i=1}^m q_{ij}^d = q_j, \forall j = 1, 2, \cdots, n \\ \sum_{j=1}^n q_{ij}^d \leqslant q_i, \forall i = 1, 2, \cdots, m \\ q_{ij}^d \geqslant 0, \forall i = 1, 2, \cdots, m, j = 1, 2, \cdots, n \end{cases}$$

式 (4-11) 是一个很容易求解的线性规划问题，追求 PTP 模式下应急总时间最小，约束条件为资源量守恒约束。类似地，在满足上述基本关系的基础上，若所有的应急药品物资配送都采用 HUB 模式，则应急药品物资首先从各个应急药品物资供应点被收集到 HUB 节点，然后从该节点出发配送到各应急药品物资需求点，则总的时间需求模型为

$$\min T^h = \sum_{i=1}^m t_{i0}^h q_i^h + \sum_{j=1}^n t_{0j}^h q_j^h \tag{4-12}$$

$$\text{s.t.} \begin{cases} q_i^h \leqslant q_i, \forall i = 1, 2, \cdots, m \\ q_j^h = q_j, \forall j = 1, 2, \cdots, n \\ q_i^h, q_j^h \geqslant 0, \forall i = 1, 2, \cdots, m, j = 1, 2, \cdots, n \end{cases}$$

式 (4-12) 也是一个容易求解的规划问题，追求 HUB 模式下总的应急时间最小，约束条件为资源量满足约束。结合前文的分析可知，混合模式的实质是确定应急药品物资配送中哪些点之间的配送采用 HUB 配送模式，哪些点之间的配送采用 PTP 模式，因此，可构建混合模式的目标函数如下

$$\min T = f(T^d, T^h) \tag{4-13}$$

$$\text{s.t.}\begin{cases} \sum_{j=1}^{n} q_{ij}^{d} + q_{i}^{h} \leqslant q_{i}, \forall i = 1, 2, \cdots, m \\ \sum_{i=1}^{m} q_{ij}^{d} + q_{j}^{h} \leqslant q_{j}, \forall j = 1, 2, \cdots, n \\ q_{ij}^{d}, q_{i}^{h}, q_{j}^{h} \geqslant 0, \forall i = 1, 2, \cdots, m, j = 1, 2, \cdots, n \end{cases}$$

式 (4-13) 为混合模式的目标函数模型,追求混合后的应急总时间最小,约束条件为流量守恒与需求满足约束。不同的是,该模型不再是一简单线性规划问题,因此需要设计相应的启发式算法来求解。

4.2.4 混合协同模式求解算法

结合上述解释和说明,对文献[6]中的启发式搜索算法进行改进,以求解本书所构造的问题模型。算法的核心思想是利用计算机的快速重复计算功能,将应急药品物资配送弧集逐次枚举,以寻找出可能改进的地方,具体步骤如下。

步骤 1:假设所有的应急药品物资配送都采用 PTP 模式,通过求解式 (4-11) 得出总的应急药品物资配送时间,记为 T^d。

步骤 2:假设所有的应急药品物资配送都采用 HUB 模式,通过求解式 (4-12) 得出总的应急药品物资配送时间,记为 T^h。

步骤 3:比较 T^d 和 T^h,如果 $T^d < T^h$,则 $D^d = D, D^h = \varnothing$,记为情况 1;否则,$T^d \geqslant T^h$,则 $D^h = D, D^d = \varnothing$,记为情况 2;记 $T = \min\{T^d, T^h\}$ 且 $T \to T_m$。

步骤 4:①若出现情况 1,则对于任意 $(v_i, u_j) \in D^d$,计算 t_{ij}^{dh},如果 $t_{ij}^{dh} \geqslant 0$,表示将应急药品物资配送弧 (v_i, u_j) 从 PTP 模式转换到 HUB 模式后,应急药品物资配送时间能减少,则改变应急药品物资配送弧集 $D^d \backslash \{(v_i, u_j) | t_{ij}^{dh} > 0\} \to D^d$,$D^h \cup \{(v_i, u_j) | t_{ij}^{dh} > 0\} \to D^h$。②若出现情况 2,则对于任意 $(v_i, u_j) \in D^h$,计算 t_{ij}^{hd},如果 $t_{ij}^{hd} > 0$,表示将应急药品物资配送弧 (v_i, u_j) 从 HUB 模式转换到 PTP 模式后,总的应急药品物资配送时间减少,则改变应急药品物资配送弧集 $D^h \backslash \{(v_i, u_j) | t_{ij}^{hd} > 0\} \to D^h$,$D^d \cup \{(v_i, u_j) | t_{ij}^{hd} > 0\} \to D^d$。

步骤 5:求解具有混合协同配送模式 $\{D^d, D^h\}$ 的应急药品物资配送总时间,记为 T'。

步骤 6:比较 T 和 T',如果 $T' < T$,说明总的应急药品物资配送时间进一步减少,则 $T' \to T$ 并记录下此时的混合模式 $\{D^d, D^h\}$;否则,继续交换配送模式中的弧。此时,T 为新的应急药品物资配送总时间,如果 $T < T^m$,则 $T \to T^m$。当经过 $M = i \times j$ 次搜索后,T^m 值不发生改变时,输出最优解。

算法的步骤 1~3 给出了模型的初始解,步骤 4~6 对初始解进行改进,从而将求解的问题转化为如何确定参数 t_{ij}^{dh},t_{ij}^{hd} 的值,以进行步骤 4~6 的改进操作。应急药品物资从供应点 i 配送到需求点 j 所需时间如图 4-3 所示。假设出现情况 2,

则对于任意 $(v_i, u_j) \in D^h$ 从 HUB 模式转换到 PTP 模式后，可节约的应急药品物资配送时间 t_{ij}^{hd} 的算法如下。

步骤 1: 给定初始值 i，根据 PTP 模式下的初始解判定 x_{ij}^d，对所有 $x_{ij}^d = 1$ 的初始解按 j 从小到大排序，并记为集合 $\phi = \{\phi_{k(v_i, u_j)} | x_{ij}^d = 1\}$，其中，$k = 1, 2, \cdots, J$。

步骤 2: 取初始值 $k = 1$，分别计算 $\phi_{k(v_i, u_j)}$ 在 HUB 模式和 PTP 模式中单位应急药品物资配送平均分配时间，记为 ϕ_k^h 和 ϕ_k^d。

步骤 3: 若 $\phi_k^h \leqslant \phi_k^d$，说明 $\phi_{k(v_i, u_j)}$ 从 HUB 模式转换到 PTP 模式时不可节约时间，即 $t_{ij}^{hd} \leqslant 0$，则保持 $\phi_{k(v_i, u_j)}$ 为 HUB 模式，转步骤 5。

步骤 4: 若 $\phi_k^h > \phi_k^d$，说明 $\phi_{k(v_i, u_j)}$ 从 HUB 模式转换到 PTP 模式时可节约应急配送时间，此时 $t_{ij}^{hd} = q_{ij}(t_{i0}^h + t_{0j}^h - t_{ij}^d)$。同时，改变初始集合 $\varphi \backslash \{\phi_{k(v_i, u_j)} | x_{ij}^d = 1\} \to \phi$。

步骤 5: $k = k + 1$，重复步骤 2~4，直到 $\phi = \varnothing$。

步骤 6: $i = i + 1$，重复步骤 1~5，当 $i > n$ 时，搜索完毕，输出结果。

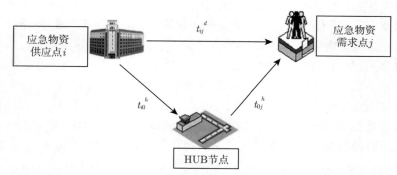

图 4-3　应急药品物资配送需求时间示意图

类似地，如果出现情况 1，则对于任意 $(v_i, u_j) \in D^d$ 从 PTP 模式转换到 HUB 模式后，可节约的应急药品物资配送时间计算公式如下

$$t_{ij}^{dh} = -t_{ij}^{hd} \tag{4-14}$$

4.2.5　算例分析

假设某区域刚遭受生物恐怖袭击事件，区域内各点的相关地理位置信息如图 4-4 所示。其中应急药品物资供应点集合为 $v = \{v_1, v_2, v_3, v_4\}$，每个供应点能提供一定量的物资 (表 4-1)；应急药品物资需求点集合为 $u = \{u_1, u_2, u_3, u_4, u_5, u_6, u_7, u_8\}$。

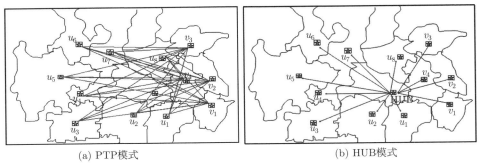

(a) PTP模式　　　　　　　　　　　　　　(b) HUB模式

图 4-4　PTP 配送模式和 HUB 配送模式

表 4-1　各节点提供 (需求) 的应急药品物资量　　　　(单位: t)

供应				需求							
v_1	v_2	v_3	v_4	u_1	u_2	u_3	u_4	u_5	u_6	u_7	u_8
150	178	202	120	70	72	102	84	75	80	77	90

由于处于生物恐怖袭击初期阶段, 假设为遭受生物恐怖袭击后的第 2 天, 各需求点上所需的应急药品物资量通过第 3 章的需求预测式 (3-33) 计算后如表 4-1 中所示。单位应急药品物资从各供应点到达各需求点平均分配的时间如表 4-2 所示。

表 4-2　应急药品物资从各供应点到各需求点平均分配时间　　　　(单位: h)

项目	u_1	u_2	u_3	u_4	u_5	u_6	u_7	u_8
v_1	2	3	8	5	10	10	5	4
v_2	4	5	8	5	10	10	5	4
v_3	5	5	10	8	10	6	3	2
v_4	3	4	8	5	8	8	4	3

若完全采用 PTP 模式进行应急药品物资配送, 则根据式 (4-11)、表 4-1 和表 4-2 中各参数取值, 运用 LINGO 软件包很容易求得一个全局最优解。此时, 应急药品物资配送总时间为 3128h。由 4.2.1 节可知, HUB 模式具有较高的运输频率, 设 HUB 模式下各参数取值如表 4-3 所示, 通过求解模型 (4-12) 可得 HUB 模式下应急药品物资配送总时间为 2780.5h, 应急药品物资配送效率较 PTP 模式同比增长了 11.1%, 具有较好的规模效益性。

表 4-3　单位应急药品物资从 HUB 节点到各点之间平均分配时间　　　　(单位: h)

供应时间				需求时间							
v_1	v_2	v_3	v_4	u_1	u_2	u_3	u_4	u_5	u_6	u_7	u_8
2	2	2.5	1.5	1	1	3	2.5	3	3	2.5	1.5

　　应用本书提出的启发式算法求解混合配送模式下应急药品物资配送总时间, 得到的迭代结果变化如图 4-5 所示。

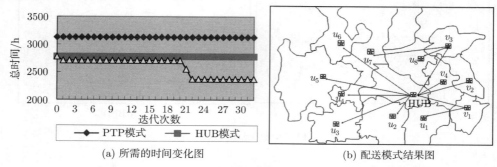

(a) 所需的时间变化图　　　　　　　　(b) 配送模式结果图

图 4-5　混合模式所需时间变化图及其混合配送模式结果图

　　从仿真结果分析可知, 在混合网络中, 应急药品物资配送弧 $(v_1, u_1), (v_3, u_7)$, (v_3, u_8) 从 HUB 模式转换为 PTP 模式, 能节约总应急配送时间; 应急药品物资配送弧 $(v_1, u_2), (v_4, u_7)$ 在 HUB 模式与 PTP 模式下所需应急配送时间相同, 但 HUB 模式下更具有规模效益; 混合配送模式下的应急药品物资配送总时间为 2376.5h, 应急药品物资配送效率较 HUB 模式同比进一步增长了 14.5%, 说明混合协同配送模式同两种单纯配送模式相比具有更加明显的效率优势。

4.3　PTP 模式与 MMTSP 模式混合的协同配送方法

　　如 4.1 节所述, 在具体的应急药品物资配送过程中, 由于生物反恐体系的特性以及应急环境下各种可用资源的限制, 经典的 MMTSP 理论在生物反恐应急药品物资配送中具有一定的借鉴性。然而, 单纯地采用 MMTSP 模式进行应急药品物资配送, 又很难完全满足各应急需求点的时效性要求。因此, 本节进一步研究构建 PTP 模式与 MMTSP 模式混合协同的应急药品物资配送方法, 以弥补单一应急药品物资配送方式的不足。

4.3.1　PTP 配送模式及相对时效性评价函数的提出

　　假设配送网络构成一个有向图 $G(O, V, E, \omega)$, $O = \{1, 2, \cdots, m\}$ 表示区域中各应急药品物资储备点集, $V = \{1, 2, \cdots, n\}$ 表示该区域中的各应急药品物资需求点集; $E = \{e_{ij} | i \in O, j \in V\}$ 为边集 (弧集); e_{ij} 表示从应急药品物资储备点 i 到应急药品物资需求点 j 之间的配送路径 (弧); ω_{ij} 为定义在 E 上的边权 (距离)[①]; $EQ_i \{i \in O\}$ 为应急药品物资储备点 i 的应急药品物资库存量; $I_j, Q_j \{j \in V\}$

―――――――――――――
①由于本节选取修正的 Solomon 测试集数据进行模式测试, 此时 ω_{ij} 为任意应急资源储备点 i 到应急资源需求点 j 之间的欧氏距离。

分别为应急药品物资需求点 j 中被感染人数 (未被隔离) 和被隔离人数[①]; $d_j\{j \in V\}$ 为应急药品物资需求点 j 在通过第 3.3 节模型所预测的应急药品物资需求量。为简化后续的比较过程,假设 PTP 模式下的医疗运输车辆数无限制,车辆的容量足够大。由于 PTP 模式下往返路径具有对称性,引入决策变量:如果应急药品物资需求点 j 是通过应急药品物资储备点 i 进行物资补给,$z_{ij} = 1$;否则 $z_{ij} = 0$。则该条件下的 PTP 应急药品物资配送模型很容易可以得到为 (M1):

$$(\text{M1}) \min \sum_{i \in O} \sum_{j \in V} 2\omega_{ij} z_{ij} \tag{4-15}$$

$$\text{s.t.} \quad \sum_{j=1}^{n} d_j z_{ij} \leqslant EQ_i, \forall i \in O \tag{4-16}$$

$$\sum_{i=1}^{m} EQ_i \geqslant d_j, \forall j \in V \tag{4-17}$$

$$\sum_{i=1}^{m} z_{ij} \geqslant 1, \forall j \in V \tag{4-18}$$

$$\omega_{ij} = \sqrt{(x_i - x_j)^2 + (y_i - y_j)^2}, \forall i \in O, \forall j \in V \tag{4-19}$$

$$d_j = a(\langle k \rangle I_j + Q_j), \forall j \in V \tag{4-20}$$

$$z_{ij} = 0 \text{ 或 } 1, \forall i \in O, \forall j \in V \tag{4-21}$$

上述模型中,式 (4-15) 为目标函数,追求总的应急药品物资配送路径最短;约束条件式 (4-16) 和式 (4-17) 为流量平衡约束,保证各需求点的需求得到满足;约束条件式 (4-18) 保证了每个应急需求点至少被一个应急储备点服务;约束条件式 (4-19) 为从任意应急药品物资储备点到任意应急药品物资需求点间的欧氏距离;约束条件式 (4-20) 为应急药品物资需求点需求量的计算公式,具体可参考第 3.3 节;约束条件式 (4-21) 为引入的决策变量约束。上述模型为常见的 0-1 整数规划模型,模型的求解也较为简单,在此不再赘述。

在各种各样的应急药品物资配送方式中,PTP 模式的时效性相对最好,因为应急药品物资从储备点到需求点之间没有任何其他的环节。在实际的生物反恐应急救援中,因为各种条件的限制 (如车辆数、专业医务人员等),很难实现这种点对点的模式,往往构造的是一种复杂多模式混合状态。因此,有必要构建一个应急时效性的相对衡量标准或评价函数,来对各种应急模式进行综合衡量和比较。

①$I_j, Q_j\{j \in V\}$ 是随着时间变化而变化的值,由于本节研究生物反恐初始阶段应急救援,由 3.1 节可知在该阶段这两个参数值相对稳定。

通过对模型 (M1) 的求解，可以很容易得到在 PTP 模式下应急药品物资配送的最优解。假设在应急药品物资的配送过程中，车辆速度恒定为 v，则可根据 (M1) 的结果计算出每个应急药品物资需求点在得到应急药品物资前所需等待的最小时间集合 $T_{\text{wait}}^{\text{PTP}} = \{T_1^{\text{PTP}}, T_2^{\text{PTP}}, \cdots, T_n^{\text{PTP}}\}$。假设该模式下的应急时效性为标准值 1，同时定义 φ_j^{else} 为应急药品物资需求点 j 在其他模式下的相对时效性，则有

$$\varphi_j^{\text{else}} = \frac{t_j^{\text{PTP}}}{t_j^{\text{else}}}, \forall j \in V \tag{4-22}$$

其中，t_j^{else} 为应急药品物资需求点 j 在其他模式下得到应急药品物资前所需等待的最小时间，从而可得其他模式下应急药品物资配送的总平均时效性评价函数为

$$\Phi_{\text{else}} = \frac{1}{n} \sum_{j \in V} \varphi_j^{\text{else}}, \forall j \in V \tag{4-23}$$

4.3.2　MMTSP 配送模式

前文考虑了生物反恐体系应急药品物资配送最简单的一种状态——车辆无限制条件状态，在该条件下为提高应急救援的时效性，人们总是会尽可能采取 PTP 模式对所有的应急药品物资需求点进行配送。如果假设某区域在遭受意外的生物恐怖袭击后的应急救援初始阶段，当地各应急药品物资储备点所拥有的应急药品物资量和配送设备等都相对有限。在该种情形下的应急药品物资配送，必然按照一定的顺序对各应急需求点进行先后配送。在假定任意需求点被某一配送车辆经过配送一次即可满足需求的前提下，可将该研究的应急药品物资配送模式看作应急条件下从多个应急药品物资储备点出发的、考虑车辆数量和容量双约束的 MMTSP 配送模式。这类问题通常模型简单而求解较为困难，为典型的 NP 问题。问题描述如下。

假设配送网络构成一个有向图 $G(O \cup V, E, \omega)$，$O = \{1, 2, \cdots, m\}$ 表示区域中各应急药品物资储备点集；$V = \{m+1, m+2, \cdots, m+n\}$ 表示该区域中的各应急药品物资需求点集；$E = \{e_{ij} | i, j \in O \cup V, i \neq j\}$ 为边集 (弧集)；e_{ij} 表示应急配送车辆从网络图中的节点 i 到达节点 j(如果 $i \in O, j \in V$，则是从储备点 i 到达应急需求点 j；如果 $i \in V, j \in O$，则是从应急需求点 i 返回储备点 j；如果 $i, j \in V, i \neq j$，则是从应急需求点 i 到达应急需求点 j；如果 $i, j \in O, i \neq j$，则是从应急储备点 i 到达应急储备点 j)；ω_{ij} 为定义在 E 上的边权 (距离)，特殊地，当 $i, j \in O, i \neq j$ 时，ω_{ij} 取为某个大数 M，表示应急药品物资储备点间不存在配送路径；R 表示所有的可行路径集合；r_l 表示路径 l；$EQ_k\{k \in O\}$ 为应急药品物资储备点 k 原有应急药品物资库存量；$S_k\{k \in O\}$ 为通过应急药品物资储备点 k 进行应急药品物资供应的需求点集合，$\bigcup_{k \in O} S_k = V$；$I_j, Q_j \{j \in V\}$ 分别为应急药品物资需求点 j 中被

感染人数 (未被隔离) 和被隔离人数；$d_j\{j \in V\}$ 为应急药品物资需求点 j 的应急药品物资需求量；$N_k\{k \in O\}$ 为应急药品物资储备点 k 所需的车辆数；Q_{cap} 为车辆容量；如果应急配送车辆从网络中的节点 i 到达节点 j，$z_{ij} = 1$，否则，$z_{ij} = 0$。则该时刻的 MMTSP 配送模型可以描述为 (M2)：

$$\text{(M2) min} \sum_{i \in O \cup V} \sum_{j \in O \cup V, i \neq j} \omega_{ij} z_{ij} \tag{4-24}$$

$$\text{s.t.} \sum_{i \in O \cup V} x_{ij} = 1, \forall j \in V, i \neq j \tag{4-25}$$

$$\sum_{j \in O \cup V} x_{ij} = 1, \forall i \in V, i \neq j \tag{4-26}$$

$$\sum_{i \in O} \sum_{j \in V} z_{ij} = \sum_{i \in V} \sum_{j \in O} z_{ij} \tag{4-27}$$

$$\sum_{j \in S_k} d_j \leqslant EQ_k, \forall k \in O \tag{4-28}$$

$$\sum_{j \in r_l} d_j \leqslant Q_{\text{cap}}, \forall r_l \in R \tag{4-29}$$

$$\sum_{i \notin S} \sum_{j \in S} z_{ij} \geqslant 1, \forall S \subseteq V, |S| \geqslant 2 \tag{4-30}$$

$$Nk = \left\lceil \frac{\sum\limits_{j \in S_k} d_j}{Q_{\text{cap}}} \right\rceil, \forall k \in O \tag{4-31}$$

$$\omega_{ij} = \sqrt{(x_i - x_j)^2 + (y_i - y_j)^2}, \begin{array}{l} \forall i \in O, \forall j \in V, \\ \text{或} \forall i \in V, \forall j \in O, \\ \text{或} i, j \in V, i \neq j \end{array} \tag{4-32}$$

$$\omega_{ij} = M, \quad i, j \in O, i \neq j \tag{4-33}$$

$$d_j = a\left(\langle k \rangle I_j + Q_j\right), \forall j \in V \tag{4-34}$$

$$z_{ij} = 0 \text{ 或 } 1, \forall i, j \in O \cup V, i \neq j \tag{4-35}$$

上述模型中，式 (4-24) 为目标函数，追求总的应急药品物资配送路径最短；约束条件式 (4-25) 和式 (4-26) 保证每个应急药品物资需求点仅被配送一次；约束条件式 (4-27) 为应急药品物资储备点车辆约束，即所有从储备点出发的车辆必须返回储备点；约束条件式 (4-28) 为应急药品物资约束，即所有储备点的资源可以满足所有需求点的需求量；约束条件式 (4-29) 为可行路径约束，即每条可行路径上的资源需求总量不超过车辆的容量；约束条件式 (4-30) 为次回路消除约束；约束条件式 (4-31) 为所需车辆数；约束条件式 (4-32) 和式 (4-33) 为网络中任意两点间的欧氏距离；约束条件式 (4-34) 为应急药品物资需求点需求量的计算公式；约束条件式 (4-35) 为引入的决策变量约束。上述模型为典型的 NP 问题模型，需要设计相应的算法以求得问题的近似最优解。

4.3.3　混合协同配送模式构建

4.3.1 节与 4.3.2 节分别从两个不同方面考虑应急药品物资的配送问题：在车辆无约束的 PTP 模式下，单纯从提高应急药品物资配送时效性考虑，应该尽可能多地派车进行应急药品物资配送，最好实现每个点都单独配送；而在车辆容量和数量有约束的 MMTSP 模式下，单纯从节约总运输距离考虑，则应派尽可能少的车辆进行应急药品物资运输 (分组越少总距离越短)。显然，这两个结论是矛盾的。实际上的生物反恐应急救援中，这两类情况都不太容易单独出现。因为，一方面，可能没有足够的车辆来实现对每个应急需求点单独配送；另一方面，如果单纯仅为尽可能节约总配送路径，又可能使得一部分车辆闲置，导致应急救援的时效性降低。

因此，为更好地逼近现实决策，本节在前文研究的基础上提出了混合协同配送模式，该模式的实质是前文所介绍的两种模式间的一种中间状态：即考虑在使用 MMTSP 模式进行应急药品物资配送的同时，允许部分时间窗要求严格的应急药品物资需求点采用 PTP 模式进行配送，从而实现在损失一部分路径长度目标的条件下，尽可能地将所有车辆充分使用，达到进一步逼近现实决策和提高应急救援时效性的目标。参照前面的模式，对相关问题进行数学表述如下。

引入参数 at_j 表示应急药品物资配送车辆抵达应急需求点 $j\{j \in V\}$ 的时间，考虑在应急条件下应急药品物资配送车辆到达后不需要等待，卸载完应急药品物资后立刻到下一应急需求点的情况，为方便计算，忽略应急药品物资配送车辆在应急需求点的等待时间和服务时间；$[e_j, l_j]$ 表示应急需求点 $j\{j \in V\}$ 的时间窗，其中 e_j 为最早到达时间，l_j 为最迟到达时间；在假设车速一致的前提下，该时间窗分别由 PTP 模式 (最早) 和 MMTSP 模式 (最迟) 结果而求得，同时也保证混合模式具有较优的结果；各储备点所拥有的车辆数为 $N_i\{i \in O\}$，沿用前文假设车速恒定为 v，则 $t_{ij} = \omega_{ij}/v(\forall i, j \in O \cup V)$ 为应急药品物资配送车辆从网络图中的节点 i 到达节点 j 所需的时间，其他参数说明如 (M2)。

在某种程度上，混合模式可以看作 MMTSP 模式具有时间窗的一种特殊情况，只是部分时间窗要求严格的配送路径上不允许 milk run(循环取货) 现象存在而已。因此，在将该混合模式看作 MMTSP 模式的一种特殊情况后，则该时刻在车辆有容量、数量和时间窗限制条件下的混合配送模式数学模型可以描述为 (M3)：

$$(\text{M3}) \ \min \sum_{i \in O \cup V} \sum_{j \in O \cup V, i \neq j} \omega_{ij} z_{ij} \tag{4-36}$$

$$\text{s.t.} \sum_{i \in O \cup V} x_{ij} = 1, \forall j \in V, i \neq j \tag{4-37}$$

$$\sum_{j \in O \cup V} x_{ij} = 1, \forall i \in V, i \neq j \tag{4-38}$$

$$\sum_{j \in V} z_{ij} = N_i, \forall i \in O \tag{4-39}$$

$$\sum_{i \in V} z_{ij} = N_j, \forall j \in O \tag{4-40}$$

$$\sum_{j \in S_k} d_j \leqslant EQ_k, \forall k \in O \tag{4-41}$$

$$\sum_{j \in r_l} d_j \leqslant Q_{\text{cap}}, \forall r_l \in R \tag{4-42}$$

$$\sum_{i \notin S} \sum_{j \in S} x_{ij} \geqslant 1, \forall S \subseteq V, |S| \geqslant 2 \tag{4-43}$$

$$\omega_{ij} = \sqrt{(x_i - x_j)^2 + (y_i - y_j)^2}, \ \begin{aligned} &\forall i \in O, \forall j \in V, \\ &\text{或} \forall i \in V, \forall j \in O, \\ &\text{或} i, j \in V, i \neq j \end{aligned} \tag{4-44}$$

$$\omega_{ij} = M, \ i, j \in O, i \neq j \tag{4-45}$$

$$d_j = a\left(\langle k \rangle I_j + Q_j\right), \forall j \in V \tag{4-46}$$

$$e_j < at_j < l_j, \forall j \in V \tag{4-47}$$

$$at_i + t_{ij} + (1 - z_{ij})T \leqslant at_j, \forall i \in O \cup V, j \in V, i \neq j \tag{4-48}$$

$$at_i = 0, \forall i \in O \tag{4-49}$$

$$at_j > 0, e_j > 0, l_j > 0, \forall j \in V \tag{4-50}$$

$$t_{ij} > 0, \forall i \in O \cup V, j \in V, i \neq j \tag{4-51}$$

$$z_{ij} = 0 \ \text{或} \ 1, \forall i, j \in O \cup V, i \neq j \tag{4-52}$$

上述模型中, 式 (4-36) 为目标函数, 追求总的应急药品物资配送路径最短; 约束条件式 (4-37) 和式 (4-38) 保证每个应急药品物资需求点仅被配送一次; 约束条件式 (4-39) 和式 (4-40) 为应急药品物资储备点车辆约束, 即所有从储备点出发的车辆必须返回储备点；约束条件式 (4-41) 为应急药品物资约束，即所有储备点的资源可以满足所有需求点的需求量；约束条件式 (4-42) 为可行路径约束，即每条可行路径上的资源需求总量不超过车辆的容量；约束条件式 (4-43) 为次回路消除约束；约束条件式 (4-44) 和式 (4-45) 为网络中任意两点间的欧氏距离；约束条件式 (4-46) 为应急药品物资需求点需求量的计算公式；约束条件式 (4-47) 为应急时间窗约束，即应急药品物资需要在指定的时间窗到达；约束条件式 (4-48) 为应急需求点间的时间关系，其中 T 为一足够大的整数；约束条件式 (4-49)～ 式 (4-51) 为时间变量不为负约束；约束条件式 (4-52) 为引入的决策变量约束。该模型也同样为典型的 NP 问题，需要设计相应的算法以求得问题的近似最优解。

4.3.4　问题求解算法

通过调用 MATLAB 中的 "DDE23" 工具，并分别结合第 3.3 节中的需求预测模型，可求得各应急需求点的应急药品物资需求量。对于模型 (M1)，可直接调用 MATLAB 中的线性规划工具予以求解。对于模型 (M2) 和 (M3)，由于本节所构建的应急药品物资配送网络中存在多个应急药品物资储备点，每个储备点又有多辆运输车辆，因此构造的是一个多出发点的多旅行商配送模式。文献[4]针对只有一个应急药品物资储备点的情况，提出了求解问题的一类改进的遗传算法，该方法与文献[8]中的算法最主要的区别在于引入了基于点到组的距离，设计了一类新的排序算子和交叉算子，使得求解问题的效率更高。本节在此基础上，进一步将该方法改进，以适应上述问题求解的需要。

图 4-6 给出了本节设计的遗传算法组合染色体个体表达形式 (以 3 个应急资源储备点、27 个应急资源需求点、均分状态为例，每条染色体包含 3 条子染色体)。染色体分为 3 部分：第 1 部分表示应急资源储备点，第 2 部分表示通过该储备点进行应急供应的应急资源需求点，按需求点到储备点的距离逐次放入个体；第 3 部分表示每车分配的应急资源需求点数，该部分的长度根据应急药品物资配送所需车辆数来确定，同时满足两个条件：①每个部分为正整数值，代表该车辆分配的应急需求点数；②各个部分的和等于第 2 部分的长度。这样设计的染色体其解空间为 $\eta_1 n_1! + \eta_2 n_2! + \cdots + \eta_m n_m!$，其中 $\eta_1, \eta_2, \cdots, \eta_m$ 为在种群生成时设计的分组方案数，$n_1, n_2, \cdots, n_m$ 为每个储备点服务的应急药品物资需求点数，$n_1 + n_2 + \cdots + n_m = n$。

结合上述分析和说明，给出模型 (M2) 求解算法的具体步骤如下。

步骤 1：根据所研究问题中各点的坐标求得所有应急药品物资需求点到各应急药品物资储备点间的距离，按 "就近原则" 和 "储备点容量约束" 将所有应急药品物资需求点分为 m 组，各组的长度为 $n_1, n_2, \cdots, n_m$，即确定了染色体的第 1、2 部分内容。

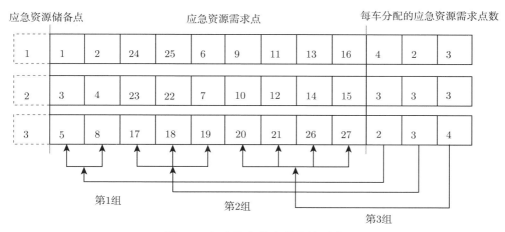

图 4-6 组合染色体个体表达形式

步骤 2：分别计算各组所需的应急药品物资需求量 $\sum\limits_{j\in n_i} d_j, i=1,2,\cdots,m$，然后确定各应急储备点所需派送的车辆数 $N_i=\left[\sum\limits_{j\in n_i} d_j/Q_{\text{cap}}\right], i=1,2,\cdots,m$，即确定了染色体第 3 部分的位数。

步骤 3：根据步骤 2 所确定的染色体第 3 部分的位数，给 $n_1, n_2, \cdots, n_m$ 各组随机产生 1 种应急药品物资需求点分组方案，每个分组方案为正整数值，代表每台车辆所需服务的应急需求点数且各部分的和等于染色体第 2 部分的长度，即确定第 3 部分的内容。

步骤 4：通过组合步骤 1 和步骤 3 的结果，可生成 1 条染色体。

步骤 5：将该染色体所代表的问题解决方案代入模型 (M2) 进行约束条件验证，符合条件的方案选择保留，否则淘汰并进入步骤 6。

步骤 6：根据"洗牌算法"将步骤 1 中所确定各组中的应急需求点进行随机排列变换，然后再和步骤 3 的结果组合，产生一条新染色体，返回步骤 5 进行验证。

步骤 7：当该种分组方案上合格染色体达到某一定值 N_1 时，跳出循环；返回步骤 3。

步骤 8：当产生了 N_2 种应急药品物资需求点分组方案，每种应急药品物资需求点分组方案上合格染色体达到 N_1 条时，退出循环，将结果输出，形成规模为 $N_1 \cdot N_2$ 的初始种群。

步骤 9：由于每条染色体代表着一种问题的解决方案，因此，可将式 (4-24) 作为适应度函数。将每条染色体代入目标函数求解，获得种群的适应度。

步骤 10：采用末位淘汰制和最优个体拷贝策略对初始种群进行选择和复制。

步骤 11：以顺序交叉方式对染色体第 2 部分进行交叉，以无性交叉方式对染色体第 3 部分进行交叉；将所生成的 2 个子体代入模型 (M2) 进行约束条件验证，如果所产生的子染色体符合各项约束条件且评价值比父体高，则将子体替代父体，否则只保留父体；交叉概率为 p_c。

步骤 12：以变异概率 p_m 对种群进行变异操作[5]；将所生成的子体代入模型 (M2) 进行约束条件验证，如果所产生的子染色体符合各项约束条件且评价值比父体高，则将子体替代父体，否则只保留父体。

步骤 13：令 gen=gen+1，返回步骤 9；直到满足终止条件 (最大迭代数 N_T)，进入下一步。

步骤 14：输出最终结果。

在某种程度上，混合模式可以看作 MMTSP 模式具有时间窗的一种特殊情况。因此，模型 (M3) 的求解算法也可在 (M2) 算法基础上进行修正如下。

步骤 2：根据各应急储备点所拥有的应急药品物资配送车辆数确定染色体第 3 部分的位数。

步骤 5：将该染色体所代表的问题解决方案代入模型 (M3) 进行约束条件验证，符合条件的保留，否则淘汰并进入步骤 6。

步骤 9：计算种群的适应度 (由于目标函数不同，因此适应度函数有变化)。

步骤 11：以顺序交叉方式对染色体第 2 部分进行交叉，以无性交叉方式对染色体第 3 部分进行交叉；将所生成的 2 个子体代入模型 (M3) 进行约束条件验证，如果所产生的子染色体符合各项约束条件且评价值比父体高，则将子体替代父体，否则只保留父体；交叉概率为 p_c。

步骤 12：以变异概率 p_m 对种群进行变异操作[5]；将所生成的子体代入模型 (M3) 进行约束条件验证，如果所产生的子染色体符合各项约束条件且评价值比父体高，则将子体替代父体，否则只保留父体。

其他步骤类似于模型 (M2) 的求解算法。

4.3.5　算例分析

为验证上述模型在实际运作中的有效性，本节以一个算例分析来进行说明。假设某区域刚发生生物恐怖袭击事件，区域内各点的相关地理位置信息都从经典的 Solomon benchmark 测试集中随机抽取[9]。在 Solomon benchmark 测试集中，共有 56 组测试数据，按照节点的位置关系可以将测试数据分为三大类：R 类、C 类和 RC 类，其中 R 类数据中节点呈随机分布，节点位置间无明显簇集关系；C 类数据中节点呈集簇式分布，节点分布于若干个中心位置附近；RC 类数据介于两者之间，部分节点呈随机分布，部分节点呈集簇式分布。为证明本章所构建模型和算法的有效性，分别从 R 类、C 类和 RC 类数据中随机选取 30 个节点坐标数据 (27 个需求点，3 个供应点)，在 Intel Core™2G 内存电脑上用 MATLAB 7.1 软件进行编程计算验证，结果分析如下。

1) 各储备点的运输距离和相对时效性比较分析

首先从各应急药品物资储备点的运输距离和相对时效性角度进行分析。从图 4-7 可看出，无论对于 C 类、R 类还是 RC 类数据，本书提出的三种模式都能在较短时间内获得问题的求解结果，即求得应急药品物资配送的解决方案，且混合模式的效果要介于另外两类模式之间。事实上，随着车辆数的逐渐增多，应急药品物资的配送是一个由 MMTSP 模式逐渐向 PTP 模式过渡的过程。在这个过渡的过程中，呈现了混合模式的状态。图 4-8 也从时效性方面论证和支持了这个观点，即混合模式是介于其他两个极端模式间的一种中间状态，测试结果数据如表 4-4 所示。

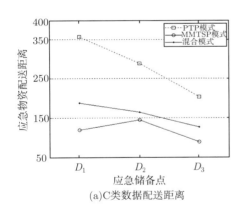
(a)C类数据配送距离

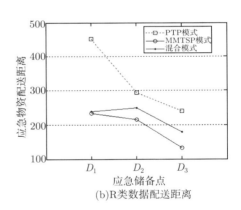
(b)R类数据配送距离

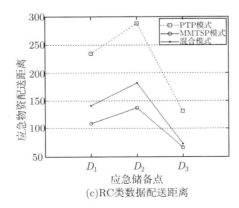
(c)RC类数据配送距离

图 4-7 应急药品物资配送路径长度比较

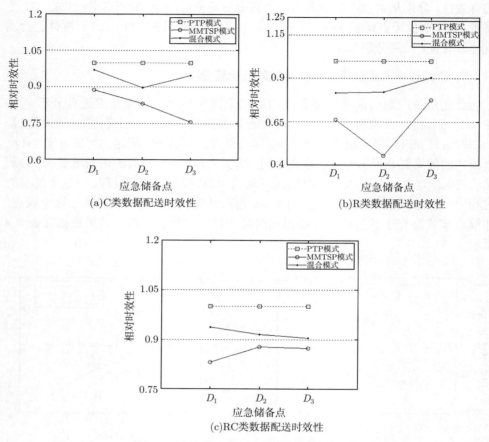

图 4-8　应急药品物资配送相对时效性比较

　　由图 4-7 与图 4-8 对比分析可知, 虽然前文强调了如果应急药品物资能全部采用 PTP 模式进行配送, 则各需求点都能在尽可能短的时间内获得应急药品物资, 即应急的时效性最好, 但同时也可以观察到, PTP 模式下的各储备点进行应急药品物资配送的路径长度总和是最大的, 这一结论无论对 C 类、R 类还是 RC 类数据都成立。由此可看出, PTP 模式在单个需求点的应急配送上虽然具有较好的时效性, 但从总体角度看, 缺乏规模效益性。此外, PTP 模式要求所有的应急药品物资需求点都进行单独配送, 这点在实际应急救援中也较难实现。因此, 本书仅将其作为混合协同配送模式的一个阈值 (时效性最优极端) 来考虑, 作为相对时效衡量标准的一个参考。

　　对于车辆数尽可能少的 MMTSP 模式, 无论对 C 类、R 类还是 RC 类数据, 可以观察到用该模式进行应急药品物资配送, 各储备点配送车辆所需经过的路径

表 4-4 各储备点的运输距离和相对时效性比较分析

模式	C 数据距离		
	D_1	D_2	D_3
PTP 模式	357.278	288.473	202.642
MMTSP 模式	119.3851	145.0218	88.4474
混合协同模式	187.369 58	164.4879	126.0311

模式	C 数据时效性		
	D_1	D_2	D_3
PTP 模式	1	1	1
MMTSP 模式	0.888 219 01	0.833 091 62	0.757 886 15
混合协同模式	0.971 786 51	0.897 206 73	0.948 842 24

模式	R 数据距离		
	D_1	D_2	D_3
PTP 模式	452.153	293.746	240.466
MMTSP 模式	233.8722	215.4168	132.5380
混合协同模式	238.6701	248.544 35	178.3513

模式	R 数据时效性		
	D_1	D_2	D_3
PTP 模式	1	1	1
MMTSP 模式	0.662 748	0.452 693	0.777 507
混合协同模式	0.816 888	0.820 834	0.905 773

模式	RC 数据距离		
	D_1	D_2	D_3
PTP 模式	234.556	288.473	131.7881
MMTSP 模式	109.0158	137.5527	65.3893
混合协同模式	141.135 21	181.613 41	72.291 27

模式	RC 数据时效性		
	D_1	D_2	D_3
PTP 模式	1	1	1
MMTSP 模式	0.830 251	0.877 31	0.872 961
混合协同模式	0.936 154	0.914 882	0.905 25

长度总和是最小的。但是，更重要的是，该模式的应急救援时效性也为最低。因此，本书也仅将其作为混合协同配送模式的另外一个阈值 (时效性最差极端) 来考虑，作为时间窗的一个约束以供参考。

在将每个应急药品物资储备点所拥有的车辆数逐渐调整至某一数量后 (在本算例中取 5)，应急配送网络中的混合协同现象将逐渐呈现。在混合模式中，没有闲置的车辆。对于时间窗要求严格的点，采取 PTP 模式进行配送；对于时间窗宽松的点，将采取 MMTSP 模式配送。实际上，也可以将该混合模式理解为通过降低一部分距离成本，来换取较大的时间效率。如对于 C 数据中的三个储备点，混合模式下三个点的运输距离与 MMTSP 模式下相比，分别损失了 19%、7% 和 18.5%(图 4-7(a))，但在时效性方面却分别提高了 8.3%、6.4% 和 19%(图 4-8(a))，这个特性在 R 类和 RC 类数据中也同样得到呈现。而这类情况，对应急救援，尤其是生物反恐体系中的应急救援来说，是可行的，有时候也是必需的。

2) 总距离和总平均时效性比较

从应急药品物资配送网络的总运输距离和总平均时效性方面分析，具体如表 4-5 和表 4-6 所示。从这两个表中可以看出，混合协同模式是介于 PTP 模式和 MMTSP 模式的一种中间状态，随着应急配送车辆的增多，应急药品物资的配送由 MMTSP 模式逐渐向 PTP 模式过渡，在这个过渡的过程中，呈现一个混合协同的状态。

表 4-5   三种模式下的总距离对比分析

模式	C 类数据	R 类数据	RC 类数据
PTP 模式	848.393	986.365	654.8171
MMTSP 模式	352.8543	581.8270	311.9578
混合协同模式	477.8886	665.5658	395.039 89

表 4-6   三种模式下的总时效性对比分析

模式	C 类数据	R 类数据	RC 类数据
PTP 模式	1	1	1
MMTSP 模式	0.8264	0.6310	0.8602
混合协同模式	0.9393	0.8478	0.9188

由表 4-5 和表 4-6 的对比分析可得与前文类似的结论，即虽然 PTP 模式下应急药品物资配送的时效性较高，但缺乏规模效益性；虽然 MMTSP 模式下应急药品物资配送所需经过的距离最短，但其应急时效性也降低了。由表 4-5 可以看出，在 MMTSP 模式下，总时效性平均水平只有 77.3%；而在混合配送模式下，C 类、R 类和 RC 类数据在运输距离上相对于 MMTSP 模式分别损失了 14.7%、8.49% 和 12.7%，但总时效性却分别提高了 11.29%、21.68% 和 5.86%，使得应急药品物资配送时效性的总体平均水平增加到了 90.2%，相比 MMTSP 模式增长了 12.9%。该模式较好地实现了在损失一部分距离效益的情况下，获得一个较为满意的应急时效性目标，而这个结果也更加符合应急条件下的实际决策环境。

参 考 文 献

[1]   O'Kelly M E. The location of interacting hub facilities[J]. Transportation Science, 1986,

20(2): 92-106.

[2] Claudio B C, Marcos R S. A genetic algorithm for the problem of configuring a hub-and-spoke network for a LTL trucking company in Brazil[J]. European Journal of Operational Research, 2007, 179(3): 747-758.

[3] 李红启, 刘鲁. Hub-and-Spoke 型运输网络改善方法及其应用[J]. 运筹与管理, 2007, 16(6): 63-68.

[4] Liu M, Zhao L D. Optimization of the emergency materials distribution network with time windows in anti-bioterrorism system[J]. International Journal of Innovative Computing, Information and Control, 2009, 5(11): 3615-3624.

[5] 柏明国, 朱金福. 全连通航线网络和枢纽航线网络的比较研究[J]. 系统工程理论与实践, 2006, 26(9): 113-117.

[6] Liu J Y, Li C L, Chan C Y. Mixed truck delivery systems with both hub-and-spoke and direct shipment[J]. Transportation Research Part E: Logistics and Transportation Review, 2003, 39(4): 325-339.

[7] Brueckner J K. Network structure and airline scheduling[J]. The Journal of Industrial Economics, 2004, 52(2): 291-312.

[8] Arthur E C, Cliff T R. A new approach to solving the multiple traveling salesperson problem using genetic algorithms[J]. European Journal of Operational Research, 2006, 175(1): 246-257.

[9] Solomon benchmark [EB/OL]. http://www.idsia.ch/~luca/macs-vrptw/problems/ welcome. html. [2010-8-20].

第 5 章　资源驱动环境下的应急物流网络协同优化方法

本章在生物危险源扩散规律分析的基础上，主要针对生物反恐应急救援的中期阶段，随着生物危险源的大规模扩散，受感染区域对应急药品物资的需求动态变化的情况，研究构建资源驱动环境下的应急物流网络协同优化方法。本章主要从两个方面着手：一方面，考虑应急药品物资供给充足条件下的应急物流网络如何协同优化；另一方面，考虑应急药品物资供给可能存在不足条件下的应急物流网络如何协同优化，从而使得无论在何种环境下，通过应急物流网络的协同优化，都可以较好地控制生物危险源扩散，提高应急救援效果。

5.1　研究问题的提出

在前面的章节中，我们将生物反恐体系下的应急救援分成三个阶段，第 4 章研究了第一阶段应如何尽可能快地将暴发点周边区域原有储备应急药品物资配送到应急需求点，构建的模型为单一的、离散的规划模型。在生物反恐应急救援中，这种一次性离散规划结果往往难以在资源驱动环境下做出有效的调整以应对各点需求的变化。因此，本章将研究问题的第二阶段。这一阶段的目标是随着生物危险源的扩散，能将应急药品物资源源不断地运输、配送到应急需求点，以满足受感染区域的动态变化需求，反映在实际决策中，即是决策—反馈—再决策—再反馈的动态的、多阶段的协同决策过程。第二阶段的研究思路如图 5-1 所示。

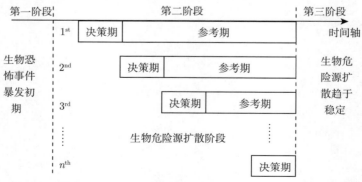

图 5-1　生物反恐体系中的动态多阶段协同决策模式 (研究思路)

　　针对生物反恐第二阶段中应急决策需经常做出调整的实际情况，本章研究构建的动态多阶段协同决策模式的实质是将生物反恐体系中第二阶段的应急救援执行时间轴分为两个部分，即决策期和参考期，如图 5-1 所示。决策者可根据当地的生物危险源扩散实际情况设定决策的时间范围、决策周期等。采用该动态多阶段协同决策模式，决策者可以以某个固定的时间间隔 (如每隔一天) 为决策周期，每次执行模式将针对需求点进行需求量的即时更新作业，从而实现在资源驱动环境下，决策者有效地调整应急药品物资调度，以应对各需求点的动态变化情况。每次决策期执行会对生物危险源的扩散产生一定的抑制作用，继而产生新的危险源扩散情况，因此，决策结果的有效性局限于决策期内，对后续的时间段而言，只能起到参考作用。第二阶段的研究技术路线如图 5-2 所示。

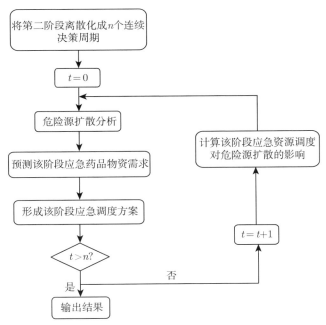

图 5-2　生物反恐体系中的动态多阶段协同决策模式 (技术路线)

　　从图 5-2 可以看出，本章首先分析了生物危险源的扩散规律，根据各受感染区域的生物危险源扩散规律，确立了各区域的应急药品物资需求量，继而根据各区域的应急药品物资需求情况，制定应急药品物资储备库向各区域进行调度的方案。通过一次应急药品物资调度后，势必对生物危险源的扩散产生一定的抑制作用，然后产生新的危险源扩散情况，再产生新的应急药品物资需求，继而需要做出新的应急药品物资调度方案，如此循环，直到生物危险源扩散趋于稳定，从而实现生物反恐体系中应急物流网络受生物危险源扩散网络驱动这一目标。结合图 5-1 可知,图 5-1 中的决策期执行一次,即为图 5-2 中的协同过程循环一次。因此,该动态多阶段协同决策模式的应用将极大地增强应急物流网络的应急应变能力。

5.2 资源供应充足环境下的应急物流网络协同优化

在应急药品物资供应充足的环境下,各应急需求点的需求最终总是可以得到满足,不同的是,通过不同的应急药品物资调度方式,所需花费的应急救援成本是不一致的。基于此,本节给出一类新的城市应急药品物资动态协同优化调度模型,并将其与传统的应急药品物资调度方式进行效果对比分析,以验证和体现应急物流网络协同优化的优势。

5.2.1　生物危险源扩散规律分析

假设某地区在遭受生物恐怖袭击后,生物危险源开始大面积扩散,且该危险源具有一定的潜伏期。文献[1]调查显示,即使被感染者经过治疗已康复,但还是有部分人员会再度被危险源感染。因此,在不考虑人口流动、人口自然出生率和死亡率的情况下,其扩散过程可用图 5-3 表示如下。

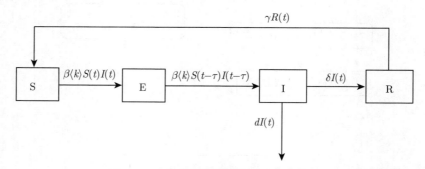

图 5-3　生物危险源扩散的 SEIRS 模型

根据前文介绍的方法,运用平均场理论[2]可得到基于小世界网络且考虑有潜伏期的 SEIRS 模型为

$$\begin{cases} S'(t) = -\beta\langle k\rangle S(t)I(t) + \gamma R(t) \\ E'(t) = \beta\langle k\rangle S(t)I(t) - \beta\langle k\rangle S(t-\tau)I(t-\tau) \\ I'(t) = \beta\langle k\rangle S(t-\tau)I(t-\tau) - (d+\delta)I(t) \\ R'(t) = \delta I(t) - \gamma R(t) \end{cases} \tag{5-1}$$

方程组 (5-1) 中，$S(t)$、$E(t)$、$I(t)$、$R(t)$ 分别代表遭受生物恐怖袭击地区中的易感染者人数、被感染进入潜伏期的人数、染病者人数以及染病后康复的人数。其他参数：$\langle k \rangle$ 为网络节点的平均度分布；β 为生物危险源的感染率；δ 为感染人口的康复率；d 为感染人员因病死亡率；τ 为潜伏期；γ 为康复后的人员再度被感染率。

由式 (5-1) 可知，在给定了受灾区域中各参数的初始值后，区域中的 $S(t)$，$E(t)$，$I(t)$，$R(t)$ 的变化情况是可以预测出来的，其中符号 I 表示区域中染病者的人数，而这个值正是生物反恐应急救援中最为关注的一个量。当 I 值越小甚至趋于 0 时，可认为危险源的扩散得到了有效的遏制并趋于消失。文献[3]研究指出，为有效地控制染病人数，应努力控制进入潜伏期的人数和提高康复人数比率，即应努力控制两个关键参数 β 和 δ。反映在实际应急救援时，即应该保持有足够的应急药品物资以满足染病人员的需求，从而达到提高康复率 δ，降低被染病者人数 I 的目的。

5.2.2　动态需求预测

以往文献研究中，有的将应急条件下的应急药品需求刻画成某种脉冲变化量[4]，有的将其定义为某种时变量[5,6]，也有的将其描述为某种随机需求[7,8]，这些定义存在一个共同的不足，即不能较好地体现出每一阶段的应急药品物资调度对后期阶段应急药品物资需求所产生的影响。因此，本节将讨论如何预测每一阶段的应急药品物资需求，以及每一阶段应急药品物资调度实施后，对后期阶段的应急药品物资需求的影响，而这也是应急救援中关键的一步。假定遭受生物反恐袭击后，应急药品物资的需求与区域中的染病者人数密切相关，为方便计算，用线性函数表示如下

$$d_t^* = aI(t) \tag{5-2}$$

式 (5-2) 为应急药品物资需求的传统预测方法，式中 d_t^* 表示在 t 时刻受灾区域对应急药品物资的需求量。由于式 (5-2) 为一常微分方程，很难取得其精确的数值解。因此，需将其结合应急时间点的变化做进一步细化。在此构建一种折线比例法 (类似于欧拉方法)，以刻画应急药品物资需求变化情况。

如图 5-4 所示，图中横轴代表每个决策阶段的时间点，纵轴代表受灾点的需求变化情况。图中的虚线部分为根据式 (5-2) 预测出的需求量变化情况，实线部分为实际需求量的变化情况。例如，假设根据式 (5-2) 计算出在第 t 个决策周期受灾区域的应急药品物资需求量为 d_t^*，在 $t+1$ 次决策阶段该受灾点的应急药品需求量为 d_{t+1}^*。而实际上，由于在第 t 个决策周期对该受灾点进行了应急药品物资的调度 p_t，其对生物危险源的扩散会产生一定的抑制作用，因此在第 $t+1$ 次决策时，该点的实际应急药品物资需求量变为 d_{t+1}。

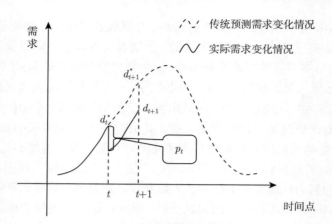

图 5-4　应急需求变化情况

　　为反映上述应急药品物资需求动态变化的性质，定义每个决策阶段的新增应急药品需求比例系数如下

$$\eta_t = \frac{d^*_{t+1} - d^*_t}{d^*_t} \tag{5-3}$$

其中，η_t 为在第 t 个决策期内的新增应急药品比例系数。由于每个阶段的新增染病人数不同，新增应急药品需求比例系数 η_t 在每个决策期内的取值也不同。同时根据文献[1]的调查结果，即使被感染者康复了，还是有部分人员会再度被危险源感染，故定义应急救援的实际有效率系数为 θ。再考虑每个染病者的治疗有一个时间周期 Γ，为方便计算，假设其为决策周期的整数倍，则相当于每个决策周期内实际有效救援的染病人数比率为 $\frac{\theta}{\Gamma}$。由此，可得如下函数递推关系：

当 $t = 1$，

$$d_1 = (1 + \eta_0)(1 - \frac{\theta}{\Gamma})d_0 \tag{5-4}$$

当 $t = 2$，

$$d_2 = (1 + \eta_1)(1 - \frac{\theta}{\Gamma})d_1 = (1 + \eta_0)(1 + \eta_1)(1 - \frac{\theta}{\Gamma})^2 d_0 \tag{5-5}$$

$$\cdots$$

当 $t = n$，

$$d_n = \prod_{i=0}^{n-1} (1 + \eta_i) \left(1 - \frac{\theta}{\Gamma}\right)^n d_0 \tag{5-6}$$

其中，$\prod_{i=0}^{n-1} (1 + \eta_i) = (1 + \eta_0)(1 + \eta_1) \cdots (1 + \eta_{n-1})$，$d_0 = aI(0)$ 为应急药品物资初始需求量。很显然，当间隔时间取值越小，预测结果将越精确。在式 (5-4)~ 式 (5-6) 中，初始需求量假设是给定已知的 (根据初始感染人数计算)，因此由上述模型可以预测出每个决策周期各需求点的应急药品物资需求量。下一步需要解决的则是如何根据动态变化的需求，确定每个决策期内的应急药品调度方案。

5.2.3 资源充足条件下应急物流网络协同优化模型

本节借鉴了动态交通分配中的离散时空网络方法，来构建生物反恐体系下应急药品物资动态多阶段调度模式，如图 5-5 所示。时空网络方法是将物理网络上的节点在离散的时间轴上进行复制扩展，从而形成一个二维的时空网络，离散的时间段表示有利于网络弧的时空扩展以及动态流的机理解析。在本节中，时空网络的设计主要是将遭受生物恐怖袭击地区的城市疾控中心、各区域疾控中心以及各应急定点救治医院的分布情形以时空网络的形态体现，继而将应急药品物资调度到各定点医院以满足应急需求。

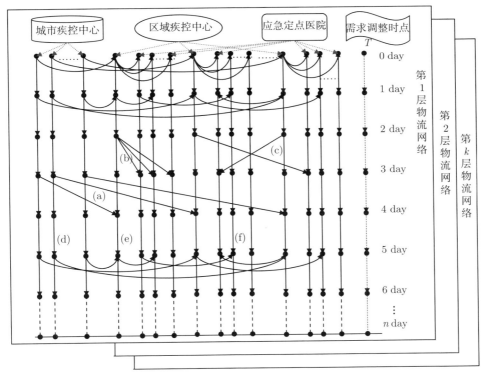

图 5-5　生物反恐体系中应急药品物资调度时空网络

图 5-5 中的每一层代表一种应急药品物资，以区别遭受生物恐怖袭击后，不同层级救治机构在不同时间点对所需不同应急药品物资的时空分布状态。图中横轴代表应急救援系统中的城市疾控中心、各区域疾控中心以及各应急定点医院的空

间分布, 纵轴代表时间延续, 以此反映生物反恐应急救援中的时间约束和空间约束。网络的时间长度为整个生物反恐应急救援第二阶段。网络中节点代表某一应急救援机构在某一特定时刻的时空点, 节点上的供给量与需求量分别代表此节点上流入或流出的应急药品物资量。节线代表两时空点间应急药品流动情况。节点和节线分别说明如下。

(1) 节点: 代表各层级应急救援机构在某一特定时刻的时空点。本书中的节点可细分为城市疾控中心节点、各区域疾控中心节点以及各应急定点医院节点。时间间距假设为 1 天 (假设决策周期为 1 天), 实际应用中, 决策者可根据实际情况需要进行调整。理论上, 时间间距取得越小, 越能反映实际情况, 但相应地, 问题的求解规模也会越大; 实际上, 如果时间间距过小, 也缺乏实际操作的可行性。因此, 时间间距的选取, 应确定为一个适中的值。

(2) 节线: 根据节线代表的轴向不同, 可分为物流节线和时间节线。具体说明如下: (a) 类节线为城市疾控中心到各区域疾控中心的应急药品调度节线; (b) 类节线为区域疾控中心到区域内各应急定点医院的应急药品调度节线; (c) 类节线为区域疾控中心到区域外各应急定点医院的应急药品调度节线。根据实际情况, 一般一个城市有数个区域疾控中心, 这是由我国行政体系决定的。(d)~(f) 类节线为各层级应急救援机构的时间延续节线, 该节线每一段代表一个决策周期。

本章的研究目的是优化调度城市各救援机构中的应急药品物资, 使得遭受生物恐怖袭击后受感染的总人数尽可能少, 即疫情控制效果尽可能更好。因此, 每次决策时, 都力求下一阶段的需求量尽可能少。假定每种节线上每个单位流量的应急药品物资都有一个相对固定的成本, 研究问题可以转换为如何优化调度才能使得整个应急成本最小。由于本书只是做一个模式比较的研究, 以体现出动态多阶段协同决策模式的有效性, 而实际中的应急药品物资配送节线成本数据难以统计, 因此本书将应用相对数据代替实际数据, 而这并不影响模式的结果比较。

1) 模型假设条件和参数说明

为便于理解生物反恐体系中应急药品物资调度动态多阶段协同决策模式, 在模型建立前, 将模型建立的各项假设条件说明如下。

(1) 假设某地区发生生物恐怖袭击后, 各感染区域能被互相隔离, 使得危险源不外传, 从而式 (5-1) 可以有效地刻画危险源扩散情况。

(2) 生物反恐体系下应急药品物资调度没有行政限制和路径问题。为了提高应急救援效率, 本书假设由城市疾控中心统一指挥, 打破行政区划限制, 即所有的区域疾控中心可依据约束条件对所有应急定点医院进行应急药品物资调度。另外, 根据生物恐怖袭击的特性, 并不会对交通造成大的破坏, 因此假设所有路径都是可行的, 不存在路径中断问题。

(3) 为便于比较, 本书假设所有节点上的应急药品物资需求量全为当量, 所有节线上的成本数据全部为相对成本。实际生物反恐体系中所涉及的应急药品物资可能包含疫苗、抗生素药、口罩、隔离服等不同种类的应急药品物资，为方便计算，假设其分别按一定数量折算成单位应急药品量。

(4) 假设区域疾控中心以及各应急定点医院的应急药品物资初始值皆为 0。

(5) 假设城市疾控中心每个决策期都能提供足够的应急药品物资。

本书涉及的参数说明如下。

cc_{ijt}^{k}：第 t 个决策期内，第 k 层应急药品物资调度网络中，单位流量的应急药品物资从城市疾控中心 i 到区域疾控中心 j 的成本；cr_{ijt}^{k}：第 t 个决策期内，第 k 层应急药品物资调度网络中，单位流量的应急药品物资从区域疾控中心 i 到应急定点医院 j 的配送成本；es_{it}^{k}：第 t 个决策期内，第 k 层应急药品物资调度网络中，城市疾控中心 i 所能供给的最大应急药品物资量；zr_{it}^{k}：第 t 个决策期内，第 k 层应急药品物资调度网络中，区域疾控中心 i 所需中转的应急药品物资量；x_{ijt}^{k}：第 t 个决策期内，第 k 层应急药品物资调度网络中，从城市疾控中心 i 到区域疾控中心 j 之间的应急药品物资量；y_{ijt}^{k}：第 t 个决策期内，第 k 层应急药品物资调度网络中，从区域疾控中心 i 到应急定点医院 j 之间的应急药品物资量；d_{it}^{k}：第 t 个决策期内，第 k 层应急药品物资调度网络中，应急定点医院 i 所需的应急药品物资量；K：应急药品物资调度时空网络集合；T：决策期集合；C^{k}：第 k 层应急药品物资调度网络中，城市疾控中心节点集合；R^{k}：第 k 层应急药品物资调度网络中，区域疾控中心节点集合；H^{k}：第 k 层应急药品物资调度网络中，应急定点医院节点集合。

2) 模型构建

从图 5-5 可以看出，对于某个特定的应急药品物资调度时期，本书所构建的应急药品物资调度网络具有很明显的两阶段特性，即存在着两层决策者。其中，上层决策者处于一个领导和协调的地位 (如生物反恐中的城市疾控中心)，主要负责对各区域疾控中心进行应急药品物资的调配；下层决策者处于具体的执行地位 (如各区域疾控中心)，主要负责对被感染者进行应急药品物资分发 (如接种疫苗、分发药品等)。这两层决策者的目标相互影响，具有明显的转运问题的特点。基于此，根据上述假设条件和参数说明，建立生物反恐应急救援条件下应急药品物资调度动态多阶段协同规划模型如下。

$$\min F(x,y) = \sum_{k \in K} \sum_{t \in T} \sum_{i \in C^k} \sum_{j \in R^k} x_{ijt}^{k} cc_{ijt}^{k} + \sum_{k \in K} \sum_{t \in T} \sum_{i \in R^k} \sum_{j \in H^k} y_{ijt}^{k} cr_{ijt}^{k} \tag{5-7}$$

$$\text{s.t.} \quad \sum_{i \in C^k} x_{ijt}^{k} = zr_{jt}^{k}, \quad \forall j \in R^k, k \in K, t \in T \tag{5-8}$$

$$\sum_{j \in R^k} x_{ijt}^{k} \leqslant es_{it}^{k}, \quad \forall i \in C^k, k \in K, t \in T \tag{5-9}$$

$$\sum_{i \in C^k} es_{it}^k \geqslant \sum_{j \in R^k} zr_{jt}^k, \quad \forall t \in T, k \in K \tag{5-10}$$

$$\sum_{i \in R^k} y_{ijt}^k = d_{jt}^k, \quad \forall j \in H^k, k \in K, t \in T \tag{5-11}$$

$$\sum_{j \in H^k} y_{ijt}^k \leqslant zr_{it}^k, \quad \forall i \in R^k, k \in K, t \in T \tag{5-12}$$

$$\sum_{i \in R^k} zr_{it}^k \geqslant \sum_{j \in H^k} d_{jt}^k, \quad \forall t \in T, k \in K \tag{5-13}$$

$$d_{i0}^k = aI_i^k(0), \quad \forall i \in H^k, k \in K \tag{5-14}$$

$$d_{it}^k = \prod_{t=0}^{t-1} (1 + \eta_{it}^k)(1 - \frac{\theta}{\Gamma})^t d_{i0}^k, \quad \forall i \in H^k, t \in T \backslash \{t = 0\}, k \in K \tag{5-15}$$

$$\prod_{t=0}^{t-1}(1+\eta_{it}^k) = (1+\eta_{i0}^k)(1+\eta_{i1}^k)\cdots(1+\eta_{it-1}^k), \quad \forall i \in H^k, t \in T, k \in K \tag{5-16}$$

$$x_{ijt}^k > 0, \quad \forall i \in C^k, j \in R^k, t \in T, k \in K \tag{5-17}$$

$$y_{ijt}^k > 0, \quad \forall i \in R^k, j \in H^k, t \in T, k \in K \tag{5-18}$$

上述模型中，式 (5-7) 为目标函数，追求整个应急药品物资调度成本最小化；约束条件式 (5-8) 和式 (5-9) 为上层应急药品物资流量守恒约束条件；约束条件式 (5-10) 为城市疾控中心应急药品物资供应约束条件，以保证有足够的应急药品供应；约束条件式 (5-11) 和式 (5-12) 为下层应急药品物资流量守恒约束；约束条件式 (5-13) 为区域疾控中心应急药品物资供应约束，以保证有足够的应急药品供应；约束条件式 (5-14)～ 式 (5-16) 为应急时变需求预测公式；约束条件式 (5-17) 和式 (5-18) 为变量约束。随着生物危险源的不断扩散，上述模型将在一个动态变化的需求前提下执行，且问题的求解规模会随着执行时间的长短以及时间间距的选取而急剧变化，因此，需要设计相应的智能算法以代替人工计算求解。

5.2.4　模型求解算法

对于 $\forall t \in T, k \in K$，式 (5-7)～ 式 (5-18) 构建的模型为一个转运问题。转运问题模型自产生以来，已被广泛地应用于资源分配、垃圾处理等社会现实问题。求解该问题的方法主要有分支定界法、图解法、遗传算法等。本书采用遗传算法来求解上述动态多阶段协同优化模型。首先，通过调用 MATLAB 中的 "DDE23" 工具，并结合第 5.2.2 节所设计的动态时变需求预测模型，求得各应急需求点在各决策周期时间点上的应急药品物资需求量，然后设计相关的遗传算法如下。

1) 编码和产生初始种群

遗传算法的第一步是给种群中的染色体制定编码规则。实数编码在解的质量和算法效率方面均优于二进制编码，且实数编码所表示的问题更接近于问题的本身，因此，本节采用实数编码。假设在第 t 个决策期内，第 k 层应急药品物资调度网络中，存在 R 个区域疾控中心，则染色体的长度为 R(或者说每条染色体包含 R 个基因)，每个基因对应着城市中的每个区域疾控中心。每个基因位置上的值代表该区域疾控中心从城市疾控中心所得到的应急药品量，也就是该区域疾控中心所能提供给各应急定点医院的最大供应量。初始种群的每个个体都是通过随机方法产生的，为了使产生的初始种群都在资源约束范围内，要求每个个体所有基因位置值的总和要小于等于城市疾控中心所能供应的总量。

2) 适应度函数的设计

本书中，每个个体 (h) 的适应度由目标函数计算得

$$F(x,y) = \sum_{k \in K} \sum_{t \in T} \sum_{i \in C^k} \sum_{j \in R^k} x_{ijt}^k cc_{ijt}^k + \sum_{k \in K} \sum_{t \in T} \sum_{i \in R^k} \sum_{j \in H^k} y_{ijt}^k cr_{ijt}^k$$

对于每个个体而言，其适应度 $f_h = F(x,y)$。因此，目标函数值越低，适应度越好，越接近问题的最优解。

3) 复制算子的设计

采用最优个体拷贝策略。

4) 交叉算子的设计

交叉算子是遗传算法中最重要的算子之一。针对不同的染色体个体编码方式，可以采用不同的交叉规则。针对本书的实数编码方式，在此选用算术交叉的方式。算术交叉是产生两个完全由父代线性组合而成的子代。假设 P_1, P_2 为两个父体，P_{c1}, P_{c2} 为两个子体，则存在如下关系

$$\begin{cases} P_{c1} = \mu P_1 + (1 - \mu) P_2 \\ P_{c2} = (1 - \mu) P_1 + \mu P_2 \end{cases} \tag{5-19}$$

其中，$\mu = U(0,1)$ 为 $(0,1)$ 之间的均匀分布随机数，交叉后的两个子体自然满足资源约束条件，为合法子体，从而避免了再次验证约束条件的麻烦。通常交叉概率为 $0.2 \sim 0.8$。

5) 变异算子的设计

变异算子模拟自然进化中的基因突变，能改善遗传算法的局部搜索能力，维持群体的多样性，防止出现早熟现象。本书设计的变异算子如下：按变异概率 p_m 随机选取种群内的染色体，调换其所包含的某一对基因的位置。通常变异概率取值较小，为 $0.001 \sim 0.1$。

6) 终止判据依据

由于求解规划问题时，最优解无法事先知道，只能采用给定一个最大迭代次数作为终止判据。

本书运用遗传算法并套用线性规划工具箱的方式，以求解所建立的动态多阶段协同优化模型，具体步骤如表 5-1 所示。

表 5-1　算法具体步骤

步骤	内容
步骤 1	初始化参数
步骤 2	将时空网络离散成 n 个相互联系的子规划问题
步骤 3	令 $t=0$，根据资源约束条件和遗传算法编码规则生成初始种群
步骤 4	对每条染色体个体，其每个基因位置上的值即为区域疾控中心的应急药品调度量，调用线性规划工具求解上下两层规划，得出目标函数值，即为每个个体的适值
步骤 5	根据复制规则选择需要进行复制的个体
步骤 6	根据算术交叉方式按一定概率对种群进行交叉操作，将交叉后的子体与父体比较，选其中较优的 2 个保留
步骤 7	根据变异规则按一定概率对种群进行变异操作，将变异后的子体与父体比较，选择其中较优的 1 个保留
步骤 8	判定遗传算法是否达到终止迭代条件。如果否，返回步骤 4；如果是，输出计算结果
步骤 9	判断 t 是否到达上限。如果否，令 $t=t+1$，更新各应急定点医院的应急药品需求量，返回步骤 3。如果是，执行下一步
步骤 10	将各决策期应急药品物资调度的结果输出

5.2.5　算例分析

本节通过对一个算例进行分析来验证和测试前面提出的动态多阶段协同优化模型在实际运营中的效果。假设某地区发生了生物恐怖袭击事件，该地区有 2 个城市疾控中心，4 个区域疾控中心，并指定了 8 家应急定点医院，每个应急定点医院覆盖一定范围内的人口。为简化计算过程，假设仅配送一种应急药品物资[①]。给定 SEIRS 生物危险源扩散模型的基本参数设置如表 5-2 所示。

图 5-6 为应急定点医院 1 所覆盖的区域中生物危险源的扩散情况，图中四条曲线分别代表该区域中四类群体 (S, E, I, R) 随时间的变化特征。从图 5-6 中可知，生物危险源大规模扩散大概从第 10 天 ($t=0$) 开始，至第 40 天 ($t=30$) 左右结束。由于本章是研究生物反恐应急救援第二阶段的问题，假设第二阶段的持续时间为 30 天，每个决策期时间为 1 天，则图 5-5 所刻画的生物反恐应急药品物资调度时空网络中，需要优化的应急药品物资调度节线的规模数为 7680 条。

---

①实际上，本节所构建的模型为多商品流模型，但由于在本节中并未考虑容量限制的问题，因此，这种多商品流问题只是单商品流的重复计算而已，故可以配送一种应急药品物资为例进行算例分析。

表 5-2　SEIRS 危险源扩散模型的基本参数　　　　（单位：人）

基本参数	城市疾控中心 1				城市疾控中心 2			
	区域疾控中心 1		区域疾控中心 2		区域疾控中心 3		区域疾控中心 4	
	医院 1	医院 2	医院 3	医院 4	医院 5	医院 6	医院 7	医院 8
$S(0)$	5×10^3	4.5×10^3	5.5×10^3	5×10^3	6×10^3	4.8×10^3	5.2×10^3	4×10^3
$E(0)$	30	35	30	40	25	40	50	45
$I(0)$	5	6	7	8	4	7	9	10
$R(0)$				0				
β				5×10^{-5}				
$\langle k \rangle$				6				
δ				0.3				
d				1×10^{-3}				
γ				1×10^{-3}				
τ				5				

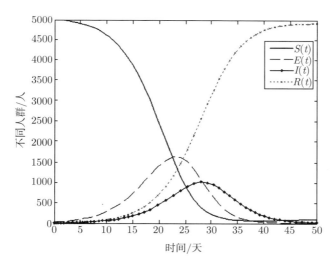

图 5-6　应急定点医院 1 覆盖区域的 SEIRS 模型

给定线性参数 $a = 1$，应急救援的实际有效率系数 $\theta = 90\%$，每个染病者平均治疗周期 $\Gamma = 15$ 天，通过调用 MATLAB 中的"DDE23"工具，可以根据传统需求预测公式 (5-2) 求得第二阶段 (第 10～40 天) 各时间点上的应急药品物资需求量 (传统需求量)，继而根据式 (5-3) 确定每个决策阶段的新增应急药品需求线性比例系数集，最后根据递推关系式 (5-4)～式 (5-6) 预测出每个决策周期时间点上的实际需求量。以应急定点医院 1 在各时间点的应急药品物资需求量为例，其根据式

(5-2) 求得的传统需求量和根据式 (5-4)~ 式 (5-6) 预测出的实际需求量对比如图 5-7 所示。

由图 5-7 可知，考虑每一阶段的应急药品物资调度会对生物危险源扩散产生一定的抑制作用，从而影响后期救援阶段应急药品物资需求的条件下，应急药品物资的需求相比传统的方法有明显的降低。但需要注意的是，应急药品需求随时间变化的趋势还是较为一致的，说明采取的应急救援措施取得了一定的成效，在一定程度上控制了疫情的大规模扩散，但并不能一蹴而就的消除危险源，整个救援过程还需要持续相当长一段时间。在获得了各决策时间点上各应急需求点的需求量之后，下一步则需要解决如何按各点的需求去优化调度应急药品物资，且使得总成本尽可能小。给定单位流量的应急药品物资在各层应急救援机构间的平均流动成本如表 5-3 所示。

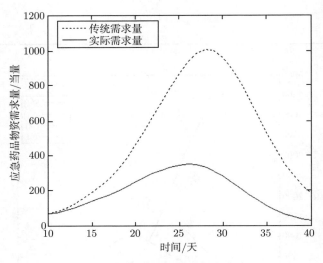

图 5-7 应急定点医院 1 需求变化图

表 5-3 单位应急药品物资从各供应点到达各需求点的平均成本 （单位：元）

区域疾控中心	城市疾控中心		应急定点医院							
	C_1	C_2	H_1	H_2	H_3	H_4	H_5	H_6	H_7	H_8
R_1	3.5	2	1	2	4	2.5	5	5	2.5	1.5
R_2	1.5	2	2	2.5	2	3	5	4	2.5	2
R_3	3	1.5	2.5	3	5	2	1	3	1.5	4
R_4	2.5	3	4	4	1.5	2.5	3	2	2	1.5

假设随机生成的初始种群数为 200，交叉概率为 0.75，变异概率为 0.01，终止条件为迭代 200 次，以 $t=0$ 时的初始应急药品物资调度为例，调用前文设计的遗传

算法并套用线性规划工具箱求解 $t=0$ 时的规划模型, 得到该时刻的应急药品物资调度方案如表 5-4 所示 (总成本为 2663.22), 并通过计算得到该方案的总成本。为验证方法的有效性与结果的稳定性, 将此工作重复 6 次, 得到结果如表 5-5 所示。

表 5-4 $t = 0$ 时应急药品物资调度方案 (资源量)　　　　(单位: 当量)

城市疾控中心	R_1		R_2		R_3		R_4	
C_1	0		186.6901		0		163.759	
C_2	188.8323		0		191.9134		0	
区域疾控中心	H_1	H_2	H_3	H_4	H_5	H_6	H_7	H_8
R_1	67.1588	43.0695	0	31.1464	0	0	0	47.4576
R_2	0	23.5330	82.9355	22.1931	0	0	31.4635	26.5650
R_3	0	0	0	38.6671	74.9403	0	78.3061	0
R_4	0	0	28.1169	14.6546	0	86.9697	18.6328	15.3849

表 5-5   初始阶段 ($t = 0$) 应急总成本　　　　(单位: 元)

次数 1	次数 2	次数 3	次数 4	次数 5	次数 6
2664.97	2663.22	2663.22	2663.22	2664.97	2663.22

通过上述分析可知, 应用本节设计的遗传算法求解该问题, 其收敛结果较为稳定, 差异性仅为 0.065%, 因此该方法是可行的。根据 5.2.4 的算法流程进行整体操作, 可以得到每天的应急药品物资调度方案, 据此可计算出每天的应急总成本变化, 如图 5-8 所示。对图 5-8 进行分析可知, 应急救援总成本与应急药品物资需求有着类似的变化趋势, 即先随着危险源的大规模扩散而逐渐增加, 后随着危险源的

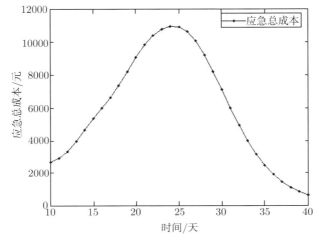

图 5-8   应急总成本变化图

扩散逐渐得到控制而减小。另外，该结果也说明了生物反恐应急救援所具有的滞后性，以及生物危险源的扩散驱动着应急物流网络这一性质，即很难短期内控制疫情的大规模扩散，很难通过一次应急救援解决所有问题，只能通过不断地、有效地去调整应急药品物资调度，使得大规模扩散造成的伤害规模尽可能地减小。

为体现该动态多阶段协同模式的优势，同时计算了其他两种传统应急药品物资调度方式的总应急成本：一种是传统的确定式应急药品调度方案，即不考虑每阶段应急药品物资调度对下一阶段危险源扩散的影响，仅根据式 (5-2) 预测每个阶段应急药品物资的需求量，并以此作为应急药品物资调度的依据，且同时采取应急药品物资行政调度的方式，即区域疾控中心仅为本区内的应急定点医院提供服务 (简称为传统方式 1)；另外一种则在传统方式 1 的基础上进行改进，依然按式 (5-2) 预测每个阶段应急药品物资的需求量作为应急药品物资调度的依据，但根据本书提出的时空网络进行应急药品调度 (简称为传统方式 2)。三种应急救援方式下的总成本对比分析如图 5-9 所示。

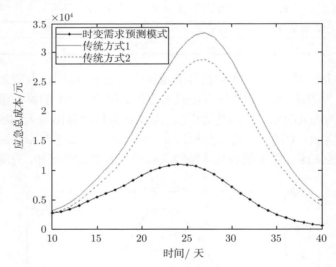

图 5-9　三种应急药品物资调度方式应急总成本比较

如图 5-9 所示，通过比较两种传统应急药品物资调度方式可知，应急药品物资采用传统方式 2 进行调度，其应急总成本比传统方式 1 小，说明采用本书提出的离散时空网络形式对应急药品物资进行多阶段调度可以节约一定的应急成本，即 5.2.3 节中的假设条件 (2) 是成立的，即在生物反恐体系下，应打破行政区划限制，设立联合应急指挥中心，统一调度应急药品物资，形成应急药品协同优化调度网络，从而降低应急救援成本。同时也应注意到，单纯地改进应急药品物资调度形式，只能较小幅度地降低应急救援成本，这是因为在传统方式 2 中，依然采用的是传统需求预测方式。

综合图 5-6～ 图 5-9 考虑，通过比较本节所提出的时变需求预测模式与两种传统方式，可以发现采用该应急药品物资需求预测模式和时空网络调度方式，在 $t=25$ 时 (即第 35 天)，生物危险源的扩散即得到了有效的控制；而采用传统需求预测方式，即使在 $t=30$ 时 (即第 40 天)，决策者依然会认为危险源还未得到控制。这是因为采用传统的需求预测方式，决策者没有考虑每阶段应急药品物资调度会对后期阶段危险源扩散产生一定的影响作用，从而做出一个放大的判断结果，使得每期的决策结果超过实际需求 (图 5-7)，并因此造成应急药品物资的大量浪费和应急成本的大幅上升 (图 5-9)。

5.3 资源可能存在不足环境下的应急物流网络协同优化

在实际的应急救援过程中，应急药品物资的供应并不一定总是充足的。在应急药品物资缺货的环境下，通过不同的应急药品物资调度方式，不仅花费的应急救援成本不一致，而且所达到的应急救援效果也各不相同。基于此，本节在构建一类新的城市应急药品物资动态协同优化调度模型后，对采用该模式与缺货环境下采用均衡调度方式进行了对比分析，以验证和体现本节所构建的应急物流网络协同优化模型的优势。

5.3.1 生物危险源扩散规律分析

类似于 5.2.1 节，假设某地区在遭受生物恐怖袭击后，生物危险源开始大面积扩散，且该危险源具有一定的潜伏期。本节不考虑已治疗康复者会再度被感染，则该危险源扩散过程可用图 5-10 表示。

图 5-10 生物危险源扩散的 SEIR 模型

同样，根据前文所述的方法，运用平均场理论[2]可得到基于小世界网络且考虑有潜伏期的 SEIR 模型方程组为

$$\begin{cases} S'(t) = -\beta\langle k\rangle S(t)I(t) \\ E'(t) = \beta\langle k\rangle S(t)I(t) - \beta\langle k\rangle S(t-\tau)I(t-\tau) \\ I'(t) = \beta\langle k\rangle S(t-\tau)I(t-\tau) - (d+\delta)I(t) \\ R'(t) = \delta I(t) \end{cases} \tag{5-20}$$

方程组 (5-20) 中，$S(t)$，$E(t)$，$I(t)$，$R(t)$ 分别代表遭受生物恐怖袭击地区中的易感染者人数、被感染进入潜伏期的人数、染病者人数以及染病后康复的人数。其

他参数包括: $\langle k \rangle$ 为网络节点的平均度分布; β 为生物危险源的感染率; δ 为感染人口的康复率; d 为感染人员因病死亡率; τ 为潜伏期。同样地, 由式 (5-20) 可知, 在给定了受灾区域中各参数的初始值后, 区域中的 $S(t)$, $E(t)$, $I(t)$, $R(t)$ 的变化情况是可以预测出来的。

5.3.2　动态需求预测

在 5.2.2 节中, 考虑了在应急药品供应充足条件下的应急时变需求预测模式, 但实际情况中, 可能存在着应急药品物资供给不足的情况, 为此, 将 5.2.2 节中的应急时变需求预测模式修正如下。

为方便计算, 取线性参数 $a = 1$, 假设某应急需求点在 t 时刻通过全局优化模型求解得到的应急药品物资调度量为 p_t, 每个染病者的治疗时间为 Γ(决策周期的整数倍), 则相当于在 t 时刻的实际有效救援的染病人数为 $\frac{p_t}{\Gamma}$。由此, 可得如下函数递推关系:

当 $t = 1$,
$$d_1 = (1 + \eta_0)(d_0 - \frac{p_0}{\Gamma}) \tag{5-21}$$

当 $t = 2$,
$$d_2 = (1 + \eta_1)(d_1 - \frac{p_1}{\Gamma}) \tag{5-22}$$

当 $t = n$,
$$d_n = (1 + \eta_{n-1})(d_{n-1} - \frac{p_{n-1}}{\Gamma}) \tag{5-23}$$

其中, $d_0 = aI(0) = I(0)$ 为应急药品物资初始需求量; p_0 为应急药品物资初始调度量; $\eta_t(t = 0, 1, 2, \cdots, n - 1)$ 定义同 5.2.2 节。在式 (5-21)~ 式 (5-23) 中, 初始需求量假设是给定已知的 (根据初始感染人数计算), 初始应急药品物资调度量可以根据求解初始阶段的优化调度模型得出。与 5.2.2 节中的时变需求预测模型不同的是, 每个决策期的应急药品物资需求量并不是一开始就决定了的, 而是随着决策过程的不断推进, 根据上一个决策阶段所做出的应急药品调度结果来决定该阶段的应急需求, 因此, 该模式能更好地刻画实际应急变化情况。

5.3.3　资源可能存在不足条件下应急物流网络协同优化模型

类似于 5.2.3 节, 本节借鉴动态交通分配中的离散时空网络方法来构建生物反恐体系下应急药品物资动态多阶段协同优化调度模型, 网络结构如图 5-5 所示。模型各项假设条件和参数说明同 5.2.3 节 (除了假设 (5), 在本节中改为 "假设城市疾控中心每个决策期都能提供一定量的应急药品物资")。

根据新的生物危险源扩散规律和时变需求预测模型, 可建立应急药品供给可能存在不足条件下的应急物流网络动态多阶段协同优化模型如下。

$$\min F(x, y) = \sum_{k \in K} \sum_{t \in T} \sum_{i \in C^k} \sum_{j \in R^k} x_{ijt}^k cc_{ijt}^k + \sum_{k \in K} \sum_{t \in T} \sum_{i \in R^k} \sum_{j \in H^k} y_{ijt}^k cr_{ijt}^k \tag{5-24}$$

$$\text{s.t.} \sum_{i \in C^k} x_{ijt}^k = zr_{jt}^k, \quad \forall j \in R^k, k \in K, t \in T \tag{5-25}$$

$$\sum_{j \in R^k} x_{ijt}^k \leqslant es_{it}^k, \quad \forall i \in C^k, k \in K, t \in T \tag{5-26}$$

$$\sum_{i \in R^k} y_{ijt}^k \leqslant d_{jt}^k, \quad \forall j \in H^k, k \in K, t \in T \tag{5-27}$$

$$\sum_{j \in H^k} y_{ijt}^k = zr_{it}^k, \quad \forall i \in R^k, k \in K, t \in T \tag{5-28}$$

$$d_{i0}^k = aI_i^k(0), \forall i \in H^k, k \in K, t = 0 \tag{5-29}$$

$$d_{it}^k = (1 + \eta_{it-1}^k)(d_{it-1}^k - \frac{p_{it-1}^k}{\Gamma}), \forall i \in H^k, k \in K, t = 1, 2, \cdots, T \tag{5-30}$$

$$p_{jt}^k = \sum_{i \in R^k} y_{ijt}^k, \forall j \in H^k, k \in K, t = 0, 1, 2, \cdots, T-1 \tag{5-31}$$

$$x_{ijt}^k > 0, \quad \forall i \in C^k, j \in R^k, t \in T, k \in K \tag{5-32}$$

$$y_{ijt}^k > 0, \quad \forall i \in R^k, j \in H^k, t \in T, k \in K \tag{5-33}$$

上述模型中，式 (5-24) 为目标函数，追求整个应急药品物资调度成本最小化；约束条件式 (5-25) 和式 (5-26) 为上层应急药品物资流量守恒约束条件；约束条件式 (5-27) 和式 (5-28) 为下层应急药品物资流量守恒约束条件；约束条件式 (5-29)～式 (5-31) 为应急时变需求预测公式；约束条件式 (5-32) 和式 (5-33) 为变量约束。同样地，该模型也需要设计相应的求解算法。

5.3.4　模型求解算法

参照 5.2.4 节，本节依然调用遗传算法来求解所构建的动态多阶段协同优化模型。与 5.2.4 节不同的是，在本节中每个决策期所能提供的应急药品物资量是有限的，且每个决策期的应急药品物资需求量并不是一开始就决定的，而是随着决策过程的不断推进逐渐被确定的。因此，在每个决策周期结束后的更新需求作业编程上，与 5.2.4 节稍有不同。

5.3.5　算例分析

参照 5.2.5 节，本节也通过一个算例分析来验证和测试所提出的动态多阶段协同优化模型在实际运营中的绩效。同样地，假设某地区发生生物恐怖袭击事件，在该地区有 2 个城市疾控中心，4 个区域疾控中心，并指定了 8 家应急定点医院，每个应急定点医院覆盖一定范围内的人口。为简化计算过程，同样假设仅配送一种应急药品物资。由于危险源扩散模型改变，对表 5-2 中的参数值修正如表 5-6 所示。

表 5-6　　SEIR 危险源扩散模型的基本参数　　　　　　　（单位：人）

基本参数	城市疾控中心 1				城市疾控中心 2			
	区域疾控中心 1		区域疾控中心 2		区域疾控中心 3		区域疾控中心 4	
	医院 1	医院 2	医院 3	医院 4	医院 5	医院 6	医院 7	医院 8
$S(0)$	5×10^3	4.5×10^3	5.5×10^3	5×10^3	6×10^3	4.8×10^3	5.2×10^3	4×10^3
$E(0)$	30	35	30	40	25	40	50	45
$I(0)$	5	6	7	8	4	7	9	10
$R(0)$	0							
β	4×10^{-5}							
$\langle k \rangle$	6							
δ	0.3							
d	1×10^{-3}							
τ	5							

　　为验证模型和算法的有效性，按照 5.2.5 节中的思路重复整个计算过程，限于篇幅，本节不再赘述。类似地，取生物危险源扩散的第 15 天 ($t=0$) 到第 45 天 ($t=30$) 为研究对象。为方便比较，将按传统方式计算得到的每天应急药品物资需求量变化以及 2 个城市疾控中心每天能供应的应急药品物资总量也刻画于图中，则 8 个应急定点医院每天需求的应急药品物资总量的变化如图 5-11 所示。图 5-12 为 8 个应急定点医院每天的应急总成本变化图。

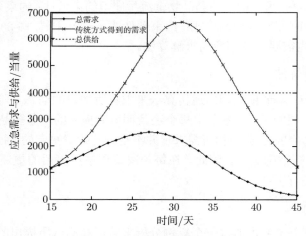

图 5-11　应急药品物资总需求变化图

　　对两个图进行分析可得到两个结论：①应急药品物资需求如果采取传统的计算方式，可能会误导决策者做出错误的决策。如图 5-11 所示，如果按照传统的预测方式，决策者认为在危险源爆发的第 24 天左右，2 个城市疾控中心每天所

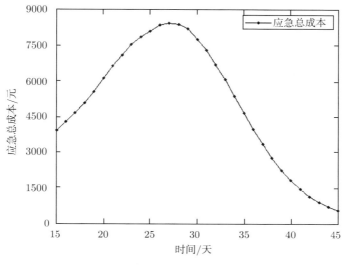

图 5-12　每天的应急总成本变化图

提供的应急药品物资量会出现不足, 且这个现象要一直持续到第 38 天; 为了防止该情况发生, 决策者将要求城市疾控中心提高每天的应急药品物资供应量。而考虑了每个决策期给各应急需求点调度的应急药品量对生物危险源扩散产生一定抑制作用后, 这个现象则不存在, 即每个城市疾控中心每天提供一定量的应急药品物资是足够预防和控制该区域的危险源扩散的。这再次证明了 5.2 节中的结论, 即传统的应急药品需求预测模式容易形成放大的预测结果并导致应急药品物资的浪费。②每天的应急救援总成本与每天的应急药品物资总需求变化趋势是一致的, 先随着危险源的大规模扩散而逐渐增加, 后随着危险源扩散逐渐得到控制而减小。在5.2 节中论证过, 改变应急药品物资的调度形式 (从行政方式改为时空网络形式), 只能较小幅度地降低成本, 而对成本起关键控制作用的是需求量。因此, 要降低应急救援成本, 关键是降低应急药品物资的需求; 而要降低应急药品物资的需求, 关键是要降低每个决策阶段的新增应急药品需求量, 即每个决策阶段上的应急药品物资调度量都能够充分满足需求。

　　考虑在上述算例中, 给定每个城市疾控中心预设的应急药品物资量依然足够大 (每个决策期提供 2000 个单位的应急药品物资), 从而在整个应急过程中不存在缺货问题。如果将该预设值进一步降低, 则可能在某个决策期存在应急药品供应不足的情况。从全局优化结果来看, 可能会存在某些点的需求全部得到满足, 某些点的应急药品需求得到部分满足甚至没得到应急药品的情况。为此, 本书根据均衡原则设计了另外一种调度策略, 即在考虑应急药品可能存在不足的条件下, 各需求点在各决策期内所调度的应急药品量按比例进行分配, 这里称之为均衡调度法, 每个决策期的应急药品调度公式表达如下。

$$p_{it}^k = \begin{cases} d_{it}^k & \text{if } \sum_{i \in H^k} d_{it}^k \leqslant \sum_{j \in C^k} es_{jt}^k \\[2em] \dfrac{d_{it}^k \sum\limits_{j \in C^k} es_{jt}^k}{\sum\limits_{i \in H^k} d_{it}^k} & \text{if } \sum_{i \in H^k} d_{it}^k > \sum_{j \in C^k} es_{jt}^k \end{cases}, \forall i \in H^k, t \in T, k \in K \quad (5\text{-}34)$$

为尽可能地节约应急救援成本，假设每个应急定点医院都从成本最低的区域疾控中心补给应急药品物资；同样地，每个区域疾控中心也从成本最低的城市疾控中心获得应急药品。保持其他条件不变，假设每个城市疾控中心在每个决策期内所能提供的应急药品物资量最大值降低为 1000，调用上述程序求解优化模型，可得到各决策期内应急药品物资需求量和调度量的对比关系如图 5-13 所示。

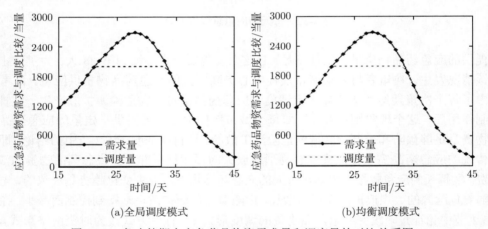

(a) 全局调度模式　　　　　　　　　　　　(b) 均衡调度模式

图 5-13　各决策期内应急药品物资需求量和调度量的对比关系图

从图 5-13 可知，在该条件下，无论采取何种应急药品物资调度方式，应急药品物资在 $t=7$(第 22 天) 时，将出现缺货现象，且随着危险源的进一步扩散，缺货越多；随着危险源扩散经过高峰期并逐渐转入稳定，应急药品物资缺货现象也逐渐得到缓解并在 $t=19$(第 34 天) 时又恢复为足够覆盖需求。为刻画在缺货状态下的应急药品物资调度，以 $t=14$(第 29 天) 各应急定点医院的需求量和调度量 (图 5-14) 为例进行说明。从图 5-14 可明显看出，在采用本节提出的动态多阶段协同优化调度模式 (简称全局调度模式) 下，应急定点医院 1、5、8 的应急药品物资需求都得到了完全满足，其他各点的应急药品物资需求得到部分满足，该决策期的应急救援成本为 6475.8；而在均衡调度模式下，所有定点医院都存在缺货现象，且需求越大，缺货量也越多，该条件下的应急救援成本为 6642.5。因此，采用全局调度模式比均衡调度模式更能节约应急成本。

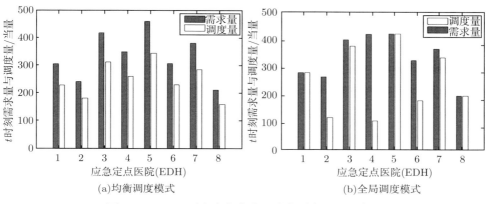

(a)均衡调度模式   (b)全局调度模式

图 5-14 $t=14$ 时各应急定点医院的需求量和调度量

为进一步比较上述两种模式的应用效果,计算得出两种模式在每个决策期上的救援成本差 (均衡调度模式下的成本减去动态多阶段协同优化模式下的成本),并进一步得出累积成本差 (图 5-15)。对图 5-15 进行分析可知,单纯从某一时刻的应急成本差变化角度很难区分两种模式的优劣。但从成本差的累积变化情况分析可知,从总体上来说,均衡调度模式下的应急救援成本始终要高于全局调度模式的应急救援成本。

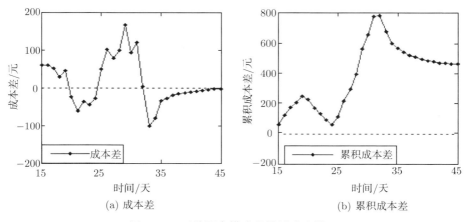

(a) 成本差   (b) 累积成本差

图 5-15   两种调度模式的救援成本差

从 31 个应急决策周期 (第 15 天到第 45 天) 的统计结果来看,通过均衡调度的总应急药品物资量为 44 741.32,总应急成本为 150 076;而通过动态多阶段协同优化模式调度的总应急药品物资量为 44 760.76,比均衡模式下稍增加了 19.44,总应急成本为 149 615, 相比均衡模式却降低了 461。也就是说, 在同等的时间长度里, 动态多阶段协同优化模式可以用更小的成本, 调度更多的应急药品物资量。因此, 本书提出的动态多阶段协同优化调度模式的总体效果要好于均衡调度模式。

根据 5.2.2 节的定义, η 是跟决策期时间间距密切相关的一个比例系数。在本书中, 每个决策期被假设为 1 天, 由此得到 η 的集合规模为 30×8, 算例求解问题规模为 7680。图 5-16 表明了决策时间间距的选取和问题求解规模之间的关系 (单位: h)。实际应用中, 决策者可根据实际情况对决策期的选取进行调整。理论上, 时间间距取得越小, η 越能反映真实的需求增长情况, 预测出来的需求与实际误差也将越小, 但相应地, 问题的求解规模也会越大; 实际上, 如果时间间距过小, 也缺乏实际操作的可行性。因此, 决策时间间距的选取应为一个适中的值。

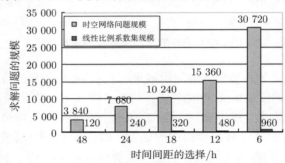

图 5-16　决策时间间距的选取和问题求解规模之间的关系

另外, 在应急时变需求预测公式中, Γ 反映的是每个染病者的治疗周期。保持模型中其他参数的值不变, 对 Γ 分别取 5 个不同的值 (10、12、15、18、20) 进行测试, 得到应急救援成本的变化结果如图 5-17 所示。

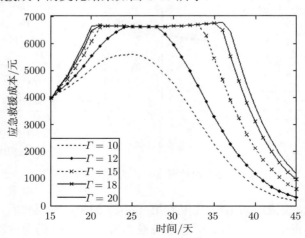

图 5-17　Γ 变化对应急救援成本的影响

对图 5-17 进行分析可知，每个染病者的治疗周期越小，对应急药品物资的需求也相应越小，应急总成本也会越小，但这个现象只存在于应急药品物资需求能够得到满足的条件下。在应急药品物资缺货的条件下，由于应急药品物资的不足，应急救援的成本会相对稳定在一个水平。同时，从图 5-17 中可看出，每个染病者的治疗周期越长，缺货开始的时间越早，且持续时间也越长，这是因为随着治疗周期的增长，每个染病者所需的应急药品物资量也将逐渐增长，导致应急成本的上升和缺货时间的延长。因此，在实际应急救援中，应尽可能采取有效的措施，缩短治疗周期，这对控制生物危险源的扩散、减小应急救援成本具有积极的意义。

参 考 文 献

[1] Tham K Y. An emergency department response to severe acute respiratory syndrome: A prototype response to bioterrorism[J]. Annals of Emergency Medicine, 2004, 43(1): 6-14.

[2] Marco J, Dickman R. Nonequilibrium phase transitions in lattice models[M]. Cambridge: Cambridge University Press, 1999.

[3] Wang H Y, Wang X P, Amy Z Z. Optimal material distribution decisions based on epidemic diffusion rule and stochastic latent period for emergency rescue[J]. International Journal of Mathematics in Operational Research, 2009, 1(1): 76-96.

[4] 赵林度, 刘明, 戴东甫. 面向脉冲需求的应急资源调度问题研究[J]. 东南大学学报 (自然科学版), 2008, 38(6): 1116-1120.

[5] Sheu J B. An emergency logistics distribution approach for quick response to urgent relief demand in disasters[J]. Transportation Research Part E: Logistics and Transportation Review, 2007, 43(6): 687-709.

[6] Sheu J B. Dynamic relief-demand management for emergency logistics operations under large-scale disasters[J]. Transportation Research Part E: Logistics and Transportation Review, 2010, 46(1): 1-17.

[7] Yan S Y, Shih Y L. A time-space network model for work team scheduling after major disaster[J]. Journal of the Chinese Institute Engineers, 2007, 30(1): 63-75.

[8] Yan S Y, Shih Y L. Optimal scheduling of emergency roadway repair and subsequent relief distribution[J]. Computers & Operations Research, 2009, 36(6): 2049-2065.

第6章 生物反恐体系中应急物流网络集成动态优化

本章在生物危险源扩散规律分析的基础上，主要针对生物反恐应急救援后期阶段生物危险源扩散趋于稳定的特点，从系统的角度，将生物反恐体系中的应急药品物资储备问题与应急药品物资混合协同配送问题进行集成研究，构建国家、城市、区域以及应急需求点在内的多层次应急物流网络集成动态优化模型，并设计了有效的求解算法，实现在尽可能提高应急救援时效性的同时，各层级的应急药品物资调度得到充分优化。

6.1 研究问题的提出

第 4 章和第 5 章分别从时间驱动和资源驱动角度研究了生物反恐应急救援第一阶段和第二阶段的应急药品物资调度优化问题。按照前文所提出的生物反恐应急救援控制策略，本章将研究生物反恐应急救援第三阶段的应急物流网络优化问题，该阶段的研究思路如图 6-1 所示。

生物反恐应急救援后期阶段，生物危险源扩散将趋于稳定。因此，该阶段应急物流网络优化的目标是建立国家、城市、区域以及定点医院 (即应急需求点) 间的多层次应急物流网络集成动态优化模型，从而实现在生物反恐应急救援后期阶段，既能较好地控制应急救援总成本，又可以恢复和优化各城市储备库的应急药品物资储备水平。在该阶段的应急救援中，存在着国家储备库对城市储备库进行应急药品物资补给 (上层问题)、城市储备库对区域疾控中心进行应急药品物资调度以及区域疾控中心对各应急定点医院进行应急药品物资调度 (统称为下层问题) 等多层应急物流网络优化。已有研究指出，相对于国家储备库而言，城市储备库储备应急药品物资量的增加对应急总成本的减少具有更明显的作用[1]。因此，设置合理的城市储备库，将国家储备库的物资适当分配到相应的城市储备库，能够有效降低应急救援成本。

从图 6-1 可以看出，遵循第 5 章的思路，将生物反恐应急救援的第三阶段也离散成 n 个互相联系的子问题 (即 n 个决策周期)。对于任意决策周期，又由所需求解问题的特性将其分为上下层关系。与第 5 章所不同的是，对于上层问题，需根据各城市储备库的缺货量进行应急补给规划[2]，并对规划结果进行启发式搜索调整[3]，从而形成混合协同的应急药品物资补给模式，以尽可能地节约应急成本[4]。对于下层问题，首先分析其生物危险源的扩散规律[5]，根据各受感染区域的生物

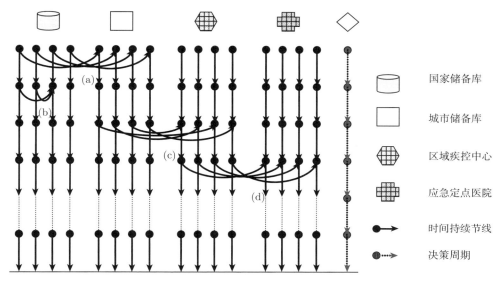

图 6-1 多层次应急物流网络集成动态优化研究思路

(a) 国家储备库对城市储备库进行资源补给；(b) 国家储备库之间进行资源协调；(c) 城市备库对区域疾控中心进行资源配置；(d) 区域疾控中心对应急定点医院进行资源配置

危险源扩散规律来确定各区域的应急药品物资需求量，以进行应急药品物资调度的规划。类似地，在该决策周期执行完后，势必对生物危险源的扩散产生一定的影响，继而产生新的危险源扩散情况，同时城市储备库的应急药品物资库存水平也将进行更新，由此进入下一个决策周期并持续循环，直到生物危险源扩散趋于稳定，从而实现在生物反恐应急救援后期阶段，应急药品物资储备问题与应急药品物资调度问题协同优化的目标[6]。

生物危险源扩散规律分析是刻画应急药品物资需求的基础，且具有潜伏期的危险源扩散模型能更好地表达实际危险源扩散情况，因此在本章继续沿用 5.3.1 节中的 SEIR 模型。考虑到本章是研究生物反恐应急救援的第三阶段问题，在该阶段，生物危险源扩散将趋于稳定，因此假设在该阶段各应急需求点的需求都可以得到充足的供应，则对于各应急需求点在该阶段中的应急药品物资时变需求预测公式采用 5.2.2 节中的模型。

6.2 两层次应急物流网络集成动态优化模型研究

为了更好地理解多层次应急物流网络集成动态优化模型，本书先将研究问题部分简化，建立一个包含国家储备库、城市储备库以及应急定点医院 (即应急需求点) 的两层应急物流网络集成动态优化模型。具体而言,研究对象中的上层问题包含对图 6-1 中 (a) 和 (b) 两类节线进行动态优化,下层问题则简化为由城市储备库直接对各应急需求点进行动态资源调度。

6.2.1　城市储备库的时变需求和时变库存预测模型

由于同时考虑了国家储备库对城市储备库进行应急药品物资补给以及城市储备库对需求点进行应急药品物资调度,作为两层问题中起到承上启下作用的各城市储备库,其既存在一个时变需求,又存在一个时变库存。

上层问题的研究对象是国家储备库对城市储备库进行应急药品物资补给。此时,在下层问题中充当供应角色的城市储备库变为了应急需求点,其时变需求主要由城市储备库的容量缺失决定。为方便计算,本书假设经过应急救援第二阶段后,所有城市储备库中应急药品物资皆已耗尽,初始储备量皆为 0;同时假设各城市储备库容量一致为 V_{cap};为与各应急需求点的时变需求递推公式区别,设 d_t^v 为城市储备库在第 t 个决策周期时的应急药品物资需求量,P_t 为城市储备库在第 t 个决策周期内对灾区点所配送出去的应急药品物资量 (该值由求解下层问题所得)。由此,可得到城市储备库的应急时变需求预测公式如下

$$d_t^v = \begin{cases} V_{\text{cap}}, & t = 0 \\ P_{t-1}, & t = 1, 2, \cdots, n \end{cases} \tag{6-1}$$

假设 V_t 为城市储备库在第 t 个决策周期时的应急资源库存水平,类似地,城市储备库中的应急资源库存水平也随着时间的变化而逐渐变化,可表达如下

$$V_t = \begin{cases} 0, & t = 0 \\ V_{\text{cap}} - P_{t-1}, & t = 1, 2, \cdots, n \end{cases} \tag{6-2}$$

6.2.2　两层应急物流网络集成动态优化模型及求解算法

1) 两层应急物流网络集成动态优化模型

为方便模型的建立,将各项假设条件说明如下。

(1) 假设某地区发生生物恐怖袭击后,该地区能被迅速隔离,从而使得生物危险源只在该区域内部扩散,而区域之间不会相互影响。

(2) 假设国家储备库、城市储备库以及各应急定点医院的地理位置已知,在遭受突发生物恐怖袭击后,应急药品物资的补给和配送的最短路径能迅速被确定。为节约时间,假设全部采用点对点直接配送方式,且所有路径均不会遭到破坏 (这点与地震、台风、洪水等自然灾害不同)。

(3) 实际生物反恐体系中涉及的应急药品物资可能包含疫苗、抗生素药、口罩、隔离服等不同种类的资源，为方便计算，本书假设其按一定比例组成单位资源量。

(4) 不考虑应急药品物资在国家储备库、城市储备库中的库存成本。

(5) 假设国家储备库容量足够大，且在每个决策周期内都能提供足够的应急药品物资。

模型中涉及的参数说明如下。

nc_{ij}：国家储备库 i 对城市储备库 j 补给单位流量应急药品物资的成本；ce_{jk}：城市储备库 j 对应急需求点 k 配送单位流量应急药品物资的成本；ns_i：国家储备库 i 在每个决策期内所能提供的应急药品物资量；V_{cap}：城市储备库的容量；d_{kt}：应急需求点 k 在第 t 个决策周期的应急药品物资需求量；d_{jt}^v：城市储备库 j 在第 t 个决策周期的应急药品物资需求量；P_{jt}：城市储备库 j 在第 t 个决策周期内对应急需求点所配送出去的应急药品物资量；V_{jt}：城市储备库 j 在第 t 个决策周期的应急药品物资库存水平；x_{ijt}：第 t 个决策期内，从国家储备库 i 补给到城市储备库 j 的应急药品物资量；y_{jkt}：第 t 个决策期内，从城市储备库 j 配送到应急需求点 k 的应急药品物资量；TC：两层次应急物流网络的总成本；N：两层次应急物流网络中的国家储备库节点集合；C：两层次应急物流网络中的城市储备库节点集合；E：两层次应急物流网络中的应急需求节点集合；T：决策周期集合。

根据上述假设条件和符号说明，可建立生物反恐体系中两层次应急物流网络集成动态优化模型如下。

$$\min TC = \sum_{t \in T} \sum_{i \in N} \sum_{j \in C} x_{ijt} nc_{ij} + \sum_{t \in T} \sum_{j \in C} \sum_{k \in E} y_{jkt} ce_{jk} \tag{6-3}$$

$$\text{s.t.} \sum_{j \in C} x_{ijt} \leqslant ns_i, \forall i \in N, t \in T \tag{6-4}$$

$$\sum_{i \in N} x_{ijt} = d_{jt}^v, \forall j \in C, t \in T \tag{6-5}$$

$$d_{jt}^v = V_{\text{cap}}, \quad \forall j \in C, t = 0 \tag{6-6}$$

$$d_{jt}^v = P_{jt-1}, \quad \forall j \in C, t = 1, 2, \cdots, T \tag{6-7}$$

$$P_{jt} = \sum_{k \in E} y_{jkt}, \quad \forall j \in C, t \in T \tag{6-8}$$

$$\sum_{k \in E} y_{jkt} \leqslant V_{\text{cap}}, \forall j \in C, t \in T \tag{6-9}$$

$$\sum_{j \in C} y_{jkt} = d_{kt}, \quad \forall k \in E, t \in T \tag{6-10}$$

$$d_{kt} = aI_k(t), \quad \forall k \in E, t = 0 \tag{6-11}$$

$$d_{kt} = \prod_{i=0}^{t-1} (1 + \eta_{ki})(1 - \frac{\theta}{I})^t d_{k0}, \quad \forall k \in E, \quad t = 1, 2, \cdots, T \tag{6-12}$$

$$\prod_{i=0}^{t-1} (1 + \eta_{ki}) = (1 + \eta_{k0})(1 + \eta_{k1}) \cdots (1 + \eta_{kt-1}), \quad \forall k \in E, \quad t = 1, 2, \cdots, T \tag{6-13}$$

$$x_{ijt} \geqslant 0, \quad \forall i \in N, j \in C, t \in T \tag{6-14}$$

$$y_{jkt} \geqslant 0, \quad \forall j \in C, k \in E, t \in T \tag{6-15}$$

在上述两层应急物流网络集成动态优化模型中，式 (6-3) 为模型目标函数，追求总的应急成本最小化；约束条件式 (6-4) 和式 (6-5) 为上层问题中的应急药品物资流量守恒约束条件；约束条件式 (6-6)～ 式 (6-8) 为上层问题中的应急药品物资时变需求约束条件；约束条件式 (6-9) 和式 (6-10) 为下层问题中的应急药品物资流量守恒约束条件；约束条件式 (6-11)～ 式 (6-13) 为下层问题中的应急药品物资时变需求约束条件；约束条件式 (6-14) 和式 (6-15) 为变量约束条件。随着生物危险源扩散趋于稳定和消失，上述模型将在一个动态变化的药品需求环境中执行，且问题的求解规模会随着执行时间的长短以及决策周期时间的选取而变化，因此，需要设计相应的智能搜索算法以代替人工计算求解。

2) 模型求解算法

本节将生物反恐第三阶段的应急救援离散成 n 个互相联系的子问题 (即 n 个决策周期)，并构建了相对应的两层次集成动态优化模型。具体到每个决策周期，所研究问题的实质为具有相互联系的两阶段规划问题。通过调用 MATLAB 中的"DDE23"工具，并结合 5.2.2 节中介绍的时变需求预测公式，可获得各应急需求点在各决策周期的应急药品物资需求量。据此，给出两层次集成动态优化模型的求解算法如下。

步骤 1：选定决策周期，将生物反恐第三阶段应急救援离散成 n 个子连续决策周期。

步骤 2：令 $t=0$，初始化生物危险源扩散规律分析模型中的参数。

步骤 3：对危险源扩散规律进行分析，并根据 5.2.2 节中的时变需求预测公式计算出初始应急药品物资需求。

步骤 4：求解 $t=0$ 时的应急药品物资补给和配送规划模型，并得到一组最优解。

步骤 5：调用启发式搜索算法对结果进行改进，更好地控制应急成本 (具体见下文)。

步骤 6：形成该决策周期的最终资源调度方案并记录。

步骤 7：$t = t+1$，判断是否满足终止条件 $t > n$。如果否，计算该决策周期应急药品物资调度对危险源扩散的影响，更新城市储备库的应急药品物资储备水平，进入下一个决策周期，返回步骤 3；如果是，执行下一步。

步骤 8：终止计算，输出结果。

不难发现，上述模型和求解算法并没有体现出国家储备库在生物反恐应急救援中的协同作用，因此需要对求解结果做进一步的改进。文献[2]中的研究表明，具有补给源的应急救援系统在运行效率和运行成本方面，比无补给源应急救援系统更加具有优势；为了提高无补给源应急救援系统的性能，可以构建将临近的应急药品物资储备库视为补给源，临近的应急药品物资储备库再从补给源补充资源的协同模式。基于此，本书将某个距离应急需求城市较近的国家储备库视为 HUB 节点，距离应急需求城市较远的国家储备库为补给源，通过向邻近的国家储备库补给资源，进而形成应急救援混合协同模式，如图 6-2 所示。

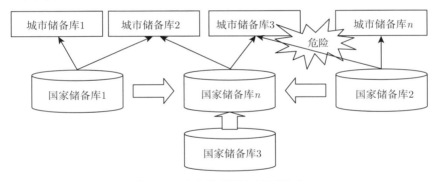

图 6-2　应急救援混合协同模式

在该种协同模式中，既有传统的点对点 (PTP 模式) 进行应急药品物资补给，也有 HUB 网络节点 (HUB 模式) 存在，可以充分兼顾点对点配送模式的时效性以及 HUB 模式的规模效益。本书 4.2 节的研究也表明，混合后的协同模式相对混合前的两种单纯模式，能更有效地提高运输频率和降低运输成本，因此，采用该种混合协同模式，能对上述集成动态优化模型求解结果中的上层问题结果进行有效的改进。

参照 4.2.4 节，给出搜索算法的具体步骤如下。

步骤 1：假设国家储备库对城市储备库的所有应急药品物资补给都采用 PTP 模式，记该模式下的补给节线集合为 D^d，通过求解目标函数 (6-3)，可得出应急药品物资配送的总成本，同时记 $TC^d = \sum\limits_{i \in N} \sum\limits_{j \in C} x_{ijt} nc_{ij}$ 为在第 t 个决策周期采用 PTP 模式时上层问题的总成本。

步骤 2：假设选取某一邻近应急需求城市的国家储备库 h 为 HUB 节点，其他距离较远的国家储备库的应急药品物资都通过该 HUB 节点进行中转补给各应急需求城市，记该模式下的补给节线集合为 D^h。同时假设从国家储备库 i 中转到国家储备库 h 的应急药品物资量为 q_{ih}，其单位中转成本为 nz_{ih}，记 $TC^h = \sum_{i \in N/h} nz_{ih}q_{ih} + \sum_{j \in C} x_{hjt}nc_{hj}$ 为在第 t 个决策周期采用 HUB 模式时上层问题的总成本。

步骤 3：记 D 为实际中的国家储备库对城市储备库补给节线集合，比较 TC^d，TC^h，如果 $TC^d < TC^h$，则 $D^d = D, D^h = \varnothing$，记为情况 1；否则，若 $TC^d \geqslant TC^h$，则 $D^h = D, D^d = \varnothing$，记为情况 2；记 $TC^s = \min\{T^d, T^h\}$ 且 $TC^s \to TC^m$。

步骤 4：①若出现情况 1，则从 $i = 1, j = 1$ 开始，对于任意从国家储备库 i 到城市储备库 j 之间的补给节线 $(N_i, C_j) \in D^d$，计算将其调整为通过 HUB 节点中转后所能节约的应急成本为 S_{ij}^{dh}。若 $S_{ij}^{dh} \geqslant 0$，说明将该补给节线从 PTP 模式转换到 HUB 模式后，总的应急成本能减少，则改变应急药品物资补给节线集合 $D^d \backslash \{(N_i, C_j) | S_{ij}^{dh} \geqslant 0\} \to D^d$，$D^h \cup \{(N_i, C_j) | S_{ij}^{dh} \geqslant 0\} \to D^h$。②若出现情况 2，则从 $i = 1, j = 1$ 开始，对于任意从国家储备库 i 到城市储备库 j 之间的补给节线 $(N_i, C_j) \in D^h$，计算将其调整为通过 PTP 模式后所能节约的应急成本为 S_{ij}^{hd}，若 $S_{ij}^{hd} > 0$，说明将该补给节线从 HUB 模式转换到 PTP 模式后，总的应急成本能减少，则改变应急药品物资补给节线集合 $D^h \backslash \{(N_i, C_j) | S_{ij}^{hd} > 0\} \to D^h$，$D^d \cup \{(N_i, C_j) | S_{ij}^{hd} > 0\} \to D^d$。

步骤 5：求解第 t 个决策周期采用混合协同配送模式 $\{D^d, D^h\}$ 时上层问题的应急救援成本，记为 TC'。

步骤 6：比较 TC^s 与 TC'，如果 $TC' < TC^s$，说明应急成本能进一步减少，则将 $TC' \to TC^s$，并记录下此时的混合模式 $\{D^d, D^h\}$。此时，TC^s 为第 t 个决策周期上层问题新的应急补给总成本。如果 $TC^s < TC^m$，则 $TC^s \to TC^m$；否则，保留 TC^m。

步骤 7：$j = j + 1$，返回步骤 4 继续搜索；直到 j 达到上限，进入下一步。

步骤 8：$i = i + 1$，返回步骤 4 继续搜索；直到 i, j 都达到上限，结束搜索。

步骤 9：输出最终结果。

如 4.1 节中所述，该算法的核心思想是利用计算机的快速计算功能，将应急药品物资补给节线逐次枚举，以寻找出可能改进的地方。对于某一节线调整模式后的节约成本 S_{ij}^{dh} 和 S_{ij}^{hd} 的计算公式，可参考 4.2.4 节中的介绍。

6.2.3　算例分析

本书通过一个算例分析来验证和测试前面提出的两层次应急物流网络集成动态优化模型在实际运营中的绩效。生物反恐后期阶段所追求的应急优化目标是既能较好地控制应急救援成本，又可以恢复和优化各城市储备库中的应急药品物资储备水平，因此在后续的算例仿真中将着重对这两个目标进行分析。假设某区域发生了生物恐怖袭击事件，该区域周边范围内共有 8 个应急需求点，6 个城市储备库以及 3 个国家储备库。给定各应急需求点的 SEIR 传染病扩散模型基本参数设置如表 6-1 所示。

表 6-1　SEIR 传染病模型的基本参数　　　　　　（单位：人）

基本参数	需求点 1	需求点 2	需求点 3	需求点 4	需求点 5	需求点 6	需求点 7	需求点 8
$S(0)$	5×10^3	4.5×10^3	5.5×10^3	5×10^3	6×10^3	4.8×10^3	5.2×10^3	4×10^3
$E(0)$	30	35	30	40	25	40	50	45
$I(0)$	5	6	7	8	4	7	9	10
$R(0)$				0				
β				4×10^{-5}				
$\langle k \rangle$				6				
δ				0.3				
d				1×10^{-3}				
τ				5				

图 6-3 为应急需求点 1 的生物危险源扩散情况，图中四条曲线分别代表该区域中四类群体 (S、E、I、R) 随时间变化而变化。由于本章是研究生物反恐中应急救援第三阶段的问题，沿用第 5 章思路，取生物危险源扩散的第 45 天 ($t=0$) 到第 55 天 ($t=10$) 为测试对象，同时假设每个决策期时间为 1 天，这样两层应急物流网络集成动态优化算例中的节线数为 8640。实际中决策者可根据情况进行调整。

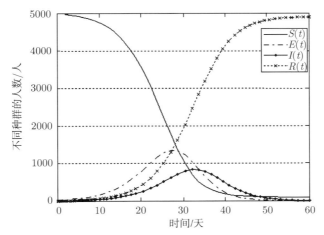

图 6-3　应急需求点 1 的生物危险源扩散情况

同样地，给定线性参数 $a=1$，应急救援的实际有效率系数 $\theta=90\%$，每个染病

者平均治疗周期 $\Gamma = 15$ 天，通过调用 MATLAB 中的 "DDE23" 工具，可以根据 5.2.2 节中的应急药品物资时变需求预测模型求得第三阶段 (从第 45 天到第 55 天) 各应急需求点的应急药品物资需求量。以应急需求点 1 在各决策时间点的应急药品物资需求量为例，根据传统计算公式预测的需求量变化和根据时变需求预测公式预测的需求量对比如图 6-4 所示。

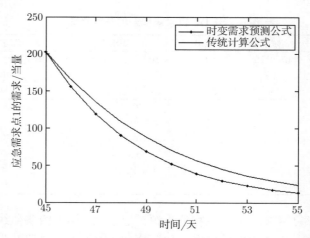

图 6-4　应急需求点 1 的需求变化图

由图 6-4 可以看出，在考虑了前期调度的应急药品物资会对后期的应急药品物资需求产生影响的条件下，5.2.2 节中的时变需求预测公式可以有效地反映这一特性。由该时变需求预测公式计算出的应急药品需求量相对传统的计算方法有较明显的降低，但应急药品需求随时间变化的趋势是较为一致的，这说明前期调度的应急药品物资取得了一定的成效，对后期的应急需求产生了一定的抑制作用。下一步则需要解决如何按各点的需求去优化应急药品物资调度，且使得总成本尽可能小。给定单位流量的应急药品物资在各层次应急救援机构间的流动成本如表 6-2 所示 (假设选取国家储备库 1 为 HUB 节点)。

假设 3 个国家储备库在每个决策期所能提供的应急药品物资量分别为 400、420 和 450，各城市储备库的最大库存量统一为 210。以 $t=0$ 时的初始应急药品物资调度为例，调用第 4 部分设计的模型求解算法求解 $t=0$ 时的两层次集成动态优化模型，得到该时刻 (调整前，总成本为 6576.24) 的应急药品物资调度方案；再调用启发式搜索算法对结果进行改进，得到该时刻的最终应急药品物资调度方案如表 6-3(调整后) 所示。

通过表 6-3 可以很明显地看出，在 $t=0$ 时的应急药品物资补给方案通过调整后，原本由国家储备库 2 向城市储备库 1 和城市储备库 4 进行补给的节线 (N_2, C_1) 和

表 6-2　单位应急药品物资从各供应点到达各需求点的流动成本 (单位：元)

供应点	N_1	C_1	C_2	C_3	C_4	C_5	C_6
N_1	—	2	9	1	3	10	2
N_2	4	7	2	10	8	9	8
N_3	5	10	8	2	9	2	8
供应点	E_1	E_2	E_3	E_4	E_5	E_6	E_7	E_8
C_1	6	2	6	7	4	2	5	9
C_2	4	9	5	3	8	5	8	2
C_3	5	2	1	9	7	4	3	3
C_4	7	6	7	3	9	2	7	1
C_5	2	3	9	5	7	2	6	5
C_6	5	5	2	2	8	1	4	3

表 6-3　$t=0$ 时应急药品物资调度方案　　　　(单位：当量)

流量	国家储备库	N_1	C_1	C_2	C_3	C_4	C_5	C_6
	N_1	—	106	—	—	94	—	200
调整前	N_2	—	104	210	—	106	—	—
	N_3	—	—	—	210	10	210	10
	N_1	—	210	—	—	210	—	210
调整后	N_2	210	—	210	—	—	—	—
	N_3	20	—	—	210	—	210	—
城市储备库	E_1	E_2	E_3	E_4	E_5	E_6	E_7	E_8
C_1	—	81.8	—	—	128.2	—	—	—
C_2	29.3	—	—	117.5	—	—	—	12.8
C_3	—	114.3	55.8	—	—	—	39.9	—
C_4	—	—	—	—	—	35.4	—	174.6
C_5	173.4	36.6	—	—	—	—	—	—
C_6	—	—	38.2	—	—	124.7	47	—

(N_2, C_4)，以及原本由国家储备库 3 向城市储备库 4 和 6 进行补给的节线 (N_3, C_4) 和 (N_3, C_6)，皆调整为通过国家储备库 1(HUB 节点) 中转后再进行应急资源补给 (即 $N_2 \to N_1 \to C_2$、$N_2 \to N_1 \to C_4$、$N_3 \to N_1 \to C_4$ 和 $N_3 \to N_1 \to C_6$)，从而形成了混合协同的应急药品物资补给模式。通过计算可得，在 $t=0$ 时采用该启发式搜索算法，其对上层问题的结果改进率达 5.9%，使得该时刻的应急总成本降为 6346.24。实际中决策者还可参照该方式对下层问题的求解结果也进行同样的改进，以更好地控制应急成本。

上述结果表明本设计的启发式搜索算法是有效的。同理，按照 6.2.2 节中的算法流程图继续推进，可获得其他决策时间点上的初始应急药品物资调度方案，进而计算出其他决策时间点上的应急总成本；再调用启发式搜索算法对结果进行改进

(各决策时间点上需要调整节线如表 6-4 所示)，从而得到各决策时间点上最终的应急药品物资调度方案和成本。

表 6-4　各决策周期内需调整的应急补给节线

决策周期	需调整的节线		决策周期	需调整的节线	
	调整前	调整后		调整前	调整后
$t=0$	$N_2 \rightarrow C_1$	$N_2 \rightarrow N_1 \rightarrow C_1$	$t=2$	$N_2 \rightarrow C_1$	$N_2 \rightarrow N_1 \rightarrow C_1$
	$N_2 \rightarrow C_4$	$N_2 \rightarrow N_1 \rightarrow C_4$		$N_2 \rightarrow C_4$	$N_2 \rightarrow N_1 \rightarrow C_4$
	$N_3 \rightarrow C_4$	$N_3 \rightarrow N_1 \rightarrow C_4$	$t=3$	$N_2 \rightarrow C_1$	$N_2 \rightarrow N_1 \rightarrow C_1$
	$N_3 \rightarrow C_6$	$N_3 \rightarrow N_1 \rightarrow C_6$		$N_2 \rightarrow C_4$	$N_2 \rightarrow N_1 \rightarrow C_4$
$t=1$	$N_2 \rightarrow C_1$	$N_2 \rightarrow N_1 \rightarrow C_1$			
	$N_2 \rightarrow C_4$	$N_2 \rightarrow N_1 \rightarrow C_4$	$t=4$、5、6、7、8、9、10 时应急补给节线无调整		

图 6-5 为调整前和调整后的两组应急总成本数据对比图。结合图 6-4 并对该图进行分析可获得两个结论：①随着第三阶段应急救援的持续开展，各应急需求点的药品需求逐渐减少，说明生物危险源扩散得到了有效的控制并趋于稳定；②通过对比调整前后的成本变化可知，采用我们提出的启发式搜索算法可以在一定程度上降低应急成本，而这正是应急优化所追求的目标之一。结合表 6-4 可知，从 $t=4$ 时开始应急补给节线无调整，这是由于应急救援的后期阶段各受灾点的生物危险源加速消亡，而此时各城市储备库的应急药品物资量已足够应对，使应急补给网络大为简化，无需再进行调整。

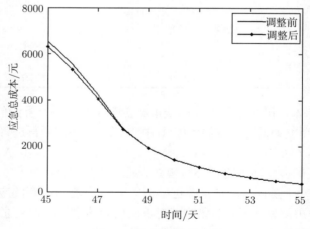

图 6-5　应急总成本变化

在生物反恐应急救援的后期阶段，另一个优化目标是较好地恢复当地城市储备库中的应急药品物资储备水平。图 6-6 给出了各城市储备库中的应急药品物资库存随时间的变化情况。从图中可以很明显地看出，随着应急救援的深入开展，各城市储备库的应急药品物资库存水平逐渐得到了恢复和提高。结合上述的分析可知，采用本书所提出的两层次应急物流网络集成动态优化模型，在有效控制应急救援成本的同时，还可以有效地提高各城市储备库的应急药品物资储备水平，从而在生物反恐体系中实现双赢的应急救援效果。

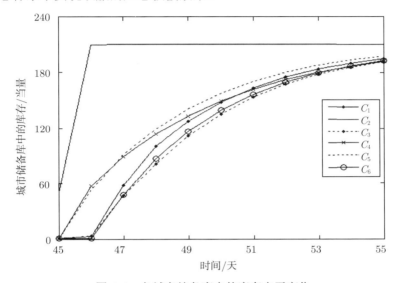

图 6-6　各城市储备库中的库存水平变化

从前面的分析可以看出，应急总成本的变化与应急药品物资需求的变化是一致的；而在应急药品物资时变需求预测公式中，η 是较为固定的，因此这一部分仅讨论另外两个参数 θ 和 Γ 的取值变化对应急救援结果的影响。

保持其他参数值同上述算例仿真中一致，对应急救援的实际有效率 θ 分别取值为 60%、70%、80%、90% 和 100%，以 $t=10$ 时的应急成本为例进行分析，参数 θ 取值的变化对应急成本的影响如图 6-7 所示。显然，参数 θ 取值越大，说明每个决策期的应急救援实际有效率越高，则后期的应急需求将越小，应急总成本也将越小。类似地，保持其他参数值不变，对每个染病者的治疗周期 Γ 分别取值为 9、12、15、18 和 21，同样以 $t=10$ 时的应急成本为例进行分析，参数 Γ 取值的变化对应急成本的影响如图 6-8 所示。从图 6-8 中也可以很明显地获得结论，即参数 Γ 取值越大，说明每个染病者的治疗周期越长，需要消耗的应急药品物资量越多，则后期的应急成本也越大。因此，在实际应急救援中，应尽可能采取有效的措施，提高染病者的治愈率，并缩短治疗周期。这对控制生物危险源的扩散、降低应急药品物资需求、减小应急救援成本具有积极的意义。

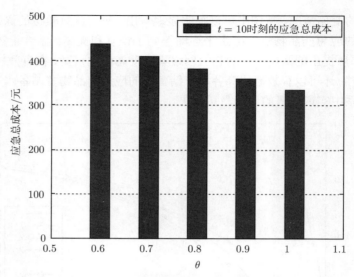

图 6-7　θ 变化对应急成本的影响 ($t=10$)

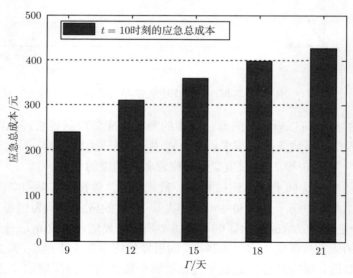

图 6-8　Γ 变化对应急成本的影响 ($t=10$)

6.3　三层次应急物流网络集成动态优化模型研究

本节在 6.2 节的基础上，将研究结果进一步推进，构建包含国家储备库、城市储备库、区域疾控中心以及应急定点医院等四要素的三层次应急物流网络集成动态优化模型。在该模型中，下层问题包括城市储备库对区域疾控中心进行应急药品物资调度、区域疾控中心对各应急定点医院进行应急药品物资调度两个子问题。

6.3.1　模型建立相关条件说明

在所建立的三层次应急物流网络中，各城市储备库也同时存在着时变需求与时变库存。因此本节沿用 6.2.1 节中城市储备库的时变需求和时变库存预测模型。为方便模型的计算，在此忽略各区域疾控中心的时变需求与时变库存。

类似地，将 6.2.2 节中模型建立的各项假设条件修正如下。

(1) 假设某地区发生生物恐怖袭击后，该地区能迅速被隔离，使得生物危险源只在该区域内部扩散，而区域之间不会相互影响。

(2) 假设国家储备库、城市储备库、区域疾控中心以及各应急定点医院的地理位置已知，在遭受突发生物恐怖袭击后，应急药品物资的补给和配送的最短路径能迅速被确定。

(3) 实际生物反恐体系中所涉及的应急药品物资可能包含疫苗、抗生素药、口罩、隔离服等不同种类的资源，为方便计算，假设其按一定比例组成单位资源量。

(4) 不考虑应急药品物资在国家储备库、城市储备库以及区域疾控中心的库存成本。

(5) 假设国家储备库容量足够大，且在每个决策周期内都能提供足够的应急药品物资。

6.3.2　三层应急物流网络集成动态优化模型及求解算法

1) 三层应急物流网络集成动态优化模型

模型中涉及的参数修正说明如下。nc_{ij}：国家储备库 i 对城市储备库 j 补给单位流量应急药品物资的成本；ce_{jk}：城市储备库 j 对区域疾控中心 k 配送单位流量应急药品物资的成本；eh_{kl}：区域疾控中心 k 对应急定点医院 l 配送单位流量应急药品物资的成本；ns_i：国家储备库 i 在每个决策期内所能提供的应急药品物资量；V_{cap}：城市储备库的容量；d_{lt}：应急定点医院 l 在第 t 个决策周期的应急药品物资需求量；d_{jt}^v：城市储备库 j 在第 t 个决策周期的应急药品物资需求量；P_{jt}：城市储备库 j 在第 t 个决策周期内对各应急定点医院所配送的应急药品物资量；V_{jt}：城市储备库 j 在第 t 个决策周期的应急药品物资库存水平；x_{ijt}：第 t 个决策周期内，从国家储备库 i 补给到城市储备库 j 的应急药品物资量；y_{jkt}：第 t 个决策周期内，从城市储备库 j 配送到区域疾控中心 k 的应急药品物资量；z_{klt}：第 t 个决策周期内，从区域疾控中心 k 到应急定点医院 l 的应急药品物资量；TC：三层次应急物流网络的总成本；N：三层次应急物流网络中的国家储备库节点集合；C：三层次应急物流网络中的城市储备库节点集合；E：三层次应急物流网络中的区域疾控中心节点集合；H：三层次应急物流网络中的应急定点医院节点集合；T：决策周期集合。

　　根据上述假设条件和符号说明，可建立生物反恐体系中三层次应急物流网络集成动态优化模型如下。

$$\min TC = \sum_{t \in T} \sum_{i \in N} \sum_{j \in C} x_{ijt} nc_{ij} + \sum_{t \in T} \sum_{j \in C} \sum_{k \in E} y_{jkt} ce_{jk} + \sum_{t \in T} \sum_{k \in E} \sum_{l \in H} z_{klt} eh_{kl} \tag{6-16}$$

$$\text{s.t.} \quad \sum_{j \in C} x_{ijt} \leqslant ns_i, \quad \forall i \in N, t \in T \tag{6-17}$$

$$\sum_{i \in N} x_{ijt} = d_{jt}^v, \quad \forall j \in C, t \in T \tag{6-18}$$

$$d_{jt}^v = V_{\text{cap}}, \quad \forall j \in C, t = 0 \tag{6-19}$$

$$d_{jt}^v = P_{jt-1}, \quad \forall j \in C, t = 1, 2, \cdots, T \tag{6-20}$$

$$P_{jt} = \sum_{k \in E} y_{jkt}, \quad \forall j \in C, t \in T \tag{6-21}$$

$$\sum_{k \in E} y_{jkt}, \leqslant V_{\text{cap}}, \quad \forall j \in C, t \in T \tag{6-22}$$

$$\sum_{j \in C} \sum_{k \in E} y_{jkt} = \sum_{k \in E} \sum_{l \in H} z_{klt}, \quad \forall t \in T \tag{6-23}$$

$$\sum_{k \in E} z_{klt} = d_{lt}, \quad \forall l \in H, t \in T \tag{6-24}$$

$$d_{lt} = aI_l(t), \quad \forall l \in H, t = 0 \tag{6-25}$$

$$d_{lt} = \prod_{i=0}^{t-1} (1 + \eta_{li})(1 - \frac{\theta}{\Gamma})^t d_{l0}, \quad \forall l \in H, t = 1, 2, \cdots, T \tag{6-26}$$

$$\prod_{i=0}^{t-1} (1 + \eta_{li}) = (1 + \eta_{l0})(1 + \eta_{l1}) \cdots (1 + \eta_{lt-1}), \quad \forall l \in H, t = 1, 2, \cdots, T \tag{6-27}$$

$$x_{ijt} \geqslant 0, \quad \forall i \in N, j \in C, t \in T \tag{6-28}$$

$$y_{jkt} \geqslant 0, \quad \forall j \in C, k \in E, t \in T \tag{6-29}$$

$$z_{klt} \geqslant 0, \quad \forall k \in E, l \in H, t \in T \tag{6-30}$$

在上述三层应急物流网络集成动态优化模型中, 式 (6-16) 为模型目标函数, 追求总的应急成本最小化; 约束条件式 (6-17) 和式 (6-18) 为上层问题中的应急药品物资流量守恒约束条件; 约束条件式 (6-19)∼ 式 (6-21) 为上层问题中的应急药品物资时变需求约束; 约束条件式 (6-22)∼ 式 (6-24) 为下层问题中的应急药品物资流量守恒约束条件; 约束条件式 (6-25)∼ 式 (6-27) 为下层问题中的应急药品物资时变需求约束条件; 约束条件式 (6-28)∼ 式 (6-30) 为变量约束条件。

2) 模型求解算法

上述构建的三层次应急物流网络集成动态优化模型具体到每个决策周期, 所研究的上层问题实质为应急药品物资混合协同配送问题, 所研究的下层问题为根据生物危险源扩散而动态变化的转运问题。

类似地, 通过调用 MATLAB 中的 "DDE23" 工具, 并结合 5.2.2 节中介绍的时变需求预测公式, 可获得各应急需求点在各决策周期的应急药品物资需求量。据此, 综合 5.2.4 节以及 6.2.2 节中的模型求解算法, 给出三层次应急物流网络集成动态优化模型的求解算法流程如图 6-9 所示。其中, 算法流程图中的 "调整上层优化结果" 为调用 6.2.2 节中的混合协同模式进行上层问题初始求解结果的改进, "利用遗传算法求解下层转运规划模型" 为调用 5.2.4 节中所设计的遗传算法求解下层转运规划问题。

6.3.3 算例分析

为验证上述模型在实际运作中的有效性, 本节在 6.2.3 节的基础上以一个简单的算例进行说明。同样地, 该算例也着重对控制应急救援总成本和恢复各城市储备库中的应急药品物资储备水平两个目标进行分析。假设在某区域发生生物恐怖袭击事件, 该区域周边范围内共有 8 个应急定点医院、6 个区域疾控中心、4 个城市储备库以及 3 个国家储备库。给定各应急需求点的 SEIR 传染病扩散模型基本参数设置如表 6-1 所示, 则可以得到与图 6-3 一致的生物危险源扩散情况。同样取生物危险源扩散的第 45 天 ($t=0$) 到第 55 天 ($t=10$) 为测试对象, 假设每个决策期时间为 1 天, 这样三层次应急物流网络集成动态优化模型中的节线规模为 138 240。由于参数取值相同, 在考虑了前期调度的应急药品物资会对后期的应急药品物资需求产生影响的条件下, 必然可以得到如图 6-4 所示的应急需求点需求变化情况。给定单位流量的应急药品物资在各层次应急救援机构间的流动成本如表 6-5 所示 (假设选取国家储备库 1 为 HUB 节点); 给定 3 个国家储备库在每个决策期所能提供的应急药品物资量分别为 420、430 和 450, 各城市储备库的最大库存量统一为 320。其他参数取值与 5.2.5 节中的参数取值相同。以 $t=0$ 时上层问题初始资源调度为例, 调用所设计的算法流程求解 $t=0$ 时的集成优化模型, 得到该时刻的应急药品物资调度初始方案如表 6-6(调整前, 总成本为 4090) 所示。通过调用 6.2.2 节

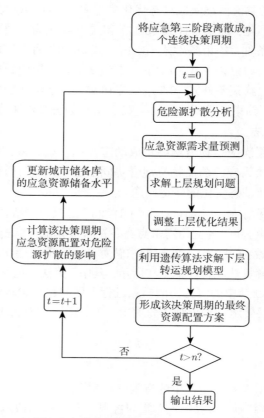

图 6-9　三层次应急物流网络集成动态优化模型算法流程图

中的混合协同模式对上层问题初始求解结果进行改进后，得到应急药品物资调度方案如表 6-6(调整后，总成本为 3650) 所示。

由表 6-6 可以看出，在 $t=0$ 时的上层问题初始补给方案调整后，原本由国家储备库 2 和 3 向城市储备库 1 进行补给的节线 (N_2, C_1) 和 (N_3, C_1)，皆调整为通过国家储备库 1 中转后再进行应急药品物资补给，即 $N_2 \to N_1 \to C_1$、$N_3 \to N_1 \to C_1$，调整后上层问题的总成本节约 10.75%。同理，按照上述思路对其他决策周期的上层问题调度结果进行调整，结果如表 6-7 所示。调整前后的上层问题成本变化以及总成本变化如图 6-10 所示。

结合表 6-7 和图 6-10 可得出类似于 6.2.3 节中的结论，即随着第三阶段应急救援的持续开展，各应急需求点的药品需求将逐渐减少，应急总成本将逐渐减低；在经过对上层问题的初始优化结果进行调整后，该层问题的应急救援成本得到了一定程度的降低，从而证明了上述问题求解方法的有效性。

类似地，图 6-11 给出了各城市储备库中的应急药品物资库存水平变化情况。

从图 6-11 也可以得到与前文一致的结论,即随着应急救援的逐渐开展,各城市储备库的应急药品物资库存水平将逐渐得到恢复和提高。再次证明了采用本章设计的多层次应急物流网络集成动态优化模型可以实现生物反恐应急救援的双赢目标。

表 6-5　单位应急药品物资从各供应点到达各需求点的流动成本 (单位: 元)

供应点	N_1	C_1	C_2	C_3	C_4		
N_1	—	2	2	1	3		
N_2	3	7	2	10	9		
N_3	4	8	9	2	10		
供应点	E_1	E_2	E_3	E_4	E_5	E_6	
C_1	1	3	4	2	5	5	
C_2	2	1	2	3	5	4	
C_3	2	3	5	4	1	3	
C_4	4	4	1	2	3	2	
供应点	H_1	H_2	H_3	H_4	H_5	H_6	H_7	H_8
E_1	6	2	6	7	4	2	5	9
E_2	4	9	5	3	8	5	8	2
E_3	5	2	1	9	7	4	3	3
E_4	7	6	7	3	9	2	7	1
E_5	2	3	9	5	7	2	6	5
E_6	5	5	2	2	8	1	4	3

表 6-6　$t = 0$ 时应急药品物资调度方案　　　　　　(单位: 当量)

流量	供应点	C_1	C_2	C_3	C_4	
调整前	N_1	100	0	0	320	
	N_2	110	320	0	0	
	N_3	110	0	320	0	
流量	供应点	N_1	C_1	C_2	C_3	C_4
调整后	N_1	—	320	0	0	320
	N_2	110	0	320	0	0
	N_3	110	0	0	320	0

表 6-7　各决策周期内需调整的应急补给节线

决策周期	需调整的节线		决策周期	需调整的节线	
	调整前	调整后		调整前	调整后
$t = 0$	$N_2 \to C_1$	$N_2 \to N_1 \to C_1$	$t = 2$	$N_2 \to C_1$	$N_2 \to N_1 \to C_1$
	$N_3 \to C_1$	$N_3 \to N_1 \to C_1$	$t = 3$	$N_2 \to C_1$	$N_2 \to N_1 \to C_1$
$t = 1$	$N_2 \to C_1$	$N_2 \to N_1 \to C_1$	$t = 4$、5、6、7、8、9、10 时应急补给节线无调整		
	$N_3 \to C_1$	$N_3 \to N_1 \to C_1$			

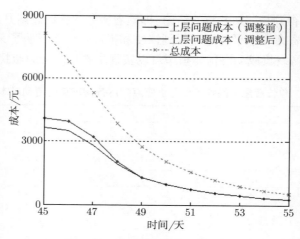

图 6-10　各决策周期的成本比较

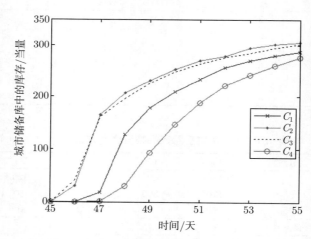

图 6-11　各城市储备库中的库存水平变化

　　总体而言，本章是在前 5 章内容的基础上，进一步考虑将生物反恐体系中的应急药品物资储备问题与应急药品物资混合协同配送问题进行集成研究，构建国家、城市、区域以及需求点间的多层次应急物流网络集成动态优化模型，并设计有效的求解算法，实现在尽可能提高应急救援时效性的同时，充分优化各层级的应急储备库的资源储备水平。

参 考 文 献

[1]　Liu M, Zhao L. Optimization of the emergency materials distribution network with time windows in anti-bioterrorism system[J]. International Journal of Innovative Computing,

Information and Control, 2009, 5(11): 3615-3624.

[2] 赵林度, 孙立. 生物反恐体系中应急救援系统协同模式研究[J]. 系统工程理论与实践, 2008, 28 (增): 148-156.

[3] 刘明, 赵林度. 应急物资混合协同配送模式研究[J]. 控制与决策, 2011, 26(1): 96-100.

[4] Liu M, Zhao L, Sebastian H J. Mixed-collaborative distribution mode of the emergency resources in anti-bioterrorism system[J]. International Journal of Mathematics in Operational Research, 2011, 3(2): 148-169.

[5] Liu M, Zhao L. Analysis for epidemic diffusion and emergency demand in an anti-bioterrorism system[J]. International Journal of Mathematical Modelling and Numerical Optimisation, 2011, 2(1): 51-68.

[6] Liu M,Zhao L. An integrated and dynamic optimization model for the multi-level emergency logistics network in anti-bioterrorism system[J]. International Journal of Systems Science, 2012, 43(8): 1464-1478.

第三部分

药房托管环境下的常规药品物资调度优化理论与方法

第7章 药房托管基本概念

近年来，国内医疗行业内关于医药分开的呼声一直很高。2011 年公立医院改革试点工作安排就明确了"推进医药分开，增设药事服务费"的主题。传统的医院药房管理每年都需要抽出大量资金用于采购药品，这样大大占用了医院的流动资金，同时医院还承担着药品过期损失的风险。因此，物流管理成本已成为第三方医药商业公司切入医院终端的最好入口，药房托管应运而生。这种模式的本质是在药房所有权归医院不变的前提下，把药品的招标、采购、配送、储存等药品物流事务都交由专业药事服务商负责，通过商业企业的集成化供应链服务，使药师从繁杂的药事管理中脱离出来，极大地提高了医院药房管理效率，降低了医院用药成本。基于此，本章将对该模式的提出背景、发展历程、当前的主流模式以及药房托管的优势和存在的问题等基本概念进行阐述。

7.1 药房托管的提出背景

长期以来，中国居民"看病难、看病贵"的问题十分突出，虽然这一现象的成因错综复杂，但其中药品购销和医疗服务的不规范是主要原因[1]。传统以药养医的体制使得医院必须通过在医药公司药品进货价格上进行加成来补充收入，用于自身运营与发展，因此很多人认为药品根本没有降价空间。事实确实如此吗？通过调研得知，药品贵并非药品的实际成本高或是药品没有降价的空间，而是药品销售和流通渠道导致的，药品销售的暴利导致的。部分医院和医生甚至通过开"大处方"、收受回扣等不正当手段获取利益[2]。这一现象在医院快速蔓延并发展，久而久之形成了另外一种"以药养医"或"以药补医"的畸形补偿机制，更被认为是造成"看病难、看病贵"的关键因素，也是困扰我国医药卫生改革的难题。

综观世界各国的经验，实行医药分离是构建合理的医药流通体制的关键[1]。医药分开一直是我国当前所有医院所面临的一项改革难题，1997 年《中共中央、国务院关于卫生改革与发展的决定》文件中最早提出，医药要"实行分开核算、分别管理"[3]。2000 年 2 月，国务院颁布的《关于城镇医药卫生体制改革的指导意见》中明确提出，"解决当前存在的以药养医问题，必须切断医疗机构和药品营销之间的直接经济利益联系。要在逐步规范财政补助方式和调整医疗服务价格的基础上，把医院的门诊药房改为药品零售企业，独立核算、照章纳税"[4]。

然而，在医院补偿机制存在缺陷的情况下，医药分开很难推广。同时，医药分开必然涉及产权改革，而产权改革又是最难操作的，医院缺乏参与医药分开改革的积极性[5]。其难点就在于原来医院的产权模糊，虽说是国家所有，但是所有者缺位，医院的控制权由多个主管部门共同拥有，即有多个利益主体向医院索取"剩余"。若是强行进行产权改革必将牵动各方利益，阻力比较大，也许还会产生很大动荡，一旦医院短期内资金紧张，就可能导致医疗项目中断，工作人员情绪不稳，进而影响患者的生命健康。因此，医药分开的改革进退两难[6]。在企业界，当产权改革陷入困境时，企业托管经营就应运而生。类似地，在医疗领域，当医药分开处于进退两难之时，医院药房托管的呼声也日益高涨。

此外，补偿不足一直是困扰中国医院发展的难题。在城镇职工医疗保险制度改革之后，由于医疗费报销限制更加严格，医院的收入受到影响。实行的药品集中招标采购使本来较长的药品流通链又增加了一节，招标公司按药品成交价的 4 ‰加收管理费，且招标过程中没有充分体现医疗机构的主体地位，集中招标由于操作不规范、监督措施不力并没有起到降低药品采购价、规范购销行为和净化医药市场的作用，反而使得医院需要面对更多的代理商或药厂[6]。药品顺加作价，医院药品收支两条线管理等，使医院收入进一步减少。也有一些医院采用网上询价的做法，但实际中异地商业公司配送成本较高，在中标后难以提供配送服务。政府实行药品集中招标采购、医药分开核算、超支上缴等政策，使医院收入进一步减少，一些医院的发展举步维艰。为了降低药房运营管理成本、增加收入，医院必须另辟蹊径。医院药房托管作为实现医药分离过程中的一种探索性和过渡性模式被大家关注[7]。

最后，医院药房仍是中国药品零售的主要渠道，通过医院药房销售的药品零售额占全国药品零售额总量的 80% 左右[8]，而社会药店的销售额只占 20% 左右。在这种格局下，药品零售企业进一步发展的空间受到了很大制约。同样，药品批发企业也面临着拓展生存空间的问题。目前，我国的药品批发企业有 1.2 万多家，超出了市场需求，竞争呈现白热化。更有人预测说，中国的药品批发企业将在不久的将来退出历史舞台[9]。因此，药品批发商和零售商都把眼光投向了医院的药房，希望把托管的方式渗透到医院药房，并从中找到新的利润发展空间。

2002 年，中央九部委联合下发的《关于完善"三项改革"试点工作的指导意见》提出，"允许探索以门诊药房与医院脱离为原则的其他改革形式"，鼓励了药房托管这一改革形式的探索。医院将药房托付给企业管理，不仅可以使药房的管理水平得到极大提高，同时也对医院其他方面的改革有很好的促进作用。

2009 年 3 月，国务院印发《关于深化医药卫生体制改革的意见》，提出要通过多种方式逐步改革或取消药品加成政策[10]。目前，各地均在探索取消公立医院药品加成政策及多种补偿方式。随着取消药品加成改革的全面开展，药房从盈利部门变为成本部门。为减少医院支出，湖北、河南等地开始探索医院药房托管改革。2001 年 6 月，由柳州市中医院与三九医药股份有限公司合作试行中国首次药房托管[11]。这在当时被视为是医院实行医药分开的一种模式和大胆的尝试。此后，国内又先后有广西玉林市中医院、湖北襄樊市中医医院、青海红十字医院、广州市脑科医院、上海市公惠医院、唐山市中医医院、四川省南江县人民医院以及四川省绵阳的 5 家医院等尝试药房托管的改革模式。2006 年，南京市近 200 家医院和卫生医疗机构实行了药房托管制度，以解决当时普遍存在的药价虚高、医师吃回扣等问题[12]。

结合卫生改革的方向和现有的国情，中国的很多医院和地区走出了一条既不同于传统医院药房的运营模式，也不同于彻底的医药分离模式的"中间道路"，即"医院药房实行企业化托管经营"，简称"药房托管"。药房托管是指医疗机构将本单位药学部门负责的药事管理工作中的药品采购、供应及贮存管理工作，以签订契约的方式，委托给获得 GSP 认证资质且具有专业化管理水平的医药经营企业或有关机构，采用市场化运作的方法，药房经营收益实行按比例分配的一种药品购销管理改革模式[13]。药房托管的核心是通过协议将医院药房的所有权和经营权分离，所有权归医院，经营权和管理权交给药品管理公司托管。此外，医院药房的产权、药剂科的职能和药房人员的身份职务等不变。社会药房经营企业只获得药房药库的有偿租赁权，并且要承担药房和药库全部工作人员的工资、福利等费用。受托管的社会药房在保障供应医院所需的常规药品、临床用药、急诊药品、诊断试剂的条件下，通过企业高效的管理方式、低成本的运营体系，独立核算、自负盈亏，把获得的药品盈利收入按照双方约定的比例支付给医疗机构后获得最终的收益。药房托管模式在保证正常药品利润同时，使得药品经营企业和医生之间存在利益追求的冲突，也在一定程度上制约医生的失范行为。

药房托管作为医药分开的过渡模式，既可以巧妙地避开产权问题，在一定程度上实现医药分开；又可以解决医院补偿不足的问题，医院药房托管将打破医药分开进展不顺的僵局，使医药分开的改革实现"软着陆"。托管企业不但要给医院上缴利润，同时由于托管企业承担了药房、药库的库存资金，对于医院来讲，相当于实现了医院药品的"零库存"，降低了医院的成本。这种改革模式，可以说是一种医药之间的利益在药品流通领域让出一部分利益给医院[14]。目前这一模式发展较快，已经被许多地区和医院采用。药房托管在现行医疗卫生体制和医药购销机制下，作为一种遏制商业贿赂、缓解群众看病贵问题的探索和实现医药分开的尝试，必然涉及医院、医药企业、医药代表和患者等多种相关利益群体的切身利益。

7.2 药房托管的发展历程

药房托管的发展大致经历了以下几个阶段。

1) 萌芽阶段 (2001~2003 年)

2000 年 2 月 21 日，中华人民共和国国家经济体制改革委员会等部门出台《关于城镇医药卫生体制改革指导意见的通知》(国办发〔2000〕16 号)，通知第七条中明确提到：实行医药分开核算、分别管理 …… 把医院的门诊药房改为药品零售企业，独立核算、照章纳税。文件出台后，2001 年 6 月，三九医药股份有限公司和柳州市中医院合作，首次尝试药房托管，在当时被认为是实行医药分开的一种模式和大胆的尝试[15]，开启了国内药房托管的先河。至 2003 年年底，柳州、扬州等地的 7 家医院药房相继被托管，同时广州、沈阳、大连等地 10 余家医院也与三九医药股份有限公司签署了药房托管合作意向书[16]。这个阶段，药房托管的主要目的是缩短流通环节，缓解医院备药的资金压力[17]，主要做法是分离药房所有权、经营权与管理权，药房所有权、人事归属权仍在医院，药房经营权、管理权、员工考核及薪金发放等由企业负责[16]。但是，由于三九医药股份有限公司自身资金链出现问题，再加上医院管理体制与人事分配体制改革滞后[18]，这个先行试点在几年后以医院相继收回药房而告终。

2) 探索阶段 (2003~2005 年)

2002 年，中华人民共和国国家发展计划委员会等九部门联合印发了《关于完善 "三项改革" 试点工作的指导意见》，文件中提到："允许探索以门诊药房与医院脱离为原则的其他改革形式。" 在这一阶段，四川、湖北、云南、河南等地继续探索开展药房托管，主要做法包括：医院将药房承包给企业、企业与医院合作将药房变为社会化的药店、医院引进社会化药店与自身药房共存，以及政府主导下的社区医疗单位药房并成立社会化连锁药店，但并未形成全国可复制、可推广的模式。

3) 复苏阶段 (2005~2009 年)

2006 年发布的《中共中央关于构建社会主义和谐社会若干重大问题的决定》中指出：要 "理顺医药卫生行政管理体制，推行政事分开、管办分开、医药分开、营利性与非营利性分开"。2006 年，南京市政府专门成立了由市委副书记领导的药房托管协调小组[19]，对所有二级及二级以下医疗机构全面推行药房托管，掀起了第二轮药房托管的高潮[20]。主要做法是：医院拥有药房所有权，受托方拥有药房经营权、管理权，医院药房产权、药剂科的职能和药房人员的身份不变，但由于南京市 "药房托管" 是政府主导的改革，医院和医生并没有内在的动力去推动这项改革，外加企业连年亏损，南京市 "药房托管" 也没有推行下去。

4) 发展阶段 (2009 年至今)

2009 年 3 月 17 日，国务院发布的《中共中央国务院关于深化医药卫生体制改革的意见》中明确指出，"推进医药分开，积极探索多种有效方式逐步改革以药补医机制"。通过实行药品购销差别加价、设立药事服务费等多种方式逐步改革或取消药品加成政策，同时适当调整医疗服务价格、增加政府投入、改革支付方式等措施，完善公立医院补偿机制。公立医院改革的逐步深入，使得医院有动力将药房托管出去。2014 年 1~2 月，康美药业股份有限公司取得了 81 家医院药房的托管权，涉及省份包括广东、吉林和辽宁[21]，标志着第三轮药房托管浪潮开始。2014 年 11 月，湖北省卫生和计划生育委员会联合工商局、物价局、食药监局等部门，印发了《关于加强全省公立医院药房托管工作管理的指导意见 (试行)》，成为首个针对药房托管印发指导意见的省份，其中，明确了药房托管通常是指医疗机构通过契约形式，在药房的所有权不发生变化的情况下，将其药房交由具有较强经营管理能力，并能够承担相应风险的医药企业进行有偿的经营和管理，明晰医院药房所有者、经营者之间的权利义务关系，保证医院药房财产保值并创造一定的社会效益和经济效益的一种经营活动[22]。

近年来，在基本药物制度初步建成、医疗卫生机构全面实行基本药物零差率销售、政府保障医疗机构医技功能建设等条件基本到位的基础上，药房托管迎来新的发展契机。从 2013 年开始，药企托管医院药房有明显加速的迹象。目前，已有南京医药股份有限公司、上海医药集团股份有限公司、广州白云山制药股份有限公司、嘉事堂药业股份有限公司、九州通医药集团股份有限公司等多家医药企业涉足药房托管业务。康美药业股份有限公司更是自 2014 年 1 月 31 日起两个月内托管了81 家医院的药房，药房托管已经进入自觉扩张与发展的新一轮回潮期。相比于之前在托管主体的差异、托管权限的分配、托管具体的操作方式等因素上的尝试，新一轮的药房托管更关注重塑医药供应链生态系统，信息管理、供应管理及运营管理也避开核心矛盾，发展新方向。

药房托管在探索过程中，形成了多种经营管理模式。就目前来看，按照医院和托管公司的数量来分，药房托管模式主要有完全托管、部分托管和合作托管三种形式：① 完全托管模式常见于基层医疗机构，基层医疗机构将医疗器械与药品的采购权、经营权、管理权完全委托给一家医药企业；② 部分托管模式是指医疗机构把药品和医疗器械的部分采购权、经营权交给委托的医药公司，而对于大型医疗器械、特殊药品的购置仍由医疗机构进行统一招标；③合作托管模式多见于大型医疗机构，由大型医疗机构与医药企业合作成立专门的托管机构，是对医疗资源的一种整合形式，托管机构主要负责药品的供应、采购及药房的经营管理。按照经营权和管理权的分离程度来分，可以形成很多不同模式，例如：柳州药房托管将经营权、管理权交给受托企业；南京药房托管将药品采购、供应、储存、药学服务、药房管理交给受托企业。

在药品零加成等医改政策挤压下，医院主动希望将药房外包，以保证收益。政府、医院以及医药企业均积极合作探索，在多地开展了多样的试点。但总体看来，其发展历程几经起伏，多数试点均以失败告终。从某种意义上看，中国药房托管实质上都是药房产权和采购权的分家，是采购权、使用权和审批权的分离，所以这些模式只是在"医药分家"的道路上进行的探索性尝试,而非根本性的改变。

7.3   主流的几种药房托管模式

7.3.1   医药企业"向前一体化"模式——柳州模式

医院药房托管始于 2001 年深圳三九医药股份有限公司对柳州市中医院等 7 家医院药房尝试药房托管,这一事件开辟了中国药房托管的先河,初步形成了三九"柳州模式"[23]。按照双方签订的协议,药房的所有权仍归医院所有,药房行政和专业技术人员人事关系仍保留在医院。三九医药股份有限公司负责医院药房的经营、管理、员工的考核、药事人员薪金发放,独立核算,自负盈亏,同时企业按照托管协议将药房经营利润按比例返还医院,形成了企业与医院进行分成的格局。

当时三九医药股份有限公司采取这一措施的主要目的是扩大公司自产药品的销售额,希望借此契机将其产品推广到全国的中医医院,其实施背景包括以下几个方面:首先,三九医药股份有限公司本身具备中药制药背景,三九胃泰等中药产品在国内的知名度非常高;其次,当时中医医院的利润普遍不如西医医院,中医药的利润率也不如西药,而医院自己管理药房的成本却同样高,中医医院有这个需求。三九医药股份有限公司利用自身管理和市场优势,降低了医院药房的运营成本,充分发挥了药房工作人员的工作积极性和服务质量,在一定范围内降低了药价,托管试点取得了积极的效果,但是医院管理体制与人事分配体制改革滞后影响了药房托管的发展。此外,由于三九医药股份有限公司自身资金链问题,三九"柳州模式"的药房托管最终未能在全国推行。

7.3.2   市场主导——苏州模式

2004 年 3 月,苏州市车坊、光福等四家卫生院开始试点托管,后来药房托管规模逐步扩展到苏州五县一市。"苏州模式"是针对中小医疗机构而形成的探索模式,实施形式上归属药房托管的模式,但不完全相同[24]。这些医院出于自身利益需要,在卫生局招标办的监督下招标或通过竞争性谈判选择托管公司,各医药公司为了争夺市场,最终均以很高的利润承诺及相关附加条件中标。但在实际操作中遇到相当大的压力,最后通过与医院的协商,在主管部门的认可下签署了补充协议,托管公司调整了药品结构的权限,增加了药品采购权,从而有效地压制了药品的虚高利润及临床回扣。在"苏州模式"中,医疗机构保留了药房和药库的所有权和部分经营权,把经营权中的供应权和采购权移交给药品商业企业。"苏州模式"确立了政府的主导地位,引入了市场化托管模式,公平、公开竞争,出台了药房托管用药基本目录,约束了医院和医师用药行为。

"苏州模式"的运行成效有:医疗机构是"苏州模式"药房托管的最大受益者;

托管减少医疗机构采购和供应的繁琐事务，降低运营成本；"苏州模式"利于市场化竞争。"苏州模式"潜在的问题有：临床用药供需矛盾；药品让利幅度小，药价降低不多；医疗机构与受托药品商业企业存在利益链条。

7.3.3 政府主导的集中药房托管——南京模式

该模式在地方政府的要求下开展实施，南京市 2005 年就开始了"药房托管"的改革历程：2005 年 4 月，栖霞区、雨花台区的包括中医院在内的 4 家医院开始试点药房托管。在此基础上，2006 年上半年在全市 13 个区近 200 家一级和二级医疗机构全面推广药房托管，进而向三级医院逐步推开。"南京模式"采用完全托管的模式，进一步确立了"两权分离"，即所有权与经营权分离，但医院药房的产权、药剂科的职能和药房人员的身份不变，托管公司实行独立核算、自负盈亏。南京市的药房托管可以说是国内规模最大，也是最具争议的一次药房托管模式改革[25]。

南京市的药房托管模式并不同于一般的药房托管模式。"南京模式"是一种现行的改革模式，而非过渡模式。"南京模式"在某种意义上已经超出医药分开的过渡模式，是一种试行的商业经营改革模式[26]。南京市的药房托管可以说是南京市政府大力推行"医药分开"的全新尝试，其新在于"南京模式"是基于集成化供应链的、具有药学服务思想的药房托管。该模式是从调整产业组织方式和构造有效的微观机制着手对医疗卫生体制改革进行的有益尝试，具体表现为：在政府的指导下，利用市场化的契机，在制药企业和医院部门间引入医药流通公司。将公立医疗机构的药品经营、药房管理、药学服务委托给具备相关资质的医药商业企业经营管理。同时，"南京模式"为了预防新的腐败行为的产生，还将基本医药目录的药品数量进行了控制，使用通用名编制目录，制定了《药房托管临床用药目录大全》，从而降低了"处方权寻租"的发生率。为了给药房托管创造一个阳光透明的环境，"南京模式"还设计出了特有的基于"电子平台"的阳光操作系统[27]，该模式通过操作系统及过程"全透明化"等措施暴露医药流通的全过程，减少了医药腐败滋生的环境。

"南京模式"取得的主要成效有：药品支出下降，患者获利；医院管理增强，效益提高；打破原有医药经济链条，重构规范流通市场[28]。"南京模式"也有一些潜在的问题，如受托药品商业企业易形成垄断、受托药品商业企业与医疗机构间的利益链条仍然存在等。

总体而言，"柳州模式""苏州模式"和"南京模式"三种药房托管模式是中国试行医药分开，推行药房托管的典型，在一定的区域和阶段内，三种模式都取得了一定的运行成效，但也同样暴露出了药房托管模式的局限性。

7.4　药房托管的特点优势及存在问题分析

7.4.1　药房托管的特点

药房托管的目的是探索医药分开的道路，减少药品流通环节，优化用药结构，遏制商业贿赂，降低医院管理成本，通过引进企业的管理模式和服务理念，提高药房管理效率和服务水平，在一定程度上规避医院的药品经营风险。该模式通过托管，兼顾了患者与医院、医药经营企业三方的利益，在药品连续降价的宏观环境中，保持了与本地同级医院相近的用药结构、较优的药品质量和稍低的价格。一般而言，它具有以下特点：

(1) 药房的所有权与药品采购管理权相分离，医院保留所有权，企业则取得药品采购管理权[11]。药房的法人、产权保持不变，药房还是医院的一部分，医院只是将使用权和经营权转移到托管公司，药房的房屋、设施租给托管公司使用，托管公司全面负责医院门诊药房，药库的管理工作，保质保量地提供所需全部药品[29]。

(2) 在人员问题上，托管企业接收药房原有的全部工作人员并视情况自主增聘员工，所有人员的薪资与岗位调配也由企业负责，但医院与药房的行政体制关系不变[30]，药房原有的工作人员仍为医院职工，托管公司对其没有任免权，但其工资福利由托管理公司负责。

(3) 在利润分配上，为保证医院的药品收入不受影响，托管公司必须按约定的比例向医院上缴利润，医院从药品经营中获得的利润水平基本与原来的相一致，剩下的利润则归托管公司所有[31]。在保证正常药品利润的同时，使得药品经营企业和医生之间存在利益追求的冲突，在一定程度上制约了医生的失范行为。

(4) 医院和企业双方组成药事管理委员会，托管药房须接受药事管理委员会的监管和指导。

7.4.2　药房托管的优势

由于药房托管模式引入了医药批发企业的参与和管理，减少了药品的流通环节，从而为降低药品价格和医院管理成本提供了一个可行空间，是对医院、医药企业、患者的互惠互利之举。

1) 医院在药房托管中获得的利益

现阶段，中国医院的收入主要来源于政府的财政补助、医疗服务收入和药品差价收入三个方面，其中药品收入占了很大比例。在补偿机制不完全到位的情况下，如果实行医药分开，必将影响医院的利益，医院将很难维持经营。目前，在短时间内不可能强行实施医药分家，而药房托管则可以起到摸索经验，促进下一步全面改革的作用。医院在药房托管中获得的利益如下。

(1) 有利于提升医院竞争力。医院作为药房托管的委托方，同时又是医疗、药学服务的提供方，医院在药房托管后的责任主要包括：及时反馈药品的使用情况等产品信息，加强对托管方药品采购、贮存、调配等的监督。托管后，医院避免了药品采购、保管等业务的资源占用，药房托管企业有多年的运营管理经验和采购网络，并有专业的医药采购人员，因此能够在药品采购中实现差价的最大化，并按合同规定的比例将收入上缴给医院，医院在利润上是有保证的。脱离了药剂科人员的薪酬负担，减少医院人员雇佣和资源占有，降低了经营成本[32]，医院不必储备药品，既减轻了医院的资金周转压力，又杜绝了药品浪费。医院负责人能从具体的药品管理事务中解脱出来，将更多的精力用于提高医疗服务水平和内部管理。总之，药房托管可以使医院减少药房经营的负担和费用[33]，可以改进服务方式和提高医院服务水平，增强医院竞争实力，符合其利益要求。

(2) 有利于药房及其员工的发展。药房作为托管主体，是药品、药学服务的载体，托管后的医院药房所有权不变，员工的身份不变，但药剂科的职能发生了根本性转变。托管前，医院药剂科耗费大量精力在药品采购、入库、发送等"非典型性"职能上；而托管后药剂科可以集中精力，加强临床药学工作的开展、指导和监督医生合理用药、进行药物不良反应的监测与报告、解答患者用药咨询等工作，把医院药学工作主要的功能发挥出来[34]。药剂人员只有把精力放在本职工作上，通过工作来实现自己的价值，才能得到医院和托管企业的双重认可，才能更安心于临床用药和咨询服务。

药房托管后，医院药房引进了企业的现代化管理机制，引进了新的经营理念和管理制度，提高了工作效率。医院和受托企业的双重监督和管理，增强了药剂人员的工作责任心，更新了其思想观念，端正了其工作态度，提高了其服务质量[35]。在药房托管模式下，医院药学服务水平直接影响了托管企业的经济效益。从医药商品学角度来看，托管方在药品供货方的选择，药品运输、验收、储存、养护等管理环节上，更加专业和精细[36]。因此，托管企业也应帮助医院提升药学服务水平，与医院密切合作，充分发挥企业在管理与医院在技术方面的优势，既提高了医疗服务质量，也提升了托管企业的品牌形象。托管方长期专业化地经营药品，对所经营药品的品性、技术细节和发展趋势有深刻的认识，能及时为医院提供最新的医药信息和科技成果，帮助医院药剂科提高整体工作水平，使药房管理更加专业化、细分化，医院药剂科的药学服务功能不仅重新回归，而且降低了管理成本，管理效率也得到了提高。

(3) 有利于规范医生合理用药。医务人员收受药品回扣的现象令广大群众深恶痛绝，其存在原因是药品的售出要依据医生处方。药房托管后，通过公开遴选只确定一家医药经营企业，其按约定支付医院一定比例的分成，客观上流通环节中的利润空间已经被挤压。切断医药代表与医生之间的利益链，有效遏制了收受药品回扣等不良之风[37]。药房托管模式在切断医生与药品回扣关联的同时，也使医生放下心理负担和舆论压力，可以放心地使用药品，切实从药品的有效性、安全性、经济性、适当性出发去选择药品，起到医疗保障作用。

由于相关药学组织以及卫生行政部门的监管，医药企业配送的药品价格合理又有质量保证，此举一定程度上解决了药价虚高，真正实现让利患者，减少了处方外流现象。

2) 医药企业得到的利益

托管方是接收药房的经营单位，承担被托管药房人员的工资福利、办公费用以及对新设施设备的投入，负责全部药品的采购、配送和日常管理。在医院药房作为中国药品零售主要渠道的格局下，药品零售企业进一步发展的空间受到很大制约，药品批发企业也面临着拓展生存空间的问题，因此，药品批发商和零售商都把眼光投向了医院的药房，希望通过托管的方式渗透到医院药房，从中找到新的利润空间。托管后药品经营企业能够获得较大的市场份额，通过规模经营，增加了向其上游挤压利益空间的筹码，能够得到应有的利润[38]。在托管的模式下，医院负责药品通用目录的制定和审批，受托企业负责药品的采购。医生负责药品的使用，实现药品的审判权、采购权和使用权的分离，形成了互相监督、互相制约的机制。医药企业为了获得更多的利润，必须依靠自己对市场的信息的掌握，去采购性价比更高的药品，这使医药公司之间的竞争回归到比市场、比服务、比价格的正常轨道上来。

药房托管企业接受托管后，要在保证医院的药品收入稳定的同时来分享门诊药房药品利润这块蛋糕，但只能谋求较低的利润率。因此，改变经营者的逐利行为，真正让利于民，是考察药房托管方的主要因素。药房托管后企业的科学管理模式引入医院，托管方可以凭借专业的药品经营管理、缩短流通渠道、集中配送药品等措施来降低成本，通过渠道的畅通、销量的增加来获取利润，可以凭借贯彻执行GSP 和先进的物流设施来保证药品质量，发挥信息纽带作用，向医院推荐最新科技产品，并与医院共同培训医师、药师，组织学术交流，以保证药品的合理使用。

3) 患者得到的实惠

药房托管在一定程度上缓解了"看病贵"问题。旧的药品流通环节包括制药企业、总经销商、地区代理商、医药公司、医药代表、医院、医生等，这是一个紧密的利益链条，最终使患者承受了高昂的药品加成费。药房托管应能够从源头上堵住药品采购中的不正之风，同时也能够切断医生与医药企业的利益关系，使药品回扣无处藏身。患者是医院药房托管的直接受益者，医药公司直接从厂家购药，减少了医院以前从药材公司购药的中间环节，降低了药品的价格，使患者在医院可以享受到平价药房的价格，减轻了患者看病的负担[39]。

进药渠道规范保证了药品的质量，也保证了患者的用药安全。药房托管斩断了医生和医药代表之间的利益关系，使患者在合理用药方面得到保障，可以在更好的医疗环境下享受更高水平的医疗服务[1]。医生实事求是地看病开药，在一定程度上能够减少药物滥用、过度医疗等现象的发生，保护了患者利益。

总而言之，药房托管由于引入医药流通企业参与管理，减少了药品流通环节，为降低药品价格和医院管理成本提供了空间，也为探索医药分家积累了经验，是一条患者、医疗机构和医药企业互惠互利的改革之路。

7.4.3　药房托管存在的问题

1) 多因素导致药品监管困难

在药房托管的合同中，都有医院经济利益不受损失的条款。托管方与医院按药品的零售价进行利润分成，仅靠加强管理和规模效益不能支撑正常的利润，关键还得依靠压低药品进价。而追求低成本使得整个药品供应过程中，优质品牌药遭到弃用，一些价格相对便宜但缺乏知名度的弱势药品成为替代品。医药公司为了达到盈利的目的，药品的采购不从临床专家的用药习惯和特点出发，而是见到利润空间大的药品就采购，利润空间小的药品不采购，造成药品供应与临床用药脱节，长此以往会出现劣药驱逐良药的现象。

此外，医药公司出于自身利益考虑，会首选自己的品牌或相交好的品牌的药物，在院内排斥其他品牌的同种药物[40]。而院方作为委托方，已经无法干预药房的进货品种与渠道。与此同时，医药公司之间也难免形成利益团伙，共同抵制进口药物、品牌药物。长此以往，将会影响医生用药，甚至影响患者的治疗效果。

2) "灰色收入" 难以真正消除

药房托管从医药购销渠道中解决了部分问题，短时间内遏止了 "以药养医" 现象，但真正的利益核心群体并没有随着托管而消失，反而给医生提供了更多的空间。品牌药的销声匿迹和非品牌药的增长，可能刺激新一轮的回扣竞争。处方权在医生手中的事实并没有改变，有可能形成新的利益链[41]。可能将原来的 "医药代表—医院—医生" 的利益链，转变成 "医药代表—医药公司—医生" 的利益链。

3) 药房托管模式推广有难度

从某些特点看，药房托管行为与委托和信托行为最相似，但根据《合同法》第三百九十九条、第四百零二条、第四百零三条，《信托法》第十七条、第四十三条对委托和信托行为的界定，以及对委托与信托行为特征的规定，现行的药房托管均不属于这两种行为[42]。因此法律性质不明确也给该模式的推行带来一些不便。

当前，药房托管主要在二级以下医院试行，这些医院效益不好，希望借此降低管理成本，从托管中获益，但在二级以下医院试行的药房托管模式未必在三级医院可行。因为医院级别不同用药结构有较大差别，加上二级以下医院药品品种相对单一，而三级医院的常备药通常有几千个品种，其中抢救用药、特殊药品很多，这在技术上增加了药房托管的难度[43]。但由于三级医院所占市场份额大，如三级医院不实行药房托管模式，则实行该模式的经济和社会意义将大打折扣。

4) 药房托管存在代理风险

在医院药房经营中，双方是一种委托代理关系。根据委托代理理论，由于信息不对称等原因，必然存在着代理成本，也就是存在着风险。受托的医药公司给医院返还的利润，是按双方签订的合同付给的。在签订合同时返还医院的利润是按药房的收入比例计算的，而不是药房的经营利润的比例，这降低了医药公司的风险。由于医院药房完全由医药公司经营管理，药品收入的计量方面也可能存在风险[44]。

药品生产企业为了提升销量，转而公关药品经营企业，导致药品经营企业有目的地选择厂商、品种和价格。药品经营企业为了企业利益，转而鼓励药学人员卖药，并作为工资的一部分。药学人员要想获得较高工资，只能努力提高提供回扣的药品生产企业的药品销量，给医院的社会效益带来负面影响。

5) 药学管理和服务不到位

医院门诊药房的药事管理涉及药品的质量、采购、价格、合理用药等方面，由于托管双方的义务与职责不明，且托管企业作为以营利为目的的商业公司，为了提高经济效益，难免会忽视药物相互作用及药物不良反应监测，给医院药品的监管带来难度，长期下去必将影响药学服务质量。

各托管企业为了取得医院药房这块相对垄断的市场，竞争相当激烈，托管企业不惜以高利润取悦医院来谋求中标，同时为了保证自己的利润，势必进行增收节支。增收必然扩大销售额，势必通过多种途径促进医生开"大处方"及利润高的药品，这就损害了患者的利益[45]。节支则为降低营运成本，这其中可能包括缩减药学技术人员或降低其福利待遇、不提供临床必备而不常用的药品、不提供没有利润空间的药品、实行"零库存"致药品供货不及时等，这些都可导致药学服务质量降低，最终损害患者的利益。

6) 面临政策上的问题

首先是招标采购问题，国家和地方政府部门规定，所有药品必须纳入招标采购范围。根据规定，医院必须与中标企业签订购销合同，但托管后的药品经营权已发生转移，有可能医院所需的品种恰好不是中标品种，导致签订的合同无法执行[46]。资料显示，目前大部分托管药房采取的是不参加招标采购药品、只执行招标采购的零售限价的办法。

其次是药品托管属性问题，根据卫生主管部门的有关规定，医疗机构严禁科室对外承包。药房托管从某种意义上讲也应属科室承包范畴，尽管药房托管与普通的科室对外承包产生的效果和意义有着质的区别[47]。因此，药房托管的属性问题，值得进一步研究。

最后是工商和税赋问题，药房托管后药品销售直接由医药企业经营，是否应该到工商部门办理注册登记；按规定，医院经营药房是免税的，但托管后的经营权发生转移，是否应该缴纳营业税。如果这些问题处理不好，不仅违法，而且会导致三方的利益受损。

7.5 药房托管模式下药品物资调度问题的提出

药品物资供应在现代医院运营管理中拥有战略性地位，几乎涵盖了医院所有业务部门的日常作业和管理活动。现在各医疗机构都在为降低药品物资供应成本费用、缩短各医用物品供应周期、压缩库存、减少流动资金占用、提高医院的管理水平而努力。药品物资的物流管理成本一直以来都是医院总体经营成本中最大的一部分，占有不可忽略的地位，一般为 40%~50%。这一成本主要包括：采购成本(包括作业人员的劳务费用和药品物资的购买成本)、仓储保管成本 (药品物资在入库、分类存储、出库、盘点等管理活动的关键环节中产生的成本)、库存资金占用成本 (即机会成本)、内部流通搬运成本 (与库存量、周转次数存在正比关系) 以及其他潜在风险成本。而一项研究显示，如果降低 1% 的采购成本，那么医院的利润将增长 10% 以上，可见药品物资管理是医院运营中一项意义重大的工作，药品物资成本也成为节约成本策略的首要目标。

目前国内各医院在一般运营情况下的药品物资订购与配送业务，主要采用合约性定期订购与定期院内配送的方式。首先，医院决策者根据过去的历史资料和经验法则，预测下一年度的药品物资总需求，再规划出最适当的订购周期、订购量和最小安全库存等；然后，再与供应商签订采购合约；最后，供应商按照合约定期向医院配送物资。医院内部定期配送也采用类似方法确定。实行药房托管改革后，医药企业负责药品的采购配送，打破了原有的药品流通模式和回扣利益格局，不仅有助于推进医药分开的实施，更有利于提高医院经济效益和社会效益。医院无需再承担药品库存管理和药房药库物流人员管理压力，将医院内部物流成本大部分转移给上游企业。而对医药企业来说，减少中间环节、压低公关费、节约物流成本、实现规模经济等成为实现利润的主要方式。因此，在药房托管的背景环境下，研究药品物资调度优化理论与方法，在满足患者药品需求的同时，有效地控制整个药品供应链成本，是一个值得研究的、具有实际应用价值和学术参考价值的课题。

参 考 文 献

[1] 高小坤. 从医院、药企和患者等利益相关者角度解析药房托管[J]. 南京中医药大学学报(社会科学版), 2009, 10(2): 110-113.
[2] 吴成禹, 路宽, 陈少贤. 关于药房托管模式的分析与建议[J]. 医学与哲学, 2015, 36(6A): 65-68.
[3] 蔡怡, 董登新. 南京药房托管模式及其经验[J]. 当代经济, 2009, (2): 108-109.

[4]　张云, 唐智柳. 浅谈对医药分开核算、分别管理的思考[J]. 中国卫生事业管理, 2002, (6): 330-332.

[5]　康卫国. 医院药房托管的可行性研究 [J]. 中国卫生事业管理, 2009, 26(9): 610-611.

[6]　武锋. 医院药房托管经营的背景及发展前景分析[J]. 卫生经济研究, 2004, (4): 20.

[7]　罗润嫦. 药房托管模式在医院中的应用及体会[J]. 中国处方药, 2014, 1(2): 54-55.

[8]　赵全勇. 医院药房托管理论探讨与实例研究[D]. 苏州: 苏州大学, 2008.

[9]　王诚丽. 医院如何应对连锁药店的低价竞争 [J]. 中国医院管理, 2002, 22(11): 14-16.

[10]　赵媛媛. 药房托管模式与实例分析[J]. 实用医药杂志, 2011, 28(12): 1143-1145.

[11]　时友忠, 李泰平. 泛谈医院药房托管[J]. 药学与临床研究, 2008, 16(4): 316-318.

[12]　焦玉珍. 医院药房托管的利弊分析及完善措施[J]. 健康必读, 2013, (4): 359.

[13]　张平, 欧阳友风, 姚禹, 等. 药房托管在三级甲等医院的实践与体会[J]. 中国医药导报, 2009, 6(33): 119-120.

[14]　张晋萍, 荣超, 黄晓光. 药房托管的现状及问题分析[J]. 中国药师, 2009, 12(2): 236-237.

[15]　牛莉, 陶宜富, 莫陵. "医药分开"的可行性探讨[J]. 中国药房, 2013, 24(9): 769-772.

[16]　王如歌, 张乐. 药房托管艰难推进[J]. 浙江人大, 2008, (12): 55-57.

[17]　乔晓楠, 龚璞, 曾易. 药品集中招标采购与药房托管的比较分析[J]. 卫生经济研究, 2008, (4): 37-39.

[18]　聂伟迅. 我国医院药房托管模式回顾与展望[N]. 中国医药报, 2007-06-19.

[19]　周新虎. 南京市药房托管运行问题研究[D]. 南京: 南京农业大学, 2008.

[20]　沙文茹. 南京: 药房托管只手难撑[J]. 中国药店, 2007, (3): 41-44.

[21]　刘砚青. 康美药业 "拿下" 81 家医院药房　药房托管: 解决 "以药养医" 的妙方还是毒鸩[J]. 中国经济周刊, 2014, (7): 56-58.

[22]　湖北省卫生和计划生育委员会. 鄂卫生计生发〔2014〕48 号关于加强全省公立医院药房托管工作管理的指导意见[S]. 2014.

[23]　朱春艳, 吕珏. 医学生到实习医生的角色转变之研究[J]. 当代医学, 2010, 16(31): 163-164.

[24]　袁维福. 医药分家的现状、存在问题及建议[J]. 中国卫生经济, 2007, 26(11): 56-58.

[25]　乐宜仁. "药房托管" 的模式、机制与绩效研究——以南京医药股份有限公司为例[D]. 北京: 中国社会科学院工业经济研究所, 2007.

[26]　中国社会科学院工业经济研究所课题组. 对南京医药 "药房托管" 新模式的分析[J]. 中国工业经济, 2007, (8): 114-121.

[27]　雷婷, 顾海. 关于我国医药分业试点模式的思考[J]. 上海医药, 2004, 25(4): 151-152.

[28]　顾海, 吴艳. 论我国医院药房托管的收益与风险[J]. 卫生经济研究, 2006, (8): 7-8.

[29]　汪厚忠, 俞学洋, 谭小玉. 实行药房托管信息化实现药房托管的长效管理[J]. 江苏卫生事业管理, 2008, 19(1): 62.

[30]　叶扬, 蔡宁. 解析南京医药体制改革——药房托管[J]. 中国卫生经济, 2008, 27(4): 27-28.

[31]　朱明蕾. 从美国医疗集团采购模式看中国医药招标采购的发展方向[J]. 中国医院, 2007, 11(4): 17-19.

[32]　周宇升. 浙江省医疗机构药房托管前后运行状况分析[J]. 医学与社会, 2015, (9): 82-83.

[33] 张力, 杨婉花. 南京市 "药房托管" 研究综述[J]. 医药导报, 2013, 32(8): 340-341.

[34] 胡永国, 沈春明. 医院药房托管的利弊及对策研究[J]. 商场现代化, 2012, (4): 119-120.

[35] 华东. 药房托管 —— 医药卫生体制改革的有益尝试[J]. 南京中医药大学学报 (社会科学版), 2009, 10(3): 68-70.

[36] 顾严放. 医院药房托管风险的经济学分析和医药分业的思考[J]. 中国医药技术经济与管理, 2009, 3(10): 35-39.

[37] 金莲花. 药房托管的弊病[J]. 现代医药卫生, 2008, 24(22): 3467-3468.

[38] 肖锦铖, 张蔚, 张亮. 关于医院药房托管的经济学分析[J]. 中国卫生经济, 2008, 27(8): 82-83.

[39] 杜治政. 总结经验推进新一轮卫生改革[J]. 医学与哲学 (人文社会医学版), 2007, 28(2): 1-5.

[40] 马明, 卢海儒. 关于医药分开之浅见[J]. 中国医院管理, 2008, 28(11): 61.

[41] 吴亦民, 杨大锁, 张明, 等. 医院药房托管初探[J]. 现代中西医结合杂志, 2009, 18(6): 697-698.

[42] 冯国忠, 盛可琴. 论药房托管给医药企业带来的机遇与挑战[J]. 中国医药技术经济与管理, 2008, 2(2): 96-101.

[43] 钱颐, 谢长和, 朱家翔, 等. 实施医院药房托管缓解群众看病贵[J]. 江苏卫生事业管理, 2006, 17(5): 1-3.

[44] 刘美娜, 毕晓明. 医疗卫生单位继续医学教育基本情况现状调查与统计分析[J]. 继续医学教育, 2007, 21(34): 1-3.

[45] 操海明, 胡万进. 继续医学教育效果评估和探讨[J]. 江苏卫生事业管理, 2002, 13(5): 28-31.

[46] 卞淑芬. 浅谈我国继续医学教育现状与对策[J]. 继续医学教育, 2003, 17(6): 9-12.

[47] 尉真, 汪翼, 申翠华, 等. 立足服务, 规范管理促进继续医学教育工作发展[J]. 继续医学教育, 2004, 18(4): 1-3.

第8章 需求与旅行时间双重不确定性条件下的药品物资配送排程规划

从物流调度的角度而言，现有的药品物资调度方式仅适用于需求平稳下的药品物资采购，但是市场上充满了大量的不确定情况，包括有规律的季节性疾病、无规律的季节性疾病等。在这些不确定情况下，需求呈不稳定状态，物资配送时间也受到影响。如果在制定药品采购计划时没有考虑需求波动对采购量和采购时间的影响，及旅行时间对医疗服务准时性、及时性的影响，将会导致医院服务质量的下降。而现有的采购方式并没有将扰动情况纳入系统，需要根据人工经验随时调整药品物资配送计划，然而此人工调整的药品物资配送计划缺乏整体优化分析，绩效难以保证。有的医疗机构没有相应的计划预算采购制度，或者其计划预算采购制度没有很好地被执行，往往按需随时采购。这本身就是一种没有规划、低效率的采购方式。另外，医院是非盈利性服务机构，当市场出现扰动时，需要对变化迅速做出反应，优先保证服务的及时性；同时在收入受限的情况下，需要协调物流和服务流，降低运营成本，提高运行效率，使医疗系统的效率最大化。基于此，本书第 8 章对需求和旅行时间双重不确定性条件下的药品物资配送排程问题进行了探讨，这一研究具有重要的现实意义和理论价值。

本章利用多重时空网络方法与优化理论，构建了药品物资配送排程规划模型。模型构建主要分为两部分：一部分是以固定的药品物资需求和旅行时间建立的确定性药品物资配送排程规划模型；另一部分是在确定性药品物资配送排程规划模型的基础上，考虑需求的不确定情况，将各时间点的随机需求量引入模型，同时考虑旅行时间受各种因素影响形成的不确定情况，将固定旅行时间修正成随机旅行时间，构建随机性药品物资配送排程规划模型[1]。

8.1 动态决策架构设计

在实际情况中，为了使下一期的订购更符合当前的使用、订购以及留存情况，相关作业人员会定期在订购时盘查药品物资采购系统的设定标准 (如各项药品物资的订购量与最小安全库存等参数) 是否满足实际需求，并根据新的药品物资需求和旅行时间信息重新规划剩余药品物资配送排程，以维持物资高效供应[2,3]。因此，为了让所构建的模型能够符合实际的排程情况，本章在确定性与随机性药品物资配送排程规划模型的时间轴上，运用"动态决策架构"进行排程规划[4,5]，将时间轴划分为两个部分：其中一部分为距离药品物资使用时间点较近的时期，称为决策期阶段；另一部分为扣除决策期，距离物资使用时间点较远的时期，称为参考期阶段[6,7]，其结构如图 8-1 所示。动态决策架构的执行情况是：模型每隔一个决策期执行一次，每次都从当前时间点执行到规划期最后一个时间点，但是仅取执行周期内决策期的配送结果，每执行完一个回合，获得新的药品物资信息，更新剩余时间点的相关信息，并修正库存节线流量，然后重新进行下一回合的药品物资配送排程规划[8,9]。值得注意的是，决策期内的排程结果视为已确定的药品物资指派作业范围，决策期以外的排程结果即参考期的结果为本次决策提供参考，不用作实际排程。

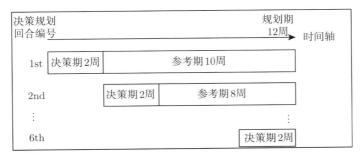

图 8-1　动态决策示意图

举例来说，若每两周执行一次模型，每次执行的时间范围为开始执行时点至规划期最后一个时点 (图 8-1)，则第一次执行时间范围为规划期长度 12 周，第二次为 10 周，第三次为 8 周，依此类推直至规划期结束。由每次执行所求得的新药品物资配送信息及更新的需求情况，再重新进行药品物资订购及配送作业的指派。模型第 1 次执行所求得的药品物资配送作业结果，仅采纳前两周的作业结果，视为决策期阶段，因距离实际需求时点较近，随机状况较明确，所以视此阶段的药品物资配送节线结果为确定性物资配送节线，而剩余物资配送时间范围结果，视为参考期阶段，供下次模型执行的参考数值；第 2 次执行模型结果仍仅采纳前两周配送作业结果，视其为决策期阶段，其余视为参考期阶段，以此类推。未来决策者可根据实际营运政策的需要，或实际营运随机性扰动程度与扰动时间长度，来决定合适的规划周期、决策期及执行频率。以下分别对确定性模型、随机性模型进行探讨。

8.2　确定性药品物资配送排程规划

本节同时考虑了多项物资的存货与配送作业，利用时空网络方法与优化理论构建了需求和旅行时间均确定的确定性药品物资订购及配送排程规划模型，此模型可定义为多重货物网络流动问题。实际情况中，决策者依据先前的数据与经验，事先规划下一年度、半年或一季度的药品物资最适当的订购及院内配送周期和及各时间点的订购数量。本节依此设计了确定性药品物资配送模型，以下针对确定性排程规划模型的药品物资配送时空网络、确定性药品物资配送排程规划模型构建、问题求解算法及算例分析分别进行说明。

8.2.1　药品物资配送时空网络

本书利用时空网络来表示药品物资在时空面中运送的情形，并构建多层药品物资配送的时空网络，每一层网络代表一种药品物资，以区别出不同药品物资在时空网络中的时空分布情况，如图 8-2 所示。图 8-2 中横轴代表供应商、医院仓储中心及医院部门的空间分布；纵轴为时间轴，表示作业排程的时间延续。在时空网络的设计上，结合药品物资的实际配送情况，时空网络时间轴以季度为作业排程规划长度，而作业排程的时间间距为周，即时间轴上每个时点表示一周。在实际应用时，使用者可以根据作业排程的基本需要与限制，调整至较适合的作业排程时间间距和规划时程长度。

注意，在网络的节点设计上，本书参考实际情况，一种药品物资仅由一个供应商负责提供，且医疗机构内仅有一个医院仓储中心，专门负责药品物资的采购与储存作业，并配送至院内各个部门。此物流时空网络包含节点、节线等要素，节点代表空间上各场站在特定时间的时空点，节线则代表两时空点间物流的活动事件。分别说明如下。

1. 节点

节点代表供应商、医院仓储中心、医院部门在特定时间的时空点。本章的节点可细分为供应商节点、医院仓储中心节点、医院部门节点及汇集节点等四种，而网络的时点间距设定为一周，如图 8-2 所示。理论上，较小的时点间距可以求得较精确的规划结果，但相对地将增加问题规模与求解困难度。在实际应用时，可依问题特性设定时点间距。

供应商节点。此类节点为供给节点，是网络中药品物资的供给来源。根据实际写法，一项药品物资是由一家合约供货商负责提供，因此，一层网络中仅有一家供货商，且仅供给一项药品物资。注意，虽然一层网络中仅有一家供货商，然而在此多层网络问题中，一家供货商可同时提供多项不同药品物资的供给。在供应方面，供应商能满足医疗部门的所有需求，包括临时供应。

医院仓储中心节点。根据实际做法，供货商必须先将药品物资送达至医院仓储中心，再由医院仓储中心做整合后配送至医院各部门使用。此类节点设有初始供

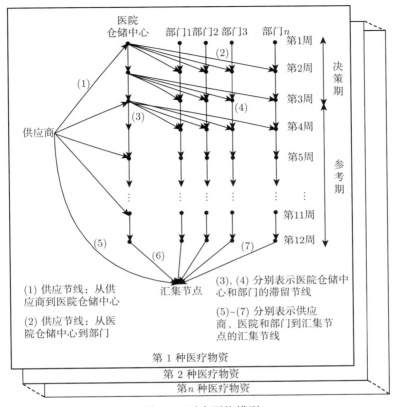

图 8-2   时空网络模型

给，为上一阶段规划的剩余库存量。注意，在此多重时空网络中，每一层网络仅有一个医院仓储中心，且皆代表同一个医院仓储中心。

医院部门节点。此类节点为需求节点，各部门皆需要医院仓储中心提供药品物资配送的供给服务，其节点需求为医院部门在各时间点的药品物资需求量。值得注意的是，在决策规划时，同时考虑各部门各时点需求量，可有效节省药品物资配送成本、配送时间成本及人力调整成本。另外，此类节点与医院仓储中心相同，皆设有初始存量值，其设计也为上一阶段规划的剩余库存量。

汇集节点的设计目的为维持时空网络的流量守恒，当规划周期的最后一周完成作业后，所有节点未使用的药品物资将会汇集至此节点，故汇集节点的需求等于供货商总供给量加上初始库存减掉所有医院部门总需求量。

2. 节线

节线表示不同空间和时间的时空连接线，为药品物资在不同时空点间的流动，也是物资在不同空间的配送路线和不同时间的滞留情况。节线流量代表药品物资的流动数量。节线分为供应节线、滞留节线和汇集节线三种，分别说明如下。

1) 供应节线

供应节线用来表示药品物资在不同空间的运送情况。供应节线分为两种：

(1) 供应商到医院仓储中心的供应节线。此类节线为供应商与医院仓储中心在不同时空点的连接线，代表由供应商提供物资供给服务。其起止时间窗包含物资配送时间与整货工时，物资配送时间是供应商到医院的车辆旅行时间；整货工时指物资在配送前及到达后的所有整货过程所花费的时间，包括验货、品质抽查检定、核定数量及装卸货等。节线成本为药品物资的单位购买价格加上单位运输成本，在确定性模型中不考虑旅行时间变化对运输成本的影响，单位运输成本一般是定值，一般将其作为价格的一部分考虑，不再单独考虑。旅行时间不确定所导致的单位运输成本变化的情况将在随机性模型中考虑。节线流量上限为医院仓储中心的最大库存容量，流量下限为 0，代表该时段不输送任何物资 (若每次订购有一最小量限制，则此量可设为下限)。由于药品物资配送的提前期为一周，当规划的第一周开始执行药品物资订购及配送作业排程时，实际上，第一周所订购的药品物资在第二周以后才开始提供各部门使用，因此第一周所需要的物资必须及时供给，其订购前置时间很短，供应商的作业时间很短，故供应商通常会把第一周所提供的物资合约单位价格提高，也可能整年度的物资合约单位价格都相同，依据实际情况而定。

(2) 医院仓储中心到医院部门的供应节线。此类节线为医院仓储中心与院内各部门在不同时空点的连接线，代表由医院仓储中心提供物资配送服务至各部门。节线的起止时间窗含物资配送时间与整货工时。节线流量上限为医院各部门的最大存货容量，流量下限为 0。节线成本为药品物资的单位运输成本。此成本包括人事成本、设备成本等，其中人事成本指医院支付其受雇员工所花费在物资配送及仓储存货的人事成本，包括薪资与加给；设备成本指医院在执行药品医疗器材仓储、配送作业时所需要使用的各项设备及其相关费用，包含维持仓储正常运作所需投入的相关消耗品花费。固定及变动设施成本，如固定的出车成本、变动的燃料费、过路费及维修费。同样的将单位运输成本设为一个合理的定值，未来在运用时，可依据其实际的营运状况适当设定。值得一提的是，实际上，第一周配送至部门的药品物资，因药品物资送达至医院仓储中心后，必须经过质量抽查、编号入库等程序，然后再依各部门需求整货、分装及配送，因此物资必须到下一周才开始提供各部门使用，故在此设计一个初始值以满足第一周的需求。在实际中，可根据实际情况由医院仓储中心在短时间内提供配送服务，相应的配送成本将高于常规配送。

2) 滞留节线

此类节线为医院仓储中心/医院部门的物资在相同地点但不同时间点的时空连接线，表示药品物资在某地点停留一段时间。本章的滞留节线可细分为医院仓储中心滞留节线及医院部门滞留节线两种。在医院仓储中心与医院部门滞留节线方面，代表药品物资在医院仓储中心或医院部门内停留。药品物资在医院仓储中心或医院部门内停留表示药品物资尚未被使用，因此有物资存货成本产生，其节线成本为药品物资的单位存货成本。而节线流量上限为医院仓储中心或医院部门的最大存货容量，流量下限为药品物资在医院仓储中心或医院部门的最小安全存量。

3) 汇集节线

汇集节线为供货商、医院仓储中心或医院部门节点与汇集节点的连接线，其设计目的是让尚未被供货商、医院仓储中心或医院部门使用的药品物资流量汇集至此节点，以维持时空网络的流量守恒，故节线成本为 0。在供货商汇集节线方面，其节线流量上限为无上限，流量下限为 0。在医院仓储中心与医院部门汇集节线方面，其节线流量上限为医院仓储中心或医院部门的最大存货容量，流量下限为药品物资在医院仓储中心或医院部门的最小安全存量。

3. 单位购买价格的设计

药品物资的定价有两种方式：一是合约供应商在签订年度契约中，已考虑大量订购的折扣价，因此在短期每次进货的单价计算上，皆采用固定价格；二是合约供应商与医院签订一个固定的基础价格，在配送过程中会针对每次订购量采取折扣做法。第二种定价方式的应用较为广泛，且在一定程度上包含了第一种定价方式。本章采用第二种定价方式，考虑单一订购的折扣关系，函数关系如下

$$f(x_{ij}^n) = \begin{cases} p_1^n, & 0 < x_{ij}^n \leqslant s_1^n \\ p_2^n, & s_1^n < x_{ij}^n \leqslant s_2^n \\ p_3^n, & s_2^n < x_{ij}^n \leqslant s_3^n \\ \vdots & \vdots \\ p_m^n, & s_{m-1}^n < x_{ij}^n \leqslant s_m^n \end{cases} \tag{8-1}$$

其中，x_{ij}^n 为第 n 种物资、节线 (i, j) 的流量，即订购量；$p_1^n, p_2^n, \cdots, p_m^n$ 为第 n 种物资在不同订购量情况下的购买价格；$s_1^n, s_2^n, \cdots, s_m^n$ 为每种购买价格所对应的药品物资订购量的上下线；$f(x_{ij}^n)$ 为与订购量有关的价格折扣函数，即订购量为 x_{ij}^n 时的价格。

值得注意的是，函数中的 x_{ij}^n 只代表供应商到医院的节线流量，不表示医院到部门节线的流量，因为供应商到医院的节线成本包括购买成本和运输成本，医院到部门的节线成本仅含运输成本，不含购买成本。

8.2.2　确定性药品物资配送排程规划模型构建

1) 模型的基本假设

本章模型是在整个系统的角度，构建一个最优化的药品物资配送排程规划模型。为便于模型的构建及界定模型使用范围，现提出下列模型的基本假设。

(1) 假设各药品物资在各时点的需求已知且固定。在医疗系统考虑下，对药品物资需求量及旅行时间的调查很难获得准确值，且调查甚为复杂且费时费力，由于本书资源有限，在后续实证方面有关此重要资料的取得是尽量搜集、引用已有的可用资料。在模型排程规划上假设其需求和旅行时间为固定值，由历史数据处理得到，并不受其他可能因素影响而变化。在现实环境中，实际需求量和旅行时间若随许多随机因素而改变，则确定性的模型不能很好地将实际需求和旅行时间的变化情况考虑到排程中，使确定性模型的排程结果失去效率。在 8.3 节中以本模型为基础，考虑药品物资需求和旅行时间的随机特性，发展随机性药品物资需求配送作业模型。

(2) 本节模型以医疗系统总物流作业成本最小化为目标。医疗产业属于一个非盈利导向的服务性机构，因此，如何有效节省成本并善用资源以提供良好的医疗服务品质，是一个值得研究的重要课题。故本节将物资配送作业及存货作业成本最小化作为目标，规划药品物资的配送排程。

(3) 假设药品物资配送的规划周期长度为一个季度，每两周进行一次医疗物资采购作业，每周进行一次院内各部门的物资配送。实际中，医疗机构会事先制定下一季度或半年或整年度的配送作业周期计划，并估算各时间点的物资需求量，然后与物资供应商签订相关的订购与配送合同。考虑到与供应商的合约长度，同时为了增加模型使用的灵活性，现将药品物资配送规划长度设定为一季度 (12 周)，对于大部分药品物资 (少用物资、罕见疾病用物资、特殊物资等除外) 采用每两周进行一次物资订购，每周进行一次院内各部门配送的方式。注意：此规划周期、订购与配送的频率在未来实际配送时，可根据医疗机构的实际情况进行修正。

(4) 假设订购前置时间为一周。订购前置时间为医院向供货商下订单，至供货商将所订购的物资送达至医院仓储中心的这段时间，亦即为供货商的出货准备时间。实际上，一般常用性的药品物资，其订购前置时间为一周。本章主要针对一般性经常使用的药品物资进行探讨，故将物资的订购前置时间设定为一周，未来可针对不同的物资设定不同的订购前置时间。

(5) 假设旅行时间固定。旅行时间表示从供应商到医院或从医院到部门的车辆旅行时间。确定性模型中不考虑车辆因各种不可预料的因素导致旅行时间变化的情况，将旅行时间设为一个定值，从而在确定性模型中药品物资的单位配送成本为固定值。在随机性模型中讨论旅行时间随机的情况。

(6) 假设合约供应商能够完全满足市场需求，合约供应商必须依照合同规定内容，准时将药品物资送达医院仓储中心。医院在规划下的药品物资采购通常以合约性订购为主，并不考虑与其他非合约供货商进行物资购买，也不考虑合约供货商因其本身因素导致无法准确、准时交付客户所订购的物资，故本章假设合约供货商能够完全满足市场需求，且必须依照合同内容规定，准时将所订购的物资送达医院仓储中心, 即每次订购并不会发生缺货情况。

(7) 假设合约供应商可及时提供医疗机构临时订购。若药品物资订购量小于实际需求量时, 由于医疗机构并不考虑与非合约供货商进行物资购买, 因此, 医疗机构必须向合约供货商进行临时订购, 供货商必须及时提供物资供给的服务。值得注意的是, 临时订购属于额外增加的订购, 物资使用时间较紧迫, 故其订购前置时间将会较短 (小于一周), 且其物资单位购买成本比合约单位购买成本高。

(8) 假设医院仓储中心与各部门的最大存货容量已知并为固定值; 不同医疗场站皆设立一个物资滞留空间以提供不同物资存放。在模型构建上假设其最大存货容量为已知的固定值, 并不受其他可能影响因素变化。未来可针对不同的计算方式或政策, 设定不同的最大存货容量。另外, 本节配送的物资均为一般性物资, 不探讨需要特殊存放环境的物资, 因此在医院仓储中心和各部门皆只设立一个物资滞留空间存放不同物资。

(9) 为了方便运算, 将所有药品物资的单位统一以当量表示。由于各项药品物资的体积大小都不相同, 且本节考虑物资流动方式及物资在医疗机构的滞留情况, 故将各项药品物资的单位统一以当量表示。在当量的体积设定标准方面, 本节参考实际做法及估算方式, 对后续实例测试中的当量参数进行设定。

(10) 订购价格不固定, 供应商针对每次订购量采取价格折扣的方式。本节在一个规划周期内的药品物资订购价格的设定上不采取整体折扣后每次采购价格相同的方式, 而是针对每次订购量采取价格折扣的做法。此种方式在一定条件下可以转化为整体折扣的定价方式, 更有研究意义。

2) 模型符号定义

参数定义。

$f(x_{ij}^n)$: 购买价格折扣函数; ct_{ij}^n: 第 n 层时空网络中供应节线 (i,j) 单位药品物资的运输成本, 此单位运输成本是在设定的固定旅行时间内核算的成本。确定性药品物资配送排程模型中把旅行时间设为固定值, 随机旅行时间将在随机模型中体现; ch_{ij}^n: 第 n 层时空网络中滞留节线 (i,j) 的药品物资库存成本; l_{ij}^n: 第 n 层时空网络中节线 (i,j) 的流量下限; u_{ij}^n: 第 n 层时空网络中节线 (i,j) 的流量上限; um_{ij}: 医院仓储中心与医院部门对应滞留节线 (i,j) 时段的最大库存容量; n, N: 第 n/N 层时空网络与所有时空网络的集合; M^n: 第 n 层时空网络中所有节点的集合; A^n: 第 n 层时空网络中所有节线的集合; Z^n: 第 n 层时空网络中所有从医院仓储中心到医院部门供应节线集合; S^n: 第 n 层时空网络中所有从供应商到医院仓储中心供应节线集合; H^n: 第 n 层时空网络中所有滞留节线的集合, 包括医院仓储中心和医院部门; a_i^n: 第 n 层时空网络中第 i 个节点的供应量或需求量 (当 $a_i^n > 0$ 时, 此节点为需求节点; 当 $a_i^n < 0$ 时, 此节点为供应节点; 当 $a_i^n = 0$ 时为中转节点)。

决策变量定义。

x_{ij}^n：第 n 层时空网络中所有节线 (i,j) 的流量 (单位：当量)。根据上述参数定义，可以给出确定性模型的公式表达如下。

$$\min \quad z = \sum_{n \in N} \sum_{ij \in S^n} f(x_{ij}^n) x_{ij}^n + \sum_{n \in N} \sum_{ij \in Z^n} ct_{ij}^n x_{ij}^n + \sum_{n \in N} \sum_{ij \in H^n} ch_{ij}^n x_{ij}^n \tag{8-2}$$

$$\text{s.t.} \quad \sum_{j \in A^n} x_{ij}^n - \sum_{k \in A^n} x_{jk}^n = a_i^n, \quad \forall i \in M^n, \forall n \in N, \forall \omega \in \Omega \tag{8-3}$$

$$\sum_{n \in N} x_{i,j}^n \leqslant um_{ij}, \quad \forall i,j \in H^n, \forall \omega \in \Omega \tag{8-4}$$

$$l_{ij}^n \leqslant x_{ij}^n \leqslant u_{ij}^n, \quad \forall i,j \in A^n, \forall n \in N, \forall \omega \in \Omega \tag{8-5}$$

$$x_{ij}^n \in I, \quad \forall i,j \in A^n, \forall n \in N, \forall \omega \in \Omega \tag{8-6}$$

本节模型是一个特殊的整数多重货物网络流动问题，式 (8-2) 为确定需求下的药品物资配送总成本最小化，其中包含药品物资购买成本、运输费用及其库存成本；约束条件式 (8-3) 为所有节点流量守恒式；约束条件式 (8-4) 为医院仓储中心与医院部门最大库存容量上限；约束条件式 (8-5) 为所有节线流量上、下限；约束条件式 (8-6) 表示所有节线流量均为整数。

8.2.3   问题求解算法

本节的确定性模型是一个特殊的整数多重货物网络流动问题，属于整数规划问题。但目标函数中药品采购价格是分段函数，且约束中含有等式约束，决定了模型不是标准的整数规划问题，无法用现有的数学软件 (如 CPLEX、LINGO 等) 直接求解。因此，提出了下面两种算法。

1. 排列组合法

在库存管理的价格折扣模型中，求解方法是根据价格折扣的临界点将整个求解范围分割成多个小区间，然后分别求解每个区间的最优解，再比较每个区间的最优解，选出全局的最优解作为求解结果。将此种算法引入到本节的算法中，假设共有 m 个订购点，每个订购点有 n 种价格情况，那么要遍历所有的可能情况，共有 n^m 个组合。式 (8-7) 中 $f(x_{ij}^n)$ 是在 x_{ij}^n 限定范围内确定的价格，即是常数。这样每一个组合的数学模型都是线性整数规划，可以用数学软件 CPLEX 直接求解。

$$\min \quad z = \sum_{n \in N} \sum_{ij \in S^n} f(x_{ij}^n) x_{ij}^n + \sum_{n \in N} \sum_{ij \in Z^n} ct_{ij}^n x_{ij}^n + \sum_{n \in N} \sum_{ij \in H^n} ch_{ij}^n x_{ij}^n \tag{8-7}$$

假设有 m 个订购点, 每个订购点有 n 种价格情况, 求解步骤如下。

步骤 1: 针对每个订购点的订购量 (决策变量) 区间排列组合, 共得到 n^m 个线性整数规划 ($f_1, f_2, f_3, \cdots, f_{n^m}$)。

步骤 2: 对每个线性整数规划, 用 CPLEX 软件直接求解。若组合无可行解则赋予目标值一个极大数, 求得的目标值分别为 $fval_1, fval_2, fval_3, \cdots, fval_{n^m}$。

步骤 3: 然后比较所有的目标值, 将 $fval = \min(fval_1, fval_2, fval_3, \cdots, fval_{n^m})$ 作为最终的目标值, 并找出对应的组合, 求出 x_{ij}^n 和 P_{ij}^n。

值得注意的是, 此种方法只适用于 n^m 很小时, 因为线性整数规划的求解比较耗时, 随着订购点 m 的增大, 组合个数呈指数增长, 总体求解时间也会指数增加。比如: $n = 2, m = 18$ 共有 262 144 个组合, 求解效率非常低, 因此针对订购点较多的情况, 设计了另一种算法求解。

2. 遗传算法

在实际的应用中, 由于模型的规模较大, 排列组合很难有效地求得最优解。为了解决这个问题, 本节结合排列组合的思想, 提出了用遗传算法进行随机组合, 并进行结果筛选的策略。可以应用于解决大规模的求解问题。

本算法针对订购点有 2 种价格情况、m 个订购点的问题进行设计, 对于超过 2 种价格的问题, 此算法只需做相应调整, 同样适用。

1) 遗传算法的构建

编码方式采用整数编码方式, 针对式 (8-7) 中的 2 种价格的情况, 编码 0 代表价格 p^n 和区间限制 $x_{ij}^n \leqslant s^n$; 编码 1 代表价格 $90\% \times p^n$ 和区间限制 $s^n < x_{ij}^n$。因此, 染色体由 m 个 0、1 组成。类似地, 扩展到多种价格的问题, 编码 0, 1, 2, 3, $\cdots$, n, 分别代表相对应的价格和区间限制。

$$f(x_{ij}^n) = \begin{cases} p^n, & x_{ij}^n \leqslant s^n \\ 90\% \times p^n, & s^n < x_{ij}^n \end{cases} \tag{8-8}$$

适应度函数为每种随机组合的整数规划目标值。

染色体采用二进制交叉方式, 即根据交叉概率随机选取两组染色体, 随机确定交叉点, 然后将交叉点后的染色体对换, 形成两个新的染色体。为了提高进化的速度, 在交叉前的两个染色体和交叉后的两个染色体共四个染色体中选取两个最优的染色体。

染色体采用单点变异, 即根据变异概率随机选取一条染色体, 并随机选取染色体上的变异点, 变异成其他编码。

最优保留策略是用上一代最优的染色体替换下一代最差的染色体, 这样可以保证最优个体可以生存到下一代, 避免了最优个体的中途丢失, 并且加速算法向最优解收敛。

2) 遗传算法求解步骤

步骤 1：根据设定的编码方式，给出一个有 N 个染色体的初始群体 $pop(1)$，$t = 1$。

步骤 2：若停止规则满足，则算法停止，否则对群体中每一个染色体 $pop_i(t)$ 计算它的适应函数值 $f_i = fitness(pop_i(t))$。

步骤 3：采用轮盘赌选择法，计算概率

$$p_i = \frac{f_i}{\sum\limits_{j=1}^{N} f_i}, \ i = 1, 2, 3, \cdots, N$$

并以此概率分布，从 $pop(t)$ 中随机选 N 个染色体构成一个种群 $newpop(t)$。

步骤 4：通过交叉概率 P_c，得到有 N 个染色体的 $crosspop(t+1)$。

步骤 5：以较小的概率 (变异概率)P_m 使得某染色体的一个基因发生变异，形成新的有 N 个染色体的 $mutpop(t+1)$。

步骤 6：采用最优保留策略，得到新的群体 $optimalpop(t+1)$。令 $t = t+1$，$pop(t) = optimalpop(t+1)$，转到步骤 2。

8.2.4　算例分析

为测试所构建的药品物资配送排程规划模型在实际应用中的绩效，本章以某医疗系统的运营情况为背景，选取其中的五个部门，三种药品物资进行测试，并把药品物资配送相关的数据通过系统性整理、分析及合理假设后作为测试的输入数据。最后，针对相关参数进行敏感度分析，以比较不同参数下的排程规划。以下针对药品物资配送的相关数据分析、问题规模、求解环境及设定、算法参数确定、测试结果与分析以及敏感性分析，分节说明。

1. 参数分析

由于实际的药品物资需求量与相关成本等数据统计不易，无法得知确切的相关数据。因此，这些数据由本书合理假设推估得到。下面对本算例中所使用的数据资料，包括药品物资需求量、旅行时间、成本和库存相关参数，分别说明如下。

1) 需求相关参数

医院实际的药品物资需求数据不易取得，本章参考历史数据及适当的假设推估得到一季度各部门各时点的物资需求量。另外，药品物资需求容易受突发事件的干扰，使需求量呈不稳定的变动，本章将药品物资需求量的变动百分比设定为10%(用于实际情况时，可依实际的需求状况调整该变动百分比)，并利用上述所产

生的一季度药品物资需求量与变动百分比, 产生 10 组需求量视为药品物资需求的历史数据, 求得一季度各时点的平均值, 作为本节确定性需求模型的药品物资需求量的输入数据。

另外, 在动态决策架构中, 针对药品物资需求量的扰动特性进行需求量即时更新操作, 本章假设相对于前一回合需求量的最大变动百分比为 10%, 以在合理的范围内变动及更新需求量。

2) 旅行时间相关参数

在 8.2.2 节中假设旅行时间服从正态分布。本章中将变化的旅行时间 Δt 的均值设为 0, 方差设为 2, 并且将 Δt 的范围控制在 $[-4,4]$ 内。在非预期惩罚成本上, 假设供应商到医院的单位非预期惩罚成本为 1 元, 医院到医院部门的单位非预期惩罚成本为 0.5 元, 整个非预期惩罚成本的详细设计已在 8.2.1 节阐述。

3) 成本相关参数

本章中所需要的成本资料包括每种物资每单位的购买价格、库存成本及运输成本。三种物资的价格分别为 20 元、30 元和 10 元, 对应的价格折扣点的订购量分别为 770、1232 和 2170。本章中设定部门中所有物资的库存成本为价格的 20%, 医院仓库的全年库存成本为价格的 10%。由于三种物资在配送上所使用的配送设备与配送方式极为类似, 故将医院仓储中心至各部门单位配送成本统一设定为 3 元。

4) 库存相关参数

药品物资在仓储中心的最低安全存量为医院物资日平均需求量 (使用量) 的五倍, 即药品物资最低安全存量为五天的医院日平均需求量; 而药品物资在各部门的最低安全存量为物资在该部门的部门日平均需求量的一倍, 即药品物资最低安全存量为一天的部门日平均需求量。医院及部门的最大库存为三种物资的周平均需求的三倍, 具体如表 8-1 所示。

表 8-1　每个部门每种物资的日平均需求量　　　　　　(单位: 当量)

项目	部门 1	部门 2	部门 3	部门 4	部门 5
物资 1	9	11	12	9	14
物资 2	17	19	20	17	15
物资 3	29	30	34	29	33

2. 问题规模

本章模型是整数多重货物网络流动问题, 属 NP-hard 问题。在问题规模方面, 若以 3 种药品物资、1 个医院仓储中心、5 个医院部门、一个季度 12 个时点为例, 则确定性问题的规模估算如表 8-2 所示。

表 8-2   确定性模型问题规模

类别	项目	数值
网络规模	时空网络个数	3
	时空网络节点数	218
	时空网络运送节线数	201
	时空网络滞留节线数	198
	时空网络汇集节线数	19
数学式规模	变量个数	432
	节点流量守恒约束条件	218
	医院仓储中心与部门	66
	最大存货量的额外约束条件	——
	节线流量上下约束条件	431
	整数约束条件	432

3. 求解环境及设定

1) 求解环境

本章以 Microsoft Windows 7 操作系统作为测试平台，以 MATLAB 软件为开发环境，利用 MATLAB 语言编写程序，并引入 Callable Library 结合 CPLEX 12.4 数学规划软件进行模型构建和求解，在 Intel Pentium 1.87GHz CPU，6GB RAM 的 PC 上执行程序，以求得输出结果并进行相关分析。

2) 相关程序参数设定

本章使用 CPLEX 数学规划软件进行模型求解，其中部分参数会影响求解效率与结果。本章仅针对三个主要的求解参数 VARIABLESELECT、MIPGAP、DIAGNOSTICS 进行相关设定如下。

VARIABLESELECT 是设定 CPLEX 内部分支定界法 (branch and bound) 该如何选择问题变量进行分支求解的参数，此参数设定将影响所得解的速度与优劣。此软件本身有五个选项供使用者选择，分别说明如下。

−1：将会较快速地找到可行的整数解，但通常其整数解较差。

0：软件自己判断问题而选择一个适当变量进行求解 (默认值)。

1：将会较快速找到最好的解。

2：根据 pseudo-cost 来选择变量。

3：选择最有希望的变量，求解时间较久，但结果较好，适合大型或困难的问题。

MIPGAP 是指目前所求得的整数最优解与整数限制松弛下的线性最优解的差距。此参数主要是容许主问题的求解误差范围，设定此范围值以求解在容许误差下的结果，可避免花太久时间寻找比现有解稍优的最优整数解。

DIAGNOSTICS 是指是否将求解步骤及每步的中间过程都打印到控制台，方便根据过程优化程序，但这将会非常耗时。

本章在此三项参数的设定方面，经过多次测试结果，VARIABLESELECT 参数最后以软件默认值 0 为设定值。由于确定性模型求解效果良好，可在有效时间内求得最优结果，因此 MIPGAP 参数设定为 0%。测试中发现不在控制台打印计算的中间过程将节省一半左右的时间，因此，在优化程序阶段为了调试程序，DIAGNOSTICS 设定为 on；在运行阶段，为提高效率，DIAGNOSTICS 设定为 off。在实际求解中，可以按照需求自行设定参数。

3) 程序输入参数

(1) 时空网络参数：医院物资种类；运送节线分布；时空网络的时间周期；动态规划执行次数；医院仓储中心与各部门的最小安全库存和最大库存容量；各药品物资供应量的价格折扣点。

(2) 成本参数：药品物资单位购买成本；药品物资单位库存成本；院内配送单位成本；非预期惩罚成本。

(3) 药品物资需求参数：各时点药品物资需求情形；各时点药品物资随机需求情形。

(4) 旅行时间参数：各配送节线的随机旅行时间情形。

(5) 算法参数：遗传算法相关参数；随机模型启发算法参数。

(6) CPLEX 参数设定：设定 VARIABLESELECT 参数值；设定 MIPGAP 参数值；设定 DIAGNOSTICS 参数值。

4) 程序输出参数

最优目标值；决策期最优解目标值；药品物资配送排程表；求解时间。

4. 算法评估及参数确定

本章针对确定性药品物资配送排程规划模型提出了排列组合 (PC) 和遗传算法 (GA) 相结合的求解策略。当问题规模较大时遗传算法更有效，当问题规模较小时排列组合的算法更有效。为了在合理的时间内求得最优解，本节将通过模拟分析确定一个混合使用的临界点。另外，对于遗传算法来说，迭代次数也将影响到求解的时间和解的精确度。因此，首先对遗传算法进行模拟评估以确定最优迭代次数，然后再对两种算法模拟评估确定混合使用方案。

1) 遗传算法评估

本节中，将交叉概率设定为 0.6，变异概率设定为 0.1，种群大小设定为 30。分别将迭代次数设定为 20 次、30 次、40 次、50 次、70 次、100 次 6 组，并对每组分别计算 10 次，得到每组的平均计算结果 (图 8-3) 和计算时间 (图 8-4)。图 8-3 中，当迭代次数为 40 次时，平均目标值已趋于缓和，当次数达到 70 次和 100 次时，平均目标值基本不再变化。由图 8-4 可以看出随着迭代次数的增加，求解时间逐渐增加。由图 8-3 和图 8-4 可以看出当迭代 40 次 150s 内得出的结果和迭代 100 次 350s 得出的结果相差很小，不影响结果的质量。因此，本节将遗传算法的迭代次数设定为 40 次求解。

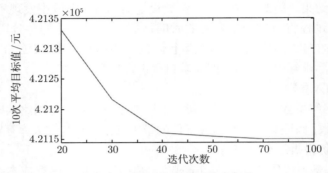

图 8-3　不同迭代次数平均目标值

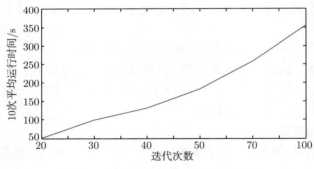

图 8-4　不同迭代次数的平均运行时间

2) 两种算法混合使用方案

如表 8-3 所示，当模型第 1 回合和第 2 回合执行时，问题规模较大，若使用排列组合法，则分别有 262 144 和 32 768 种组合，也就是说要分别求解整数规划 262 144 次和 32 768 次，求解时间也达到了 6500s 和 830s；若使用遗传算法，可以在 1min 内得到较优的结果。因此，本节在前两回合时使用遗传算法。第 3 回合，用遗传算法求解 10 次得到目标值的平均值和平均运行时间分别为 263 879 元和 35s；用排列组合算法求解目标值和时间分别为 263 878 元和 129s。由此可以看出，遗传算法与排列组合算法求解结果几乎一样，但求解时间缩短了 4 倍。因此，在第 3 回合中，本节仍采用遗传算法求解。第 3 回合以后，问题的规模相对较小，本节采用排列组合算法可以在较短时间内得到最优结果。

值得一提的是，表中显示每回合的目标值 GAP 都在 0.3% 以内，且求解时间在 1 min 内，可以看出本节设计的遗传算法的正确性和高效性。

表 8-3 每回合的 PC 和 GA 目标表值及目标值 GAP

回合	目标值比较/元			求解时间比较/s		
	PC	GA	GAP	PC	GA	GAP
1	419 991	421 180	0.28%	6591	110	5892%
2	312 923	313 385	0.15%	829	90	821%
3	263 878	263 879	0	129	56	130%
4	190 551	—	—	5.9	—	—
5	98 769	—	—	0.8	—	—
6	10 618	—	—	0.1	—	—

注：目标值 GAP=(GA−PC)/PC；时间 GAP=(GA−PC)/PC；—表示使用 PC 求解时间已经很小，因此第 4 回合后使用 PC

5. 测试结果与分析

本节利用动态决策架构执行模型，针对药品物资需求量的扰动特性，每两周进行需求量即时更新作业并执行模型。如图 8-5 所示，模型在不同决策规划回合求解下，随着时间延续，目标值呈现下降的趋势。注意，此目标值结果为各决策规划回合在执行时间范围内的所有节线结果，即包括决策期阶段与参考期阶段。另外，由表 8-4 可知，模型的求解时间相当快，每回合都在 2min 内即可求得规划结果，且随着时间延续，求解时间加快，如图 8-6 所示。其原因是，在决策规划初期阶段，大部分药品物资配送节线都尚未计算，故模型中变量较多，求解相对困难，求解时间相对较长。而到后面的决策规划阶段，因有较多的节线已完成计算而不予考虑，模型中变量较少，故目标值与求解时间也逐渐减小。

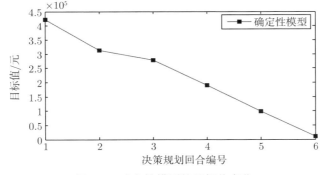

图 8-5 确定性模型的目标值变化

表 8-4 中各回合的目标值，是在部分物资需求量信息不明确的情况下所求得的结果；换言之，每回合的结果包含物资需求量信息明确的决策期阶段与不明确

的参考期阶段两部分，并不是实际医院配送的目标值。因此，本节利用动态决策架构，每两周重新执行模型一次，求解两周内 (决策期内) 的药品物资配送排程结果。各决策规划回合的求解结果如表 8-5 所示，可发现模型在不同决策规划回合下，求得的决策期目标值呈现起伏变动。其原因是每个时点的需求不相同，且每两周更新一次，故每回合求解下决策期目标值会呈现不稳定状态。

表 8-4　各回合的目标值和求解时间

项目	回合 1	回合 2	回合 3	回合 4	回合 5	回合 6
目标值/元	421 150	313 322	277 746	190 551	98 769	10 618
求解时间/s	111.92	90.00	56.47	5.91	0.72	0.11

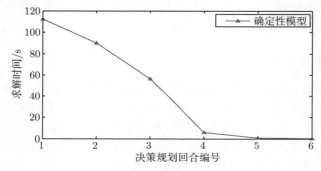

图 8-6　确定性模型的求解时间

表 8-5　确定性模型各回合的决策期目标值

决策规划回合编号	决策期目标值/元	决策规划回合编号	决策期目标值/元
1	102 406	5	81 167
2	66 669	6	20 759
3	48 021		
4	81 427	总和	400 451

此外，本节中药品物资的价格采用折扣的形式，当大量订购时价格会低，少量订购价格会高。表 8-5 中，第 1 回合的目标值明显高于其他回合，其原因是第 1 回合进行了大量订购，订购量满足了下 1 回合的需求，第 2 回合没有发生订购行为。第 1 回合以低价大量购买，第 2 回合不购买，总成本最低。因此，出现了第 1 回合目标值明显较大，第 2 回合则较小的现象。第 6 回合决策期只有一周，也发生了类似上述的情况，因此目标值最小。

6. 敏感性分析

本节建立的模型在不同参数设定下，可能会产生不同的结果。针对原平均药品物资需求量分别变动 50%、75%、125% 和 150%，表示原平均物资需求量乘以缩小倍率或放大倍率。确定性规划结果如图 8-7 所示。随着药品物资需求量平均值变动倍率的增加，目标值呈现上升现象。当平均物资需求量变动至 150% 时，总医疗作业成本增加 50.2%；当平均物资需求量变动至 50% 时，总医疗作业成本减少49.7%。根据上述可知，随着药品物资需求量呈倍率增加，总的作业成本也呈倍率增加，其可能的原因是，当需求量增加时，药品物资的总购买成本会呈倍数增加，医疗系统也必须增加更多的库存以应对实际中的扰动情况，故总营运成本会大量增加。

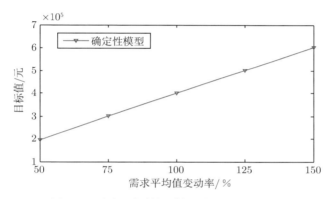

图 8-7　需求平均数敏感性分析–确定性模型

8.3　随机性药品物资配送排程规划

　　本节考虑了实际营运环境中需求量和旅行时间随机变动的特性，针对上述确定性模型，进一步将确定性模型中医院部门各时点的固定需求及配送过程中的固定旅行时间修正为随机需求和随机旅行时间，构建了需求和旅行时间双重不确定条件下的药品物资配送排程模型，使规划结果能符合现实环境的扰动情况[10,11]。

　　本节利用两阶段随机规划 (two-stage stochastic programming) 的概念建立数学模型。一般两阶段随机规划是将决策发生在随机事件已知的先后划分为第一阶段与第二阶段规划，对应的决策变量即称为第一阶段决策变量与第二阶段决策变量。其意义为在第一阶段的决策需在随机事件已知前就做好决定；而第二阶段的决策可在某一随机事件已知后，再进行规划。根据两阶段随机规划概念，本节的固定配送节线的决策 (时空网络中合约供货商至医院供应节线、医院至医院部门供应节线与医院的滞留节线)，必须在需求扰动开始前完成规划。而当某一随机状况已知后，即可根据此情况，求得剩余规划时点的所有节线结果。因此，本节将第一阶段规划视为固定配送节线的规划，其所对应的决策变量即为时空网络中合约供货商至医院供应节线、医院至医院部门供应节线与医院的滞留节线；第二阶段规划为在各随机状况下的随机配送节线结果，所对应的决策变量即为其余规划时点的供应节线、滞留节线及汇集节线等节线变量。

8.3.1　药品物资配送时空网络

随机性药品物资配送的时空网络构建与确定性网络构建方式类似。其中时空网络图、节点、节线以及价格折扣设计部分的描述见 8.2.1 节，所不同的是供应节线成本组成中运输成本的设计。确定性模型中不考虑旅行时间的变化，将运输成本用常数表示；随机性模型中考虑旅行时间的变化，因此将运输成本设计成固定运输成本和非预期惩罚成本两部分，介绍如下。

1. 运输成本的设计

本节研究随机旅行时间对药品物资配送结果的影响，为了直观刻画随机旅行时间对结果的影响，本书将标准旅行时间内的运输成本设定为一固定值，将相对于标准旅行时间变化的旅行时间所产生的影响用非预期惩罚成本来表示。运输成本的设计考虑不同物料运输量及旅行时间将造成不同车辆的油耗程度，由于不同物料运输量及不同旅行时间将对车辆产生的油耗成本不同，承载的货物量越多或旅行时间越长则所需耗费的成本越高，故本节将单位药品物资的运输成本设定为一定旅行时间内的单位运输成本加上单位物资非预期惩罚成本。在实际应用中，可以根据具体情况设计运输成本的计算方式。

2. 非预期惩罚成本

药品物资配送过程中存在随机状况。若药品物资较原来规划时间提早送达医院或医院部门，则由于旅行时间较原规划短，单位运输成本减少，以此减少的成本作为提早到达的非预期惩罚成本。反之，若药品物资较规划时间晚到，则由于旅行时间较原规划长，其单位运输成本将增加，以此增加的成本作为晚到的非预期惩罚成本。此外，旅行时间的变化导致药品物资到达的提前或延误，可能会造成医院或医院部门的人员成本增加及药品物资不能及时满足需求所带来的损失增加等，也属于非预期惩罚成本的范畴。

下面以图 8-8 为例说明非预期惩罚成本的设计，假设药品物资自供应商到医院，随机产生 100 种事件，共得到三种随机状况，分别为规划节线 (1,10) 发生率 30/100、提前 1h(1, 9) 发生率 30/100、与迟到 1h(1,11) 发生率 40/100。有一种随机状况提前 1h，将造成非预期惩罚成本的减少，故节线 (1,10) 减少的非预期惩罚成本为单位运输成本乘以节线 (1,9) 发生的概率值 30/10。有一种随机状况迟到，造成非预期惩罚成本的增加，因此节线 (1,10) 增加的非预期惩罚成本为单位运输成本乘以节线 (1,11) 发生的概率值 40/100。换言之，节线 (1,10) 的非预期惩罚

成本为节线 (1,9) 和 (1,11) 对其产生的非预期惩罚成本的总和。令 γ 表示因旅行时间变动所产生的单位时间单位物资的惩罚成本，则此非预期惩罚成本可表示为 $-30/100 \times 1\gamma + 40/100 \times 1\gamma$；也可表示为 $E(\Delta t(\omega) \times \gamma)$，其中 $\Delta t(\omega)$ 表示第 ω 次随机事件产生的变动的随机旅行时间。

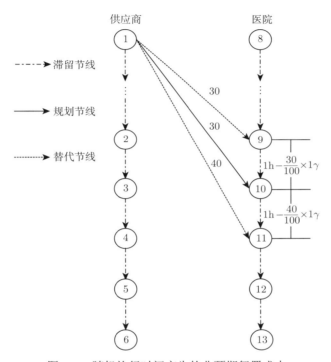

图 8-8　随机旅行时间产生的非预期惩罚成本

8.3.2　随机性药品物资配送排程规划模型构建

1. 基本假设

随机性药品物资配送排程规划模型的假设与确定性药品物资配送排程规划模型的假设基本相同，详见 8.2.2 节确定性模型的假设。随机性模型考虑市场、环境等因素对药品物资需求及旅行时间的影响，因此将确定性模型中假设 (1) 和假设 (5) 作出相应修正，具体如下。

假设 (1) 在药品物资需求方面，由于决策期时间点间的药品物资使用时间较接近决策规划时间点，决策者能够掌握并考虑大部分的随机扰动情况，其随机需求状况相对较确定，因此，将决策期时点间的需求量视为确定性需求。进一步假设在随机性网络设计上，将决策期的节点、节线设定为确定的，而其他所有节点、节线皆设定为随机的。另外，假设所有需求节点的需求服从正态分布。

假设 (5) 药品物资配送的旅行时间不确定。一般道路在正常状况下的速率分配基本符合正态分布，由于本章的研究范围是日常情况下的药品物资配送，不存在因大规模疫情暴发导致道路封锁的情况，因此假设旅行时间服从正态分布。

2. 符号定义

参数定义。

C^n：第 n 层时空网络中需求明确的节线集合，即决策期内节线 (i,j) 的集，这些节线包括供应商到医院节线、医院到各部门节线及滞留节线；U^n：第 n 层时空网络中除了 C^n 以外的其他所有节线 (i,j) 集合，属需求不明确的节线集合，即参考期内的节线集合；ct^n_{ij}：第 n 层时空网络中供应节线 (i,j) 单位药品物资的运输成本，此单位运输成本是在设定的固定旅行时间内核算的成本，若旅行时间超过这一定值，则单位运输成本将增加；ch^n_{ij}：第 n 层时空网络中滞留节线 (i,j) 的药品物资库存成本；$\Delta t^n_{ij}(\omega)$：第 ω 次随机事件下，第 n 层时空网络中集合 U^n 中供应节线 (i,j) 上运输途中变化的旅行时间；Δt^n_{ij}：第 n 层时空网络中集合 C^n 中供应节线 (i,j) 上运输途中变化的旅行时间；γ^n_{ij}：第 n 层时空网络中供应节线 (i,j) 上随机旅行时间所产生的单位时间单位物资的惩罚成本；l^n_{ij}：第 n 层时空网络中节线 (i,j) 的流量下限；u^n_{ij}：第 n 层时空网络中节线 (i,j) 的流量上限；um_{ij}：医院仓储中心与医院部门对应滞留节线 (i,j) 时段的最大库存容量；n,N：分别表示第 n 层时空网络与所有时空网络的集合；M^n：第 n 层时空网络中所有节点的集合；CS^n, US^n：分别表示在时空网络中集合 C^n 和集合 U^n 所包含的所有供应商到医院仓储中心的节线集合；CZ^n, UZ^n：分别表示在时空网络中集合 C^n 和集合 U^n 所包含的所有医院仓储中心到医院部门的供应节线集合；CH^n, UH^n：分别表示在时空网络中集合 C^n 和集合 U^n 所包含的所有滞留节线集合；$a^n_i(\omega)$：第 ω 次随机事件下，第 n 层时空网络中第 i 个节点的供应量或需求量（当 $a^n_i(\omega) > 0$ 时，此节点为需求节点；当 $a^n_i(\omega) < 0$ 时，此节点为供应节点；当 $a^n_i(\omega) = 0$ 时为中转节点）；$E(\cdot)$：各随机药品物资需求状况下节线成本期望值；$\Delta t^n_{ij}\gamma^n_{ij}$：第 n 层时空网络中集合 C^n 中供应节线 (i,j) 上的单位物资的非预期惩罚成本；$\Delta t^n_{ij}(\omega)\gamma^n_{ij}$：第 ω 次随机事件下，第 n 层时空网络中集合 U^n 中供应节线 (i,j) 上的单位物资的非预期惩罚成本。

决策变量定义。

x^n_{ij}：第 n 层时空网络中所有需求明确节线 (i,j) 的流量，即集合 C^n 中所包含的所有节线 (i,j) 的流量 (单位：当量)；$y^n_{ij}(\omega)$：第 ω 次随机事件下，第 n 层时空网络中所有需求不明确节线的流量，即集合 U^n 中所述节线 (i,j) 的流量 (单位：当量)。

3. 数学表达式

根据上述参数定义, 给出随机性药品物资配送排程规划模型如下:

$$
\min z = \sum_{n \in N} \sum_{ij \in CS^n} (f(x_{ij}^n) + \Delta t_{ij}^n \gamma_{ij}^n) x_{ij}^n
$$
$$
+ E \left(\sum_{n \in N} \sum_{ij \in US^n} (f(y_{ij}^n(\omega) + \Delta t_{ij}^n(\omega) \gamma_{ij}^n) y_{ij}^n(\omega) \right)
$$
$$
+ \sum_{n \in N} \sum_{ij \in CZ^n} (ct_{ij}^n + \Delta t_{ij}^n \gamma_{ij}^n) x_{ij}^n
$$
$$
+ E \left(\sum_{n \in N} \sum_{ij \in UZ^n} (ct_{ij}^n + \Delta t_{ij}^n(\omega) \gamma_{ij}^n) y_{ij}^n(\omega) \right)
$$
$$
+ \sum_{n \in N} \sum_{ij \in CH^n} cs_{ij}^n x_{ij}^n + E \left(\sum_{n \in N} \sum_{ij \in UH^n} cs_{ij}^n y_{ij}^n(\omega) \right) \tag{8-9}
$$

s.t.

$$
\sum_{j \in C^n} x_{ij}^n + \sum_{r \in U^n} y_{ir}^n(\omega) - \sum_{p \in C^n} x_{pi}^n - \sum_{c \in U^n} y_{ci}^n(\omega) = a_i^n(\omega), \quad \forall i \in M^n, \forall n \in N, \forall \omega \in \Omega \tag{8-10}
$$

$$
\sum_{n \in N} x_{ij}^n \leqslant um_{ij}, \quad \forall i,j \in CH^n, \forall \omega \in \Omega \tag{8-11}
$$

$$
\sum_{n \in N} y_{ij}^n(\omega) \leqslant um_{ij}, \quad \forall i,j \in UH^n, \forall \omega \in \Omega \tag{8-12}
$$

$$
l_{ij}^n \leqslant x_{ij}^n \leqslant u_{ij}^n, \quad \forall i,j \in C^n, \forall n \in N, \forall \omega \in \Omega \tag{8-13}
$$

$$
l_{ij}^n \leqslant y_{ij}^n(\omega) \leqslant u_{ij}^n, \quad \forall i,j \in U^n, \forall n \in N, \forall \omega \in \Omega \tag{8-14}
$$

$$
x_{ij}^n \in I, \quad \forall i,j \in C^n, \forall n \in N, \forall \omega \in \Omega \tag{8-15}
$$

$$
y_{ij}^n(\omega) \in I, \quad \forall i,j \in U^n, \forall n \in N, \forall \omega \in \Omega \tag{8-16}
$$

本节模型是一个特殊的整数多重货物网络流动问题, 目标式 (8-9) 为随机需求下的药品物资配送总成本最小化, 其中包含需求明确节线的药品物资购买成本和非预期惩罚成本、需求不明确节线的药品物资购买成本和非预期惩罚成本期望值、需求明确节线的运输费用和非预期惩罚成本、需求不明确节线的运输费用和非预期惩罚成本期望值、需求明确节线的库存成本及需求不明确节线库存成本的期望值。约束条件式 (8-10) 为在各 ω 随机事件下, 所有节点流量守恒; 约束条件式 (8-11) 为决策期的医院仓储中心与医院部门的最大库存容量上限; 约束条件式 (8-12) 为

在各 ω 随机事件下，除决策期外的医院仓储中心与医院部门的最大库存容量上限；约束条件式 (8-13) 为所有需求明确节线流量上、下限；约束条件式 (8-14) 为在各 ω 随机事件下，所有需求不明确节线流量上、下限；约束条件式 (8-15) 表示所有需求明确节线流量均为整数；约束条件式 (8-16) 为在各 ω 随机事件下，所有需求不明确节线流量均为整数。

8.3.3　问题求解算法

随机性模型中，变量与约束条件的数量会随着求解的随机模拟事件数增多而增加，模型的规模越来越大，求解将越来越难，难以在有限的时间内有效求得最优结果。因此，本节利用问题分解策略，研究出了一个随机模型的启发解法，以有效求解。为了方便求解，本节将原随机性模型修改为如下修正模型，并给出了求解步骤。

1. 随机性模型的修正模型

本节将原随机性药品物资配送模型发展成一个修正模型进行求解。其中，将模型中属于 C^n 集合节线的决策变量转换为在各 ω 个随机事件下属于 C^n 集合节线的决策变量，并在模型中增加非预期约束条件，除之前模型定义的变量外，新增的变量定义如下。

$x_{ij}^n(\omega)$：第 ω 次随机事件中，第 n 层时空网络中所有需求明确节线 (i,j) 的流量，即集合 C^n 中所包含的所有节线 (i,j) 的流量 (单位：当量)。修正后的随机性药品物资配送模型的数学表达式为

$$
\begin{aligned}
\min z = &\; E\left(\sum_{n \in N} \sum_{ij \in CS^n} (f(x_{ij}^n(\omega)) + \Delta t_{ij}^n(\omega)\gamma_{ij}^n)x_{ij}^n(\omega) \right) \\
&+ E\left(\sum_{n \in N} \sum_{ij \in US^n} (f(y_{ij}^n(\omega)) + \Delta t_{ij}^n(\omega)\gamma_{ij}^n)y_{ij}^n(\omega) \right) \\
&+ E\left(\sum_{n \in N} \sum_{ij \in CZ^n} (ct_{ij}^n + \Delta t_{ij}^n(\omega)\gamma_{ij}^n)x_{ij}^n(\omega) \right) \\
&+ E\left(\sum_{n \in N} \sum_{ij \in UZ^n} (ct_{ij}^n + \Delta t_{ij}^n(\omega)\gamma_{ij}^n)y_{ij}^n(\omega) \right) \\
&+ E\left(\sum_{n \in N} \sum_{ij \in CH^n} cs_{ij}^n x_{ij}^n(\omega) \right) + E\left(\sum_{n \in N} \sum_{ij \in UH^n} cs_{ij}^n y_{ij}^n(\omega) \right) \quad (8\text{-}17)
\end{aligned}
$$

$$
\text{s.t.} \quad \sum_{j \in C^n} x_{ij}^n(\omega) + \sum_{r \in U^n} y_{ir}^n(\omega) - \sum_{p \in C^n} x_{pi}^n(\omega)
$$

$$-\sum_{c\in U^n} y_{ci}^n(\omega) = a_i^n(\omega), \quad \forall i \in M^n, \forall n \in N, \forall \omega \in \Omega \tag{8-18}$$

$$\sum_{n\in N} x_{ij}^n(\omega) \leqslant um_{ij}, \quad \forall i,j \in CH^n, \forall \omega \in \Omega \tag{8-19}$$

$$\sum_{n\in N} y_{ij}^n(\omega) \leqslant um_{ij}, \quad \forall i,j \in UH^n, \forall \omega \in \Omega \tag{8-20}$$

$$l_{ij}^n \leqslant x_{ij}^n(\omega) \leqslant u_{ij}^n, \quad \forall i,j \in C^n, \forall n \in N, \forall \omega \in \Omega \tag{8-21}$$

$$l_{ij}^n \leqslant y_{ij}^n(\omega) \leqslant u_{ij}^n, \quad \forall i,j \in U^n, \forall n \in N, \forall \omega \in \Omega \tag{8-22}$$

$$x_{ij}^n(\omega) \in I, \quad \forall i,j \in C^n, \forall n \in N, \forall \omega \in \Omega \tag{8-23}$$

$$y_{ij}^n(\omega) \in I, \quad \forall i,j \in U^n, \forall n \in N, \forall \omega \in \Omega \tag{8-24}$$

$$x_{ij}^n(\omega_1) = x_{ij}^n(\omega_2), \quad \forall i,j \in C^n, \forall n \in N, \omega_1, \omega_2 \in \Omega, \omega_1 \neq \omega_2 \tag{8-25}$$

原始的随机性药品物资配送模型虽然考虑了物资需求量和旅行时间在各随机事件的随机扰动情况，但是模型最终的目的是规划出一个季度的药品物资配送计划的确定结果。此修正模型中，修改原变量 x_{ij}^n 为各 ω 次随机事件影响下的 $x_{ij}^n(\omega)$ 决策变量，因此若未限制不同随机事件下的变量值，则此修正模型规划结果将有 Ω 个季度 (总模拟季度数) 的物资配送计划结果。为避免此不合理结果，我们在此修正模型中额外增加了非预期约束条件式 (8-25)，以限制各变量在各 ω 次随机事件下相等的条件，如此模型将与原模型相同。

2. 随机性模型的启发解法

当原随机性药品物资配送模型发展成修正模型后，其做法是：首先，模拟产生多组各需求时点的物资需求量；其次，将需求量带入到修正后的随机性药品物资配送模型中，并松弛非预期约束条件产生 Ω 个确定性物资配送问题，再以确定性模型求解 Ω 组随机事件下的最优解；最后，由 Ω 组随机事件下的物资配送结果结合统计方法和启发性规则，挑选出节线流量都为固定或节线流量变动很小的节线，并用平均值作为该节线的流量值。此模拟过程可重复，直到所有节线流量都被固定后停止。若经数回合后，仍有部分节线流量无法确定，则用平均的物资需求及已被挑选且固定的药品物资配送节线流量建立确定性模型，并求解确定其余节线流量。

启发解法的求解流程如图 8-9 所示，具体步骤说明如下。

步骤 1：设定求解参数信息，包含模拟回合数 (即随机事件数)N、时空网络信息、物资需求分布、节线成本、医院、医院部门的库存容量、最低安全库存及物资初始供应量等相关信息。

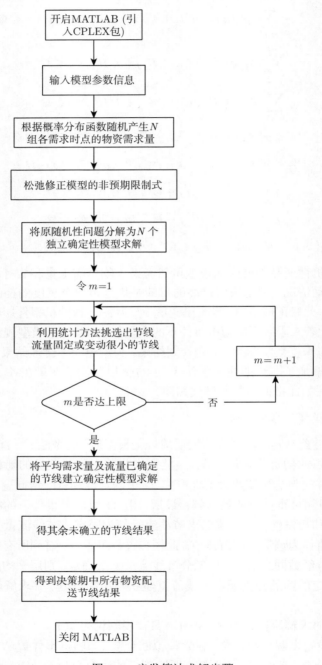

图 8-9   启发算法求解步骤

步骤 2：在服从的概率分布下，随机产生 N 组各需求时点的物资需求量，并松弛修正后的随机性药品物资配送模型中的非预期约束条件，将原随机性需求模型分解为 N 个确定性模型，并以确定性模型解法求解。

步骤 3：令 $m = 1$。

步骤 4：将求得的各确定性模型的物资配送节线结果按照设定的统计方法挑选出节线流量为固定或节线流量变动很小的节线，并将平均值作为该节线的流量值。

步骤 5：判断 m 是否达设定的上限。若是，则进行步骤 6；否则，令 $m = m+1$，执行步骤 4。

步骤 6：将平均的物资需求及已被挑选出的固定的药品物资配送节线流量，代入确定性模型求解，以得到其余未确定的节线结果。

步骤 4 的节线挑选方法如下：先计算出同一物流节线在不同随机事件下的平均值与标准差，再利用统计学方法进行筛选，即所筛选的节线满足此约束条件 $|X_i - \overline{X}| \leqslant A \cdot S$。

约束条件：$|X_i - \overline{X}| \leqslant A \cdot S$ 转化后的数学式为

$$\overline{X} - A \cdot S \leqslant X_i \leqslant \overline{X} + A \cdot S \tag{8-26}$$

其中，X_i 为同一物流节线在不同随机事件下的节线流量；$\overline{X}$ 为不同随机事件下节线流量平均值；S 为不同随机事件下节线流量标准差；A 为判断系数。

约束条件表示同一物流节线在不同随机事件下的物流节线流量 X_i 减去平均值 $\overline{X}$，取绝对值后必须在 A 倍标准差以内才符合判断式。

8.3.4 算例分析

1. 参数分析

与 8.2.4 节相同，本章随机性药品物资配送排程规划模型中的药品物资需求量数据、旅行时间、成本和库存相关参数均来自南京市某家医院的历史资料。

在随机性需求模型的药品物资需求量输入数据方面，由于实际上药品物资需求量的分配形态难以得知，在有限的人力和物力条件下，为简化起见，本节依照经验和相关文献合理推估各时点药品物资需求的分布形态，以随机产生各随机状况中的药品物资需求。因此，本节利用一季度各时点药品物资需求量的平均值以及标准差，并假设药品物资需求为正态分布，利用 MATLAB 中的正态分布函数，产生多组一季度内各时点的药品物资需求，作为随机性需求模型药品物资需求量的输入数据。此外，未来在实际应用时，则可依实际需求状况进行调整，并利用本节的排程模型，求得药品物资配送规划结果。

2. 问题规模

本节在计算随机性问题规模上，以符号 Ω 代表随机事件数，则以 Ω 次随机事件来估计此模型的问题规模如表 8-6。

表 8-6   随机性模型问题规模

类别	项目	数值
网络规模	时空网络个数	3
	时空网络节点数	218
	时空网络运送节线数	201
	时空网络滞留节线数	198
	时空网络汇集节线数	19
数学式规模	变量个数	$396×\Omega+36$
	节点流量守恒约束条件	$200×\Omega+18$
	医院仓储中心与部门	$60×\Omega+6$
	最大存货量的额外约束条件	—
	随机性需求的额外约束条件	Ω
	节线流量上下约束条件	$395×\Omega+36$
	整数约束条件	$396×\Omega+36$

3. 求解环境及设定

本节随机性药品物资配送排程规划模型的求解环境、相关程序参数设定、程序输入输出参数都与 8.2.4 节相同,在此不再赘述。

4. 算法评估及参数确定

本节针对随机性药品物资配送排程规划模型,在确定性模型求解的基础上,提出了随机性模型的启发解法。就随机模型来说,随机次数对于解的稳定性影响很大。理论上,随机次数越多,越能反映出实际的扰动情况。但是,随着随机次数的增加,问题规模越趋于庞大,可能造成求解困难,无法在合理时间内得出有效解。经过模拟,本节将随机次数定为 40 次,此时的求解时间约为 5000s。实际情况根据求解环境和条件来设定随机数目。

为了确定挑选约束条件的判断系数和挑选次数,本节以 0.3、0.4、0.5、0.6、0.7、0.8 六种判断系数作为挑选判断标准,来测试执行一次及两次挑选的结果。如图 8-10 所示,两次挑选的目标值都随着判断系数的增加而减少,且目标值的变动幅度也逐渐减小。当判断系数设为 0.6 时,两次挑选的结果相差无几,而之后目标值又有稍微上升的趋势。因此,本节将算法的挑选次数设为一次,判断系数设为 0.6。

5. 测试结果与分析

在随机性需求模型的求解方面,利用启发解法进行模型求解,随机性模型测试结果如图 8-11 所示。可以发现在不同决策规划回合求解下,随着时间延续,目标值呈递减的趋势,其原因与上述确定性模型相同。在求解时间方面,由于药品物资的订购有一个提前期,决策具有时效性,求解时间不宜过长。由表 8-7 可知,模型

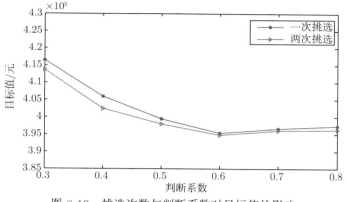

图 8-10 挑选次数与判断系数对目标值的影响

求解时间最长的在 40min 也可完成, 求得规划结果, 且随着时间延续, 求解时间越快 (图 8-12)。其原因与确定性模型相同, 不再赘述。

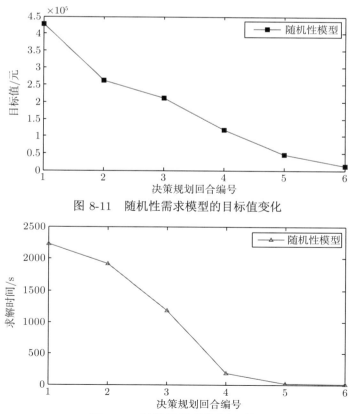

图 8-11 随机性需求模型的目标值变化

图 8-12 随机性模型的求解时间

表 8-7　随机性模型各回合的目标值和求解时间

项目	回合 1	回合 2	回合 3	回合 4	回合 5	回合 6
目标值/元	426 628	262 373	211 041	118 327	45 360	11 866
求解时间/s	2237	1923	1184	179	18	2

表 8-7 中各回合的目标值，是在部分物资需求量信息不明确的情况下所求得的结果，并不是实际医院配送的目标值，其做法与上述确定性模型类似，各决策规划回合的求解结果如表 8-8 所示。我们可发现模型在不同决策规划回合下，求得的决策期目标值呈现起伏变动的特性，其原因与确定性模型相同，是动态决策框架不断更新造成的。此外，在随机性规划中，决策者也会在第 1 回合决策规划时，选择增加药品物资订购数量，造成第 1 回合决策目标值较高，且比第 2 回合决策期目标值高出许多，其原因与确定性模型相同。

表 8-8　随机性模型各回合的决策期目标值

决策规划回合编号	决策期目标值/元	决策规划回合编号	决策期目标值/元
1	151 766	5	32 806
2	43 525	6	16 064
3	59 702		
4	91 427	总和	395 290

6. 模型评估

依据 8.1 节中的动态决策架构理论，本书设计了一个评估方法，以评估确定性与随机性模型在实际情况下的绩效。此评估方法的思路是：当规划期结束后，将每回合决策期内的药品物资需求量和旅行时间提取出来，作为已经确立的药品物资需求量和旅行时间，通过整理后得到完全信息下的药品物资需求和旅行时间数据，然后利用确定性模型在相同参数下求解，得到完全信息下的药品物资配送规划结果。理论上，药品物资需求和旅行时间在完全透明下的结果，是最优化的排程结果。本节利用此最优解与确定性及随机性排程结果比较，以评估两模型。

具体步骤为：先利用确定性、随机性模型求解各回合的药品物资配送规划结果，直到规划周期结束。再依据各回合求得的规划结果，重新计算各回合决策期内的目标值，经过累加可求得整个规划期的实际运行目标值。由此求得的确定性和随机性模型的药品物资配送规划目标值分别为 400 451 元和 395 290 元，如表 8-5、表 8-8 所示。当规划期结束后，将每回合决策期内的药品物资需求量和旅行时间提取出来，作为已经确定的药品物资需求量和旅行时间，整理后可得到完全信息下的药品物资需求和旅行时间数据，然后利用确定性模型在相同参数下求解，得到完全信息下的药品物资配送规划结果，目标值为 393 071 元。最后，根据确定性模型和随机性模型求解结果与完全信息下目标值的差距,比较随机环境下两模型的优劣。如表 8-9 所示,随机性模型求解结果与完全信息下的目标值差距为 0.56%,确定性模型求解结果与完全信息下的差距为 1.89%。比较后发现随机性模型的求解结果优于确定性模型,其原因是,随机性模型在各回合规划时,已经考虑随机扰动情况下多组事件的期望结果,因此,在实际运行中,较能平衡随机性扰动,以致结果优于确定性模型结果。

表 8-9 模型评估结果

项目	随机模型	确定模型	完全信息
目标值/元	395 290	400 451	393 071
与完全信息的差距/%	0.56	1.89	——

7. 敏感性分析

本节建立的模型,在不同参数设定下,可能会造成不同的结果。因此,本节针对药品物资需求信息、旅行时间信息及库存情况相关参数进行敏感性分析,以观察不同参数下的模型求解结果。

1) 需求的平均数变动

分别针对原平均药品物资需求量变动 50%、75%、125% 和 150%,表示原平均物资需求量乘以缩小倍率或放大倍率,随机性规划结果如图 8-13 所示。随着药品物资需求量平均值变动倍率的增加,目标值呈现上升现象。当平均物资需求量变动至 150% 时,总作业成本增加 50.6%;当平均物资需求量变动至 50% 时,总作业成本减少 49.1%。根据上述分析可知,随着药品物资需求量呈倍率增加,总作业成本也呈倍率增加,其可能原因与确定性模型类似。

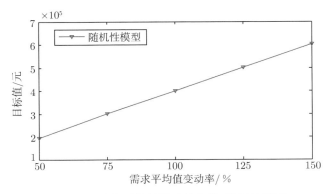

图 8-13 需求平均数敏感性分析–随机性模型

为了评估确定性和随机性模型在需求平均数变动情况下结果的优劣,这里利用前文所述的评估方法,分别针对药品物资需求量变动为 50%、75%、100%、125% 及 150% 的规划结果进行了评估,结果如表 8-10 所示。当需求平均值为 50% 时,随机性模型与完全信息下的目标值差距为 1.33%,优于确定性模型与完全信息下目标值的差距 3.56%。当需求平均值为 150% 时,随机性模型与完全信息下的目标值差距为 0.20%,也优于确定性模型与完全信息下目标值的差距 1.24%。总体而言,对于不同的需求平均数,随机性模型规划结果均优于确定性模型规划结果。

表 8-10　不同需求平均数下模型评估

项目	变动率 50%	变动率 75%	变动率 100%	变动率 125%	变动率 150%
确定性模型/元	195 420	300 338	400 451	500 964	601 477
随机性模型/元	191 203	296 467	395 290	496 088	595 307
完全信息/元	188 702	294 029	393 071	494 590	594 085
确定性模型与完全信息差距/%	3.56	2.15	1.88	1.29	1.24
随机性模型与完全信息差距/%	1.33	0.83	0.56	0.30	0.20

2) 需求的标准差变动

需求的标准差变动是在需求平均值固定的情况下,对标准差进行变动。由于确定性模型中的需求为固定值,确定性模型规划结果不会因标准差变动而产生影响。此处只研究随机性模型规划结果因标准差变化受到的扰动情况。随机性规划结果如图 8-14 所示,标准差变动率的增加代表着随机扰动的增加,当标准差变动率由 50% 增加到 150% 时,规划的目标值呈上升趋势,表示在考虑实际的扰动情况下,各时点药品物资需求量的变动幅度会随着扰动情况的增加而增大,从而导致随机规划目标值的增加。因此,在实际环境中,药品物资的需求受扰动因素影响变化幅度越大,医疗系统就要付出更多的运营成本来应对扰动的变化。

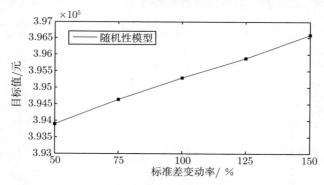

图 8-14　需求标准差敏感性分析–随机性模型

利用上面提出的评估方法,分别针对药品物资需求标准差变动为 50%、75%、100%、125% 和 150% 的规划结果进行评估,结果如表 8-11 所示。当需求标准差变至 50% 时，随机性模型与完全信息下的目标值差距为 0.22%，优于确定性模型与完全信息下目标值的差距 1.89%。当需求标准差变至 150% 时，随机性模型与完全信息下的目标值差距为 0.88%，也优于确定性模型与完全信息下目标值的差距 1.86%。总体而言，对于不同的需求标准差，随机性模型规划结果均优于确定性模型规划结果。

表 8-11 不同需求标准差下模型评估

项目	变动率 50%	变动率 75%	变动率 100%	变动率 125%	变动率 150%
确定性模型/元			400 451		
随机性模型/元	393 894	394 642	395 290	395 887	396 586
完全信息/元	393 025	393 110	393 071	393 192	393 126
确定性模型与完全信息差距/%	1.89	1.87	1.88	1.85	1.86
随机性模型与完全信息差距/%	0.22	0.39	0.56	0.69	0.88

3) 旅行时间的标准差变动

旅行时间的标准差变动是在固定旅行时间不变、可变旅行时间平均值为 0 的情况下，对旅行时间标准差进行变动。由于确定性模型中只有固定旅行时间，没有可变旅行时间，确定性模型规划结果不会因旅行时间标准差变动而产生影响。此处只研究随机性模型规划结果因旅行时间标准差变化受到的扰动情况，随机性规划结果如图 8-15 所示。旅行时间标准差变动率的增加代表着干扰旅行时间的随机扰动因素的增加，当标准差变动率由 50% 增加到 150% 时，规划的目标值呈上升趋势，表示在考虑实际的扰动情况下，药品物资配送的旅行时间的变动幅度会随着扰动情况的增加而增大，导致随机规划目标值的增加。因此，在实际环境中，药品物资配送旅行时间受扰动因素影响变化幅度越大，医疗系统就要付出更多的运营成本来应对扰动的变化。

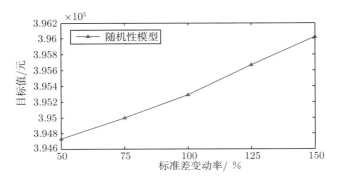

图 8-15 旅行时间标准差敏感性分析-随机性模型

利用本书提出的评估方法，分别针对药品物资配送旅行时间标准差变动为 50%、75%、100%、125% 及 150% 的规划结果进行评估，结果如表 8-12 所示。当旅行时间标准差为 50% 时，随机性模型与完全信息下的目标值差距为 0.42%，优于确定性模型与完全信息下目标值的差距 1.88%。当旅行时间标准差为 150% 时，随机性模型与完全信息下的目标值差距为 0.73%，也优于确定性模型与完全信息下目标值的差距 1.86%。总体而言，对于不同的旅行时间标准差，随机性模型规划结果均优于确定性模型规划结果。

表 8-12　不同旅行时间标准差下模型评估

项目	变动率 50%	变动率 75%	变动率 100%	变动率 125%	变动率 150%
确定性模型/元			400 451		
随机性模型/元	394 731	394 996	395 290	395 672	396 025
完全信息/元	393 075	393 019	393 071	393 138	393 151
确定性模型与完全信息差距/%	1.88	1.89	1.88	1.86	1.86
随机性模型与完全信息差距/%	0.42	0.50	0.56	0.64	0.73

本章针对药品物资配送排程规划问题，分别建立了考虑价格折扣的确定性模型与需求和旅行时间双随机情况下的随机性模型，并在时间轴上运用动态决策架构进行排程规划。最后，提出评估方法，以探讨两模型的优劣。由于本章的确定性模型的目标函数中含有价格折扣函数，且在规划周期中的订购点较多，因此单纯使用分区间的计算方式，难以在有效时间内求得结果。本章针对模型特点及求解过程，在排列组合的思想上提出了遗传算法和排列组合相结合的求解策略，在问题规模较大时，使用此混合策略可在短时间内求得合理解，随着求解规模的变小，单纯使用排列组合即可求出有效解。

参 考 文 献

[1]　刘东东. 需求与旅行时间双重不确定性条件下的药品物资配送排程规划[D]. 南京: 南京理工大学, 2016.

[2]　廖建韦. 医疗物资订购及配送排程规划之研究[D]. 桃园: "国立中央大学", 2007.

[3]　曹智翔. 短期需求扰动下动态医疗物资输配送之研究[D]. 桃园: "国立中央大学", 2007.

[4]　Liu M, Zhang D. A dynamic logistics model for medical resources allocation in an epidemic control with demand forecast updating[J]. Journal of the Operational Research Society, 2016, 67(6): 841-852.

[5]　Liu M, Zhang Z, Zhang D. A dynamic allocation model for medical resources in the control of influenza diffusion[J]. Journal of Systems Science and Systems Engineering, 2015, 24(3): 276-292.

[6]　Yan S Y, Lai W S. An optimal scheduling model for ready mixed concrete supply with

overtime considerations[J]. Automation in Construction, 2007, 16(6): 734-744.

[7]   Yan S Y, Lai W S, Chen M N. Production scheduling and truck dispatching of ready mixed concrete[J]. Transportation Research Part E: Logistics and Transportation, 2008, 44(1): 164-179.

[8]   Liu M, Xiao Y H. Optimal scheduling of logistical support for medical resource with demand information updating[J]. Mathematical Problems in Engineering, 2015, Article ID 765098, 12 pages.

[9]   Liu M, Liang J. Dynamic optimization model for allocating medical resources in epidemic controlling[J]. Journal of Industrial Engineering and Management, 2013, 6(1): 73-88.

[10] Liu M, Zhang L P, Zhang Z. Optimal scheduling of logistical support for medical resources order and shipment in community health service centers[J]. Journal of Industrial Engineering and Management, 2015, 8(5): 1362-1379.

[11] Liu D D, Xiao Y H, Liu M. A time-space network model for model goods order and delivery scheduling[C]. 4th International Conference on Logistics, Informatics and Service Science (LISS), Beijing, 2014: 377-382.

第9章　基于时空网络和机会约束规划的常规药品物资订购与配送排程规划

当前国内医疗机构在药品物资订购作业上，大多通过采购管理信息系统进行规划，但对于药品物资订购或配送频率、订购量及安全库存等重要参数值的决策，仍依靠人工经验进行设定。这种操作方式不但缺乏系统性分析，而且相当依赖作业人员的主观判断，因此常导致次优或不优的决策结果。此外，在实际运营中，药品物资的需求常会受到许多不确定因素或事件的扰动而产生变化，导致事先的需求预测不准确，使规划结果失去其最优性，或难以在现有资源条件下有效地调整以应对此扰动事件，进而降低医院运作系统的整体成效。特别是近年来，随着取消药品加成等医疗新政的实施，曾经作为医院传统重要利润来源之一的药房，如今变成了医院的经济负担。医院亟须对药品物资的订购与配送进行重新规划，以节约医院的运营成本。基于此，本章在第8章的基础上，进一步从医院的角度出发，利用机会约束规划方法构建药品物资订购与配送排程规划模型。

9.1　动态决策架构设计

本章以药品物资订购与配送作业的总成本最小化为目标，针对医院实际操作中的约束条件，运用时空网络概念，分别构建单种药品物资确定性、单种药品物资随机性以及多种药品物资随机性订购与配送排程规划模型，以期帮助医院做出最优决策，保证医院持续、稳定地运营。与第8章类似，本章首先给出药品物资调度的动态决策架构设计，如图9-1所示，然后在此基础上提出基于时空网络和机会约束规划的常规药品物资订购与配送排程规划。

举例来说，若设每两周执行模式一次，每次执行的时间范围为开始执行时点至规划期最后一个时点，如图9-1所示，则第一次运行时间范围为规划期长度52周，第二次为50周，第三次为48周，以此类推直至规划期结束。由每次执行所求得的新药品物资配送信息，再重新进行药品物资订购及配送作业的指派。此指派仅先采纳决策期(前两周)的结果，其药品物资需求状况较明确，随机性扰动程度较小，可确保医疗机构较安全地提供药品物资供给服务，其他时间范围的结果可为本次决策执行提供参考。未来决策者可根据实际运营政策需要，或实际运营随机性扰动程度与扰动时间长度，来决定合适的执行频率与每次运行时间长度。

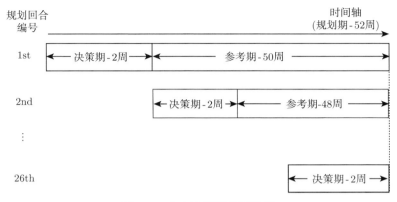

图 9-1　动态决策架构示意图

9.2　单种药品物资的确定性订购与配送规划模型研究

9.2.1　单层药品物资订购与配送时空网络

本书利用时空网络来表示药品物资在时间、空间维度中的运送情形，并建构单层药品物资时空网络，如图 9-2 所示。图中横轴代表供应商、医院仓库及医院科室的"空间分布"，纵轴表示作业规划的"时间延续"。在时空网络的设计上，考虑医院实务做法，网络的时间长度以"年"为作业排程的规划长度，而作业排程的时间间距为"周"[1]。

在时空网络的节点设计上，本书参考实务做法，一项药品物资仅由一家供应商负责提供，而且医院内仅有一个仓库，专门负责药品物资的采购与储存作业，并配送至院内各个科室。此物流时空网络中包含节点、节线等元素，节点代表一个场站在某一特定时间的时空点，节线则代表两个时空点间的物流活动，分别说明如下。

1. 节点

节点代表供应商、医院仓库或医院科室在某一特定时间的时空点。本章的节点可细分为供应商节点、医院仓库节点、医院科室节点及汇集节点等四种，而网络的时点间距设定为一周，如图 9-2 所示。

就供应商节点而言，此类节点为一供给节点，是网络中药品物资的供给来源。在节点供给方面，由于本章假设供应商必须能够完全满足市场需求，因此第一周供应商节点的供给为一极大的值，即供应商节点的供给量超过规划期内所有医院科室总需求量。就医院仓库节点而言，根据实务做法，供应商必须先将药品物资送达至医院仓库，由医院仓库做整合后，再配送至医院各科室使用。此类节点设有初始供给，为上一阶段规划的剩余库存量。就医院科室节点而言，此类节点为一需求节点，各科室需要医院仓库提供药品物资配送的供给服务，其节点需求为医院科室在各时间点的药品物资需求量。此类节点与医院仓库相同，均设有初始存量值，为上一阶段规划之剩余库存量。汇集节点的设计目的是维持时空网络的流量守恒，当规划周期的最后一周作业完成后，所有节点未受使用的药品物资将会汇集至此节点，故汇集节点的需求等于供应商总供给量减掉所有医院科室的总需求量。

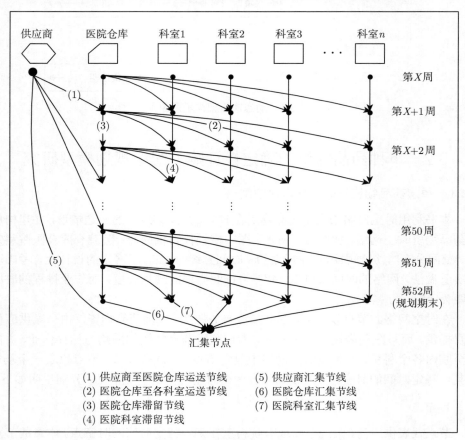

图 9-2   单种药品物资订购与配送时空网络结构

2. 节线

节线表示不同空间的时空连接线，为药品物资在相异时空点间的流动，也即为药品物资的配送路线，如图 9-2 所示。节线流量则代表药品物资的流动数量。节线又可以细分为运送节线、滞留节线及汇集节线等三种，现分别说明如下。

1) 运送节线

该类节线为药品物资在相异时空点间的流动，用以表示药品物资于不同空间的运送情形。运送节线又可细分为下列两种。

(1) 供应商至医院仓库运送节线。此类节线为供应商与医院仓库在不同时空点的连接线，代表由供应商提供药品物资供给服务。节线成本为药品物资的单位购买价格加上每次订购产生的固定订购成本。节线流量上限为医院仓库的最大库存容量，流量下限为 0。

(2) 医院仓库至医院科室运送节线。此类节线为医院仓库与院内各科室在不同时空点的连接线，代表由医院仓库提供药品物资配送服务至各科室。节线成本为药品物资的单位配送成本。节线流量上限为医院各科室的最大库存容量，流量下限为 0。

2) 滞留节线

此类节线为医院仓库或医院科室的物资在相同地点但不同时间点的时空连接线，表示药品物资在某地点停留一段时间。本章的滞留节线可细分为医院仓库滞留节线和医院科室滞留节线两种。医院仓库与医院科室滞留节线代表药品物资在医院仓库或医院科室内作停留，也就表示药品物资尚未被使用，因此有物资库存成本产生，其节线成本为药品物资的单位库存成本。而节线流量上限为医院仓库或医院科室的最大库存容量，流量下限为药品物资在医院仓库或医院科室的最小安全存量。

3) 汇集节线

汇集节线是供应商、医院仓库或医院科室节点与汇集节点的连接线，其设计目的是让尚未被供应商、医院仓库或医院科室使用的药品物资流量汇集至此节点，以维持时空网络的流量守恒，故节线成本为 0。在供应商汇集节线方面，其节线流量上限为无上限，流量下限为 0。在医院仓库与医院科室汇集节线方面，其节线流量上限为医院仓库或医院科室的最大库存容量，流量下限为药品物资在医院仓库或医院科室的最小安全库存。

9.2.2 单种药品物资的确定性订购与配送规划模型构建

1. 模型基本假设

本章的模式是基于医院的立场，构建一个优化单种药品物资的确定性订购及配送规划排程模型。为便于模型的构建及界定模式使用的限制，现提出下列模式的基本假设。

(1) 以医院为立场，并以最小化药品物资订购与院内配送总成本为目标。医疗机构的经营管理属于一个非营利导向的服务性机构，因此，如何有效节省成本并善用资源以提供良好的医疗服务品质，成为医院运营的关键。

(2) 药品物资在各时间节点的潜在需求量为已知并为固定值。药品物资需求量的调查一般较为复杂且费时费力。由于资源有限，本章在后续实例测试阶段，对于这一重要数据的取得方法,是在考察分析已有可用数据的基础上,将规划期的需求量设定为服从某一正态分布,以该分布随机产生的某一组固定数据为基础进行结果测试与相关分析,以使需求量不因其他可能影响因素而变化。

(3) 药品物资订购与配送的规划周期为一年 (52 周),订购和院内物资配送均为一周一次。在实际运营中,医院会事先制订下一年度的订购与配送作业周期,并估算各时间点的物资需求数量,然后与供应商签订相关的物资供应合同。本章参考南京地区某家医院的实际做法来构建模型。该院的药品物资订购与配送的规划长度为一年,对于大部分常规物资采用每周进行物资订购,以及每周进行一次医院内部各科室的物资配送。请注意,此订购与配送的频率在未来用于实际操作时,各医院可根据各自需要进行修改。

(4) 供应商能够完全满足市场需求,并准时且数量无误地将药品物资送至医院仓库 (即不可缺货)。在本模型中,医院在运营规划下的物资采购通常以合约性订购为主,并不考虑与其他非合约供应商进行物资购买,也不考虑合约供应商因其本身因素导致无法准确、准时交付客户所订购的物资,故本章假设合约供应商能够完全满足市场需求,且必须依照合约内容规定,准时、数量无误地将所订购的物资送达医院仓库,也就是每次订购并不会发生缺货情况。

(5) 医院仓库与各科室的最大库存容量和安全库存为已知,并为固定值。医院仓库及各科室库存容量的调查与计算一般较为复杂且费时费力,而安全库存的设定也受物资种类、订货提前期等因素影响。由于资源有限,本章在后续的算例测试方面对于这两个数据的取得方法,是参考南京地区某家医院的已有资料,并做相应的合理修改。因此,在使用上假设其最大库存容量和安全库存为已知的固定值,并不因其他可能影响因素而变化。

(6) 医院仓库和各科室在规划初期具有数量已知的库存量。按照一般实际情况,医院在新的规划年度的初始阶段,仓库及各科室还存留上一年度尚未消耗完的物资,而在对新年度的药品物资订购与配送进行规划时,必须将这些库存量考虑进去。为此,本章效仿实际情形,假设医院仓库和各科室在规划初期具有数量已知的库存量。

2. 符号说明

参数定义。

AM, NM:分别表示时空网络中所有节线与节点的集合;SW:介于供应商和医院仓库之间的所有节线的集合;WD:介于医院仓库和科室之间的所有节线的集合;HA:所有滞留节线的集合;p:药品物资的单位购买价格;d:从仓库到科室的单位配送成本;h:药品物资在医院仓库和医院科室中的单位库存成本;c:每次订购产生的固定成本;l_{ij}, u_{ij}:分别为节线 (i, j) 的流量下限和流量上限;a_i:第 i 节点的需求量。

决策变量。

x_{ij}: 节线 (i,j) 的流量；δ_{ij}: 表示医院是否向供应商订货的 $0-1$ 变量。当 $\delta_{ij}=1$, 则 $x_{ij}>0$；当 $\delta_{ij}=0$, 则 $x_{ij}=0$。

基于以上说明，该确定性规划模型可表达如下

$$\min Z = \sum_{ij \in SW} (px_{ij}+c)\delta_{ij} + \sum_{ij \in WD} dx_{ij} + \sum_{ij \in HA} hx_{ij} \tag{9-1}$$

$$\text{s.t.} \quad \sum_{j \in NM} x_{ij}\delta_{ij} - \sum_{k \in NM} x_{ki}\delta_{ki} = a_i, \ \forall i \in NM \tag{9-2}$$

$$l_{ij} \leqslant x_{ij} \leqslant u_{ij}, \quad \forall i,j \in AM \tag{9-3}$$

$$x_{ij} \in I, \quad \forall i,j \in AM \tag{9-4}$$

$$\delta_{ij} = 0 \ \text{或} 1, \quad \forall i,j \in AM \tag{9-5}$$

目标式 (9-1) 为药品物资订购与配送作业总成本最小化，其中包括物资购买成本、院内配送成本及库存滞留成本；约束条件式 (9-2) 为节点流量守恒约束条件；约束条件式 (9-3) 为各节线流量的上下限限制；约束条件式 (9-4) 为节线流量的整数限制；约束条件式 (9-5) 为 0-1 变量限制。

9.2.3 问题求解算法

本章所构建的确定性药品物资订购与配送排程模型为 0-1 混合整数货物网络流动规划问题，具有 NP-Hard 复杂性质。在该模型的求解上，由于规划周期较长、医院科室数量较多等因素，导致预期的问题规模较大，可能难以在有限的时间内有效率地求得最优解。因此，本章针对此确定性规划模型设计有效的启发式算法，具体步骤说明如下。

步骤 1: 初始化参数。设定算法参数，包括模拟回合数 M、确定性需求事件数 N；并输入模型数据，包括医院仓库/科室的最大安全库存量、最小安全库存量与初始库存量，各项成本数据，以及其他相关参数数据。

步骤 2: 令 $m=1$。m 为计算模拟回合次数。

步骤 3: 使用 MATLAB 函数 normrnd($\cdot$) 产生 N 组医院科室各时点的药品物资需求量。

步骤 4: 调用数学规划软件 CPLEX 的函数 cplexmilp($\cdot$) 来求解模型，求得整个规划期的订购与配送排程结果。上一阶段决策期的排程结果可作为当前决策期的输入数据。

步骤 5: 继续产生剩余规划期的药品物资需求量，求解并得到余下的排程结果。

步骤 6：重复步骤 4 和步骤 5，直到得到最后一周的规划排程结果。判断 $m \geqslant M$ 是否成立。若是，则进行下一步；否则，令 $m = m + 1$，并回到步骤 4。

步骤 7：记录最优的规划排程结果与总运作成本。

9.2.4　算例分析

为测试本章建立的确定性药品物资订购与配送规划排程模式在实际应用中的效果，我们以南京市某医院的实际运营情况为测试背景，将其药品物资订购与配送作业相关数据经过系统性整理、分析及合理假设之后，作为测试时的输入数据。另外，本章针对相关参数进行了敏感度分析，以比较不同参数分别对于规划结果的影响。

1. 算例数据分析

本章以南京市某家医院的历史资料为主要依据，以资料中的数据作为确定性药品物资订购与配送时空网络构建的基本输入数据。由于实际的药品物资需求量与相关成本等资料搜集不易，且该部分数据在实务上也采用预估的方式，并无法得到确切的药品物资需求量与相关成本，因此，本章以合理假设推估范例测试中所需使用的数据，包括药品物资需求量数据、成本数据与相关参数数据等。

1) 需求量数据

通过相关调查我们了解到，实务上为避免发生供给不足的情形产生，医院会以相对实际需求量较大的供给来满足各时点的药品物资需求。换言之，此药品物资订购数量 (即对医院各科室的供给数量) 皆大于实际的药品物资需求量。因此，本章以现况药品物资订购数量为基础，考虑现实中需求量的淡、旺季因素，将各时点的药品物资供给量予以适当的折减以作为本章的药品物资需求量。另外，药品物资需求容易受到突发事件的干扰，导致需求量呈不稳定的变动。根据与医院采购人员访谈的结果，本章将药品物资需求量的变动百分比设定为 10%，并利用上述所的一年药品物资需求量与变动百分比，产生 10 组需求量视为药品物资需求，再求得一年内各时点的平均值与标准差，以此一年内的平均值作为本章确定性需求模型的药品物资需求量输入数据。

2) 成本数据

一般而言，药品物资订购与配送作业成本主要可分为三大类，分别为购买成本、库存成本与医院内部配送成本。由于详细数据无法顺利取得，故本章依据与实务人员访谈的结果、相关数据与文献等信息，经系统性整理、分析及合理假设后作为上述各项成本的输入数据。

在购买成本方面，由于本确定性规划模型只考虑一种常规性药品物资，参照某种实际药品的价格，假设本模型中药品物资的单位购买价格为 20 元。注意，本章并不考虑数量折扣的情况以及年利率对购买成本的影响，每次向供应商订购的单位购买价格均为固定值。另外，医院在每次向供应商订购物资时，除了要支付药品物资的购买成本外，还会产生固定的订货成本，比如订单处理成本 (包括办公成本和文书成本)、装卸费等。该固定成本仅与订购次数有关，而与订购量无关。通过在医院的实际调研，并综合相关文献，本章将固定订货成本设定为 50 元/次。

在库存成本方面，本章参考相关文献的库存成本设定，将药品物资在医院仓库的单位库存成本设为物资单价的 5%。实际情况下主要将药品物资存放在医院仓库内，以方便管理与调度，而各科室的仓库内仅用来存放药品物资的最小安全存量。因此，为了避免库存量过大，本章将物资在医院各科室内的单位库存成本提高并估算为物资单价的 10%。

在医院内部配送成本方面，由于各医院科室皆需使用到选定的该项药品物资，在院内配送上所使用的配送设备与配送方式极为类似，故将医院仓库至各科室单位配送成本统一设为 8 元。未来实际应用时，可依实际的估计方式进行调整。

3) 库存容量参数

(1) 最大库存容量限制。由于实际库存空间运用和药品物资库存体积换算等数据不易取得，对于最大存货容量限制标准的设定，本章参考南京市某家大型医院的计算方式进行合理假设。注意，在本章的假设中，医院仓库和各科室的最大库存容量必须能够容纳每周的总药品物资订购量。

(2) 最小安全库存限制。在参考目前实务对于药品物资最低安全库存的设定标准与做法，其设定标准如下：对于医院仓库，其最低安全库存为医院对物资的日平均需求量 (使用量) 的五倍，即最低安全库存为五天的医院日平均需求量；对于医院各科室，其最低安全库存为物资在该科室的日平均需求量的一倍，即药品物资最低安全库存为一天的科室日平均需求量。

2. 模型设计

1) 问题规模

在问题规模方面，若以 1 项药品物资、1 个医院仓库、3 个医院科室、一年 52 个时点为例，则确定性规划模型问题的规模估算如表 9-1 所示。

2) 模型输入数据

(1) 时空网络数据：科室个数；规划周期长度；医院仓库和科室的最大库存容量和最小安全库存。

(2) 成本数据：药品物资单位购买成本；固定订购成本；药品物资单位库存成本；医院内部单位配送成本。

(3) 药品物资需求数据：各时点药品物资需求情形。

表 9-1　单种药品物资确定性模型的问题规模

类别	项目	数值
	时空网络个数	1
	时空网络节点数	314
网络规模	时空网络运送节线数	311
	时空网络滞留节线数	312
	时空网络汇集节线数	7
	变量个数	682
	节点流量守恒限制式	314
数学式规模	节线流量上下限限制式	630
	整数限制式	630
	0-1 整数限制式	52

3) 运算环境

本章以 Microsoft Windows 7 操作系统为测试平台，以 MATLAB R2012a 程序软件为开发环境，并结合 CPLEX 12.4 数学规划软件进行模式构建与求解，并于 Intel® Core™ 2.13GHz CPU，2.00GB RAM 的个人计算机上执行程序运算，以求得输出结果并进行相关分析。

4) 输出数据

当模型求解完毕后，确定性模型的输出结果可分为以下几项：

(1) 最优解目标值；

(2) 最优解求解时间；

(3) 药品物资订购与配送排程表。

3. 测试结果分析

经过运行一次确定性模型的 MATLAB 程序，我们可以得到如图 9-3 所示的结果。由图 9-3 可发现，模型在不同决策规划回合求解下，随着时间的延续 (或决策规划回合的延续)，目标值呈现下降的趋势。注意，此目标值结果为各决策规划回合在运行时间 (分析期) 范围内的所有节线结果，即包括决策期阶段与参考期阶段。由图 9-4 可知，模型的求解时间比较快速，在 45s 内即可求得规划结果，且随着时间延续，求解时间越来越短。其原因是，在决策规划初期阶段，大部分药品物资配送节线都尚未指派，故模型中变量较多，求解相对较困难，求解时间也相对较长。而后面的决策规划阶段，因有较多的节线已完成指派而不予考虑，模型中的变量较少，且变量的数量随着时间延续逐渐减少，故目标值与求解时间也相对地逐渐减小。

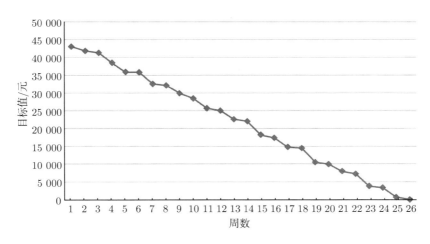

图 9-3 单种药品物资确定性模型的目标值变化

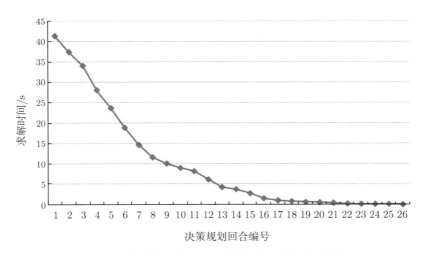

图 9-4 单种药品物资确定性模型的求解时间变化

另外,我们继续运行求解程序 5 次,得到 5 组目标值数据。若将每个回合的求解结果都一一列举进行比较,会显得相当繁琐。为此,我们分别从每组数据中挑选出第 1 回合、第 6 回合、第 12 回合、第 18 回合、第 24 回合的目标值作为代表,来进行比较在同一决策规划回合时的目标值变化,比较结果如图 9-5 所示。从垂直方向上来看,随着时间的延续 (或决策规划回合的延续),5 组目标值均呈现下降趋势,这一特点与图 9-3 所示的一次规划结果也是一致的。从水平方向上看,在 5 次运行程序得到的结果中,同一决策规划回合时的目标值存在波动现象,这是因为在本算例中,医院科室需求量是由正态分布函数随机产生的。但同时其波动幅度很小，各自的目标值大致相同，这表明了随机产生的需求量并不会影响目标值结果，也证明了本章所提出的确定性模型的稳定性。

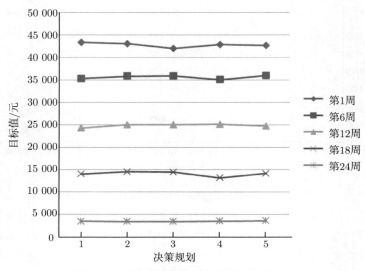

图 9-5　相同决策规划回合下的目标值变化

4. 敏感性分析

本章所构建的确定性规划模型，在不同参数设定下可能会造成不同的规划结果与绩效表现。因此，为了解相关参数对于规划结果的影响程度，本章针对模型相关参数进行了敏感性分析，并整理其分析结果，供决策者进行规划排程作业时参考。

1) 最小安全库存敏感性分析

最低安全存量的设定标准是当日常病患人数增加时，医院仓库提供额外物资供给是否足够的关键。因此，本节针对仓库的最小安全库存进行敏感度分析，分别针对 60%、80%、100%、120% 和 140% 等 5 种最小安全库存变化百分比，测试最小安全库存变化对于模型目标值的影响。确定性规划结果如图 9-6 所示，随着药品物资最低安全库存的增加，目标值会呈现上升的现象。当最低安全库存从 60% 的库存量逐步增加到 140% 的库存量时，每一阶段目标值的增长率分别为 4.5%、4.5%、4.4% 和 4.1%，由此可以看出，目标值增长率呈现下降趋势。造成这一现象的原因是，当医院仓库的最小安全库存增加时，医院每次会订购更多的物资，以作为缓冲，因此购买成本和库存成本会升高。但同时由于每次订购的物资数量增多，订购频率相对降低，从而固定订货成本降低。增加的购买成本与库存成本最终会和降低的固定订货成本达到一个平衡，直至目标值趋近于某一固定值，即当最低安全库存继续提高时,它对规划结果的影响将会越来越小。在实际运营中,决策者不能无限制地降低最小安全库存水平,以求降低整体运营成本。充足、适量的安全库存能有效应对由于不确定因素引起的缺货风险,保证医院正常运营。

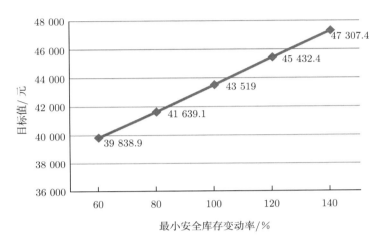

图 9-6　最小安全库存敏感性分析

2) 单位库存成本敏感性分析

本章对单位库存成本的设定上,将药品物资在医院仓库的单位库存成本设为物资单价的 5%,然而实际运营上可能因计算方式不同而有所差异。因此,本节针对单位库存成本进行敏感度分析,分别针对 60%、80%、100%、120% 及 140% 等5 种变化百分比,测试单位库存成本的变动对于模型目标值的影响。

确定性规划结果如图 9-7 所示,随着单位库存成本的增加,目标值会呈现上升的现象。当单位库存成本从 60% 的原值逐步增加到 140% 的原值时,每一阶段目标值的增长率分别为 0.161%、0.157%、0.141% 和 0.138%。值得注意的是,由于本章所设定的单位库存成本数值不大,故目标值变化幅度并不大。且在确定性模型中,各时点的药品物资需求为已知且固定,因此,改变单位库存成本对模型目标值影响并不明显,且随着单位库存成本的增加,会造成总运营成本增加。

3) 固定订货成本敏感性分析

医院每次在向供应商订货时,除了支付必需的物资购买费用外,还会承担一个固定订货成本。如果订货频率很快,则总的固定订货成本也会很大,导致总作业成本增大。因此本节针对固定订货成本进行敏感度分析,分别针对 60%、80%、100%、120% 和 140% 等 5 种变化百分比,测试固定订货成本的变化对于模型目标值的影响。

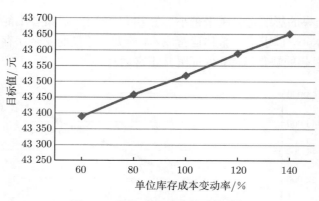

图 9-7 单位库存成本敏感性分析

确定性规划结果如图 9-8 所示，随着固定订货成本的增加，目标值会呈现上升的现象。当单位库存成本从 60% 的原值逐步增加到 140% 的原值时，每一阶段目标值的增长率分别为 0.2863%、0.2855%、0.2738% 和 0.2603%，可以看出，目标值增长率呈现下降趋势。当固定订货成本增加时，医院将增加每次的订购量，以减少总体订货次数。但这又会造成库存成本的增加，导致总体目标值的上升。与此同时，尽管目标值升高，但其增长率很小，可以看出固定订货成本对总体作业成本影响不是很大。

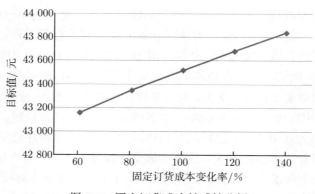

图 9-8 固定订货成本敏感性分析

9.3 单种药品物资的随机性订购与配送规划模型研究

本节继续讨论单种药品物资的订购与配送，但把实际运营环境中需求量随机变动和供应商的供应能力有限的特点纳入考虑，在上一节确定性模型的基础上，进一步将确定性模型中医院科室各时点的固定需求值修改为随机需求值，并将供应商原本无限的供应水平修改为每周的固定供应水平，构建一个基于随机性需求的单种药品物资订购与配送排程规划模型，使所规划的结果更符合现实环境的扰动情况[2,3]。

本节利用机会约束规划方法构建随机性数学规划模型。作为随机规划的三个分支之一[4]，机会约束规划是在一定的概率意义下达到最优的理论，即允许所做决策在一定程度上不满足约束条件，但该决策使约束条件成立的概率不小于某一个置信水平[5]。这种方法所得到的结果并非传统意义上的最优解或者最小总成本，而是在该置信水平上的最优满意解[6]。需求量的随机性使得实际运营中可能出现供应商的产量不能满足医院需求、科室库存低于安全库存水平等异常情况，因此本节将上一节确定性模型的约束条件修改为在一定置信水平下满足的机会约束条件，从而构建一个机会约束规划随机性模型。

9.3.1 单种药品物资的随机性订购与配送规划模型构建

1. 模型基本假设

为便于模型的构建和界定模型使用的限制，本节提出以下模型的基本假设。

(1) 以医院为立场，并以最小化药品物资订购与院内配送总成本为目标。

(2) 药品物资在各时间节点的潜在需求量为随机值，并符合某一正态分布。在现实环境中，需求量会受许多随机因素的干扰而产生变化，因此本规划模型以 9.2 节的确定性模型为基础，考虑科室各时间点需求量的随机性影响，使规划结果能符合现实环境的随机扰动情况。由于本节内容属于一般性运营规划，因此并不考虑其他较不常发生、且扰动程度较严重的意外事件，如 SARS 疫情、员工罢工等。另外，对于随机需求量的产生方法，本节以该医院的实际药品物资需求资料为基础，并考虑实际操作上需求量的淡、旺季以及突发事件的干扰等因素，将全年的需求量设定为符合某一正态分布，以期符合实际情况。

(3) 药品物资订购与配送规划周期为一年 (52 周)，订购和院内物资配送均为一周一次。

(4) 医院仓库与各科室的最大库存容量和安全库存为已知，并为固定值。

(5) 医院仓库和各科室在规划初期具有一定库存量。

(6) 供应商每周的最大产量为已知且为固定值。

2. 参数符号说明

参数定义。

AM, NM：分别表示时空网络中所有节线与节点的集合；SW：介于供应商和医院仓库之间的所有节线的集合；WD：介于医院仓库和医院科室之间的所有节线的集合；HA：所有滞留节线的集合；RM：时空网络中，除 HA 以外所有节线的集合；p：药品物资的单位购买价格；d：从医院仓库到医院科室的单位配送成本；h：药品物资在医院仓库和医院科室中的单位库存成本；c：每次订购产生的固定成本；t：单位缺货成本；l_{ij}, u_{ij}：分别为节线 (i,j) 的流量下限和流量上限；a_i：第 i 节点的需求量；α, β, λ：分别为相应机会约束条件的置信水平。

决策变量。

x_{ij}：节线 (i,j) 的流量；y_i：第 i 节点的缺货量，且 $y_i = \max\left(a_i - \sum\limits_{j\in WD} x_{ij}, 0\right)$，$i \in D$；$\delta_{ij}$：医院是否向供应商订货的 0-1 变量，若 $\delta_{ij} = 1$，则 $x_{ij} > 0$；若 $\delta_{ij} = 0$，则 $x_{ij} = 0$。

基于以上说明，该随机性规划模型可定式如下。

$$\min \ \overline{f} \tag{9-6}$$

$$\text{s.t.} \quad \Pr\left\{ \sum_{ij\in SW} (px_{ij}+c)\delta_{ij} + \sum_{ij\in WD} dx_{ij} + \sum_{ij\in HA} hx_{ij} + \sum_{i\in D} y_i t \leqslant \overline{f} \right\} \geqslant \alpha \tag{9-7}$$

$$\Pr\left\{ \sum_{j\in NM} x_{ij}\delta_{ij} - \sum_{k\in NM} x_{ki}\delta_{ki} = a_i \right\} \geqslant \beta, \ \forall i \in NM \tag{9-8}$$

$$\Pr\left\{ l_{ij} \leqslant x_{ij} \right\} \geqslant \lambda, \quad \forall i,j \in HA \tag{9-9}$$

$$x_{ij} \leqslant u_{ij}, \quad \forall i,j \in HA \tag{9-10}$$

$$l_{ij} \leqslant x_{ij} \leqslant u_{ij}, \quad \forall i,j \in RM \tag{9-11}$$

$$x_{ij}, y_{ij} \in I, \quad \forall i,j \in AM \tag{9-12}$$

$$\delta_{ij} \in 0 \ \text{或} 1, \quad \forall i,j \in AM \tag{9-13}$$

目标函数式 (9-6) 为在随机需求下的药品物资订购与配送总成本最小化，其具体组成部分体现在式 (9-7)：总成本中第一项为药品物资的订购成本，第二项为医院内部的配送成本，第三项为药品物资在医院仓库和医院科室的库存滞留成本，第四项为由于无法满足科室需求的缺货成本；式 (9-7) 表示模型的目标值为目标函数在置信水平下所取的最小值；约束条件式 (9-8) 表示在置信水平下所有节点满足流量守恒；约束条件式 (9-9) 表示医院仓库和医院科室的库存量在置信水平下必须高于安全库存；约束条件式 (9-10) 和式 (9-11) 为其他节线的流量上、下限约束；约束条件式 (9-12) 和式 (9-13) 分别为各决策变量的整数限制和 0-1 限制。

9.3.2   问题求解算法

1. 模型求解算法

本节讨论单种药品物资的随机性订购与配送规划模型的遗传算法求解方案。

遗传算法能够快速、准确地求解复杂的机会约束规划问题。具体来讲，这种智能算法具有如下的优越性。

(1) 遗传算法是一种数值求解的启发式搜索方法，它对任何性质的目标函数都能很好地求解，因此具有良好的普适性。

(2) 与其他一般的启发式算法相比，遗传算法具有更好的适应性和兼容性，比如在求解初始解或者求解下一代群体时，采用不同算法对最终的结果并无影响。

(3) 遗传算法在处理机会约束规划问题时，将机会约束规划转化为等价的确定性规划，从而避免了大量工作。

此外，自 20 世纪 50 年代诞生以来，经过数十年的不断研究与实践，遗传算法已被广泛地应用于函数优化、组合优化以及人工智能等领域。尤其在解决 NP-Hard 复杂问题方面，大量研究已经证实了该算法在处理这类问题时的优越性，刘宝碇教授也建议采用基于随机模拟技术的遗传算法求解机会约束规划问题。基于此，本书选择了基于随机模拟的遗传法算法来求解本节提出的单种药品物资的随机性订购与配送规划模型。

1) 编码方案

编码是遗传算法第一个要解决的问题，它是把一个问题的可行解从其解空间转换到遗传算法所能处理的搜索空间的转换方法，这是设计遗传算法时的一个关键步骤。迄今为止人们已经提出了许多种不同的编码方法，这些编码方法主要有二进制编码、整数 (或自然数) 编码、浮点数 (实数) 编码、格雷码编码等。以往相关研究已证明，相较于其他几种编码，在处理函数优化和约束优化问题时，实数编码更为有效。由于本节需要寻找满足约束条件的最优订购与配送排程组合，本节采用实数编码方案进行编码。

2) 适应度函数

遗传算法的适应度函数也叫评价函数，是用来判断群体中的个体的优劣程度的指标，它是根据所求问题的目标函数来进行评估的。适应度越高，则染色体就会有越大的机会繁殖下一代。在构建适应度函数时，主要考虑将所要求解问题的目标函数通过一定方法转化成合适的适应度函数。本节在遗传算法适应度函数的选择上，将其设置为与所构建的规划模型的目标函数相一致。

3) 遗传操作

(1) 选择操作。选择操作是建立在群体中个体的适应度评估基础上的。目前常用的选择策略包括适应度比例选择方法、局部选择法、锦标赛选择法和随机遍历抽样法等。其中，适应度比例选择方法是一种常用的选择策略，也就是所谓的 "轮盘赌选择算法"(roulette wheel selection)。本节采用轮盘赌选择算法来进行选择操作。这种方法本质上是一种回放式的随机抽样方法。其基本原理是每个染色体被选中进入下一代的概率等于它的适应度函数值除以种群中所有染色体适应度函数值之和，具体运算流程如图 9-9 所示。

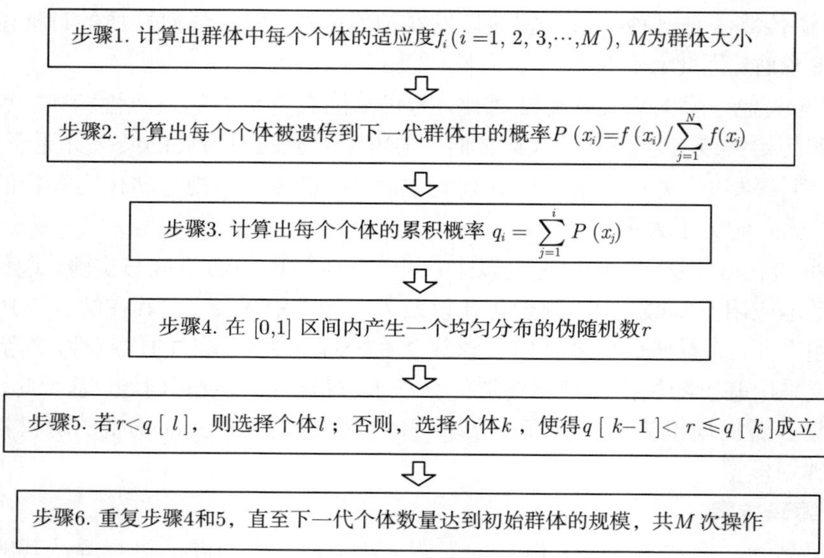

步骤1. 计算出群体中每个个体的适应度f_i ($i=1, 2, 3, \cdots, M$)，M为群体大小

⇩

步骤2. 计算出每个个体被遗传到下一代群体中的概率 $P(x_i)=f(x_i)/\sum_{j=1}^{N} f(x_j)$

⇩

步骤3. 计算出每个个体的累积概率 $q_i = \sum_{j=1}^{i} P(x_j)$

⇩

步骤4. 在 $[0,1]$ 区间内产生一个均匀分布的伪随机数r

⇩

步骤5. 若$r<q[l]$，则选择个体l；否则，选择个体k，使得$q[k-1]<r\leqslant q[k]$成立

⇩

步骤6. 重复步骤4和5，直至下一代个体数量达到初始群体的规模，共M次操作

图 9-9   轮盘赌选择操作流程

(2) 交叉操作。遗传算法中起核心作用的是遗传操作的交叉算子。交叉算子根据交叉概率 P_c 将种群中的两个个体随机地交换某些基因，能够产生新的基因组合，期望将有益基因组合在一起。

目前常见的适用于二进制编码或实数编码个体的交叉运算方法主要有：单点交叉 (single-point crossover)、多点交叉 (multi-point crossover)、算术交叉 (arithmetic crossover) 和均匀交叉 (uniform crossover) 等。其中单点交叉方式应用最为广泛，它是指在个体编码串中随机选定一个交叉点，进行交叉时，互相交换该点前、后两个配对个体的部分染色体的过程。本章即采用此交叉方式。

例如，父代染色体 $x_1=\{1,0,0,1,1,1,1\}$，$x_2=\{0,0,1,1,0,0,0\}$，先将各个基因按照它们所在字符串中的位置顺序从 0 到 M 开始编号 (M 为染色体的长度)；再随机选择一个位置点作为交叉点，并判断是否：若是，则进行交叉操作，否则再生成新的交叉点，直到选择到合适的位置点。下面以图 9-10 为例，描述遗传算法的单点交叉过程。

(3) 变异操作。借鉴生物遗传学中的基因突变原理，变异就是在繁殖过程中，对种群中的个体编码串上的一个或一些基因值进行变动，从而形成新的个体。常用的变异操作方法主要有基本位变异、边界变异、均匀变异、高斯近似变异等。

本节采用基本位变异方法来进行变异操作。例如，父代染色体 $x_1 = \{1,0,0,1,0,1,1,0,0,0\}$，先将各个基因按照它们所在字符串中的位置顺序从 0 到 M 开始编号 (M 为染色体的长度)；再随机选择一个位置点作为变异位置，并判断是否：若是，则进行变异操作，否则再生成新的变异点，直到选择到合适的位置点。以图 9-11 为例，描述遗传算法的变异过程。

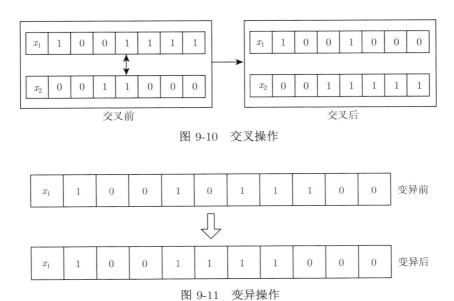

图 9-10 交叉操作

图 9-11 变异操作

在生物进化过程中，基因突变现象发生的概率非常小，为了与自然界实际情况保持一致，在遗传算法中，变异概率的取值也很小，一般为 0.01~0.2。

(4) 终止条件。当最优个体的适应度达到给定的阈值，或者最优个体的适应度和群体适应度不再上升时，或者迭代次数达到预设的代数时，算法终止。本节采用预设的最大迭代次数为遗传算法终止条件。

4) 解决方案生成

遗传算法中控制参数的设置在很大程度上决定着运算的效果，因此本节在遗传算法参数的选择上，首先进行了大量的数值试验，然后限定进化代数、交叉概率和变异概率等参数的范围，最终确定了如表 9-2 所示的参数设置。

表 9-2　遗传算法的参数设置

进化代数 Max_Gen	种群规模 Pop_Size	交叉概率 P_c	变异概率 P_m
200	50	0.6	0.2

基于上一小节对于遗传算法的具体分析，我们可以得到针对单种药品物资随机性规划模型的解决方案，算法流程如图 9-12 所示。

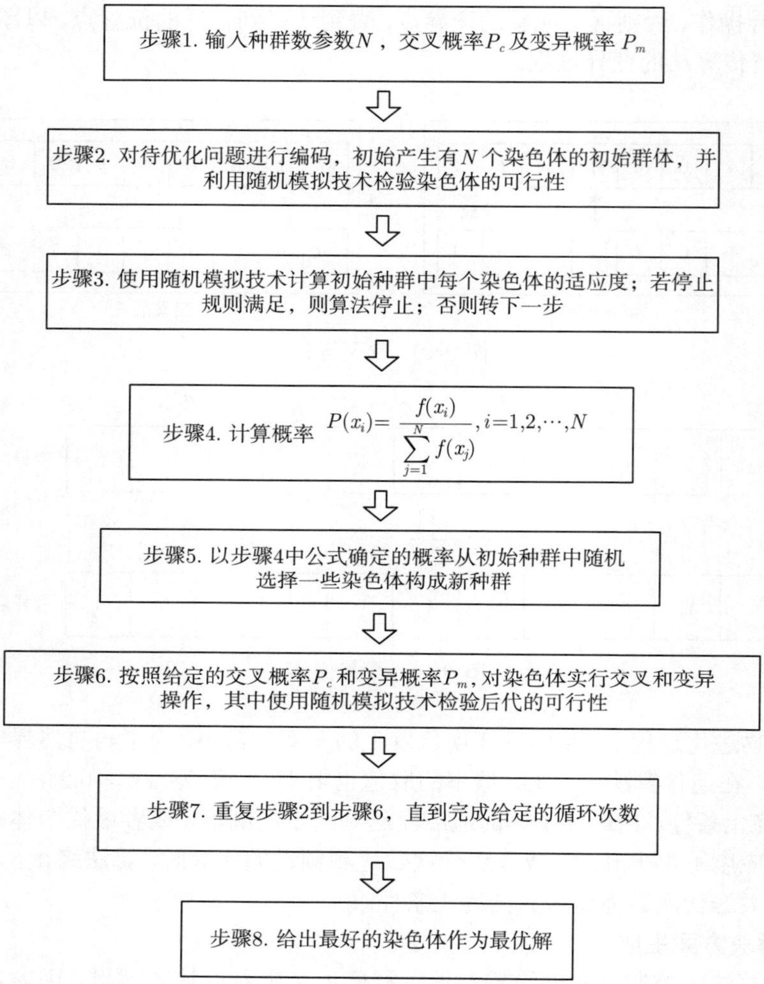

步骤1. 输入种群数参数 N，交叉概率 P_c 及变异概率 P_m

⬇

步骤2. 对待优化问题进行编码，初始产生有 N 个染色体的初始群体，并利用随机模拟技术检验染色体的可行性

⬇

步骤3. 使用随机模拟技术计算初始种群中每个染色体的适应度；若停止规则满足，则算法停止；否则转下一步

⬇

步骤4. 计算概率 $P(x_i) = \dfrac{f(x_i)}{\sum\limits_{j=1}^{N} f(x_j)}, i = 1, 2, \cdots, N$

⬇

步骤5. 以步骤4中公式确定的概率从初始种群中随机选择一些染色体构成新种群

⬇

步骤6. 按照给定的交叉概率 P_c 和变异概率 P_m，对染色体实行交叉和变异操作，其中使用随机模拟技术检验后代的可行性

⬇

步骤7. 重复步骤2到步骤6，直到完成给定的循环次数

⬇

步骤8. 给出最好的染色体作为最优解

图 9-12 基于遗传算法的解决方案

9.3.3 算例分析

1. 算例数据分析

与 9.3.2 节相同，本节单种药品物资随机性模型中的药品物资需求量数据、成本数据和库存容量参数均参考自南京市某家医院的历史资料，在此不再赘述。

2. 问题规模及参数设计

在问题规模方面，若以 1 项药品物资、1 个医院仓库、3 个医院科室、一年 52 个时间节点为例，则随机性规划模型问题的规模估算如表 9-3 所示。

表 9-3 单种药品物资随机性模型的问题规模

类别	项目	数值
网络规模	时空网络个数	1
	时空网络节点数	210
	时空网络运送节线数	204
	时空网络滞留节线数	204
	时空网络汇集节线数	5
数学式规模	变量个数	682
	节点流量守恒限制式	314
	节线流量上下限制式	630
	整数限制式	630
	0-1 整数限制式	52

模型输入数据、电脑运算环境及模型输出数据参考 9.2.4 节中相关参数设置。

3. 测试结果分析

经过运行随机性模型的 MATLAB 程序,我们可以得到药品物资订购与配送的排程结果,如图 9-13 所示。随着遗传算法的逐步迭代,模型目标值不断减小,直至第 120 代处趋于稳定,得到模型的最优解,即整个规划的最小总成本。

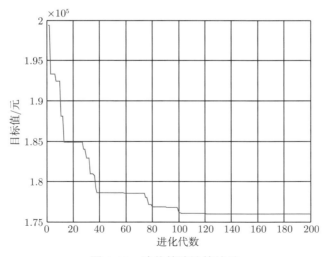

图 9-13 遗传算法计算结果

另外,我们还得到了整个规划期 (52 周) 订购与配送的规划排程结果,包括仓库的订购量和各科室的配送量,如图 9-14 所示。可以发现,在规划期内,有几周医院是没有订购药品物资的。其原因是每次向供应商订购都会产生一固定的订购成本,医院既不能每周都订货 (这会产生巨大的订购成本),又不能在规划初期一次性地订购全年所有的药品物资 (这又会造成巨大的库存滞留成本)。因此，该模型综合、系统地考虑了整个规划期各方面的约束，在固定订购成本和库存滞留成本之间取得一个良好的平衡，从而获得医院最小的运作总成本，以及最优的订购与配送排程规划。

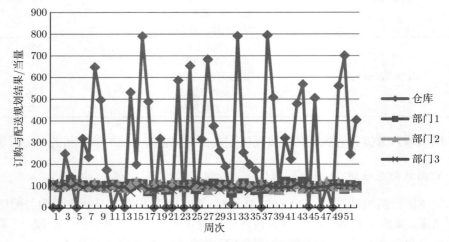

图 9-14　订购与配送的规划排程结果

4. 敏感性分析

对于不同的参数设置，规划模型可能得到不同的规划结果与绩效表现。因此，为了解相关参数对于规划结果的影响程度，本节分别针对模型相关参数和遗传算法相关参数进行敏感性分析，并整理其分析结果，提供决策者进行规划排程作业时的参考。注意，考虑到遗传算法的特性，对于参数的每一变化率，我们以执行模型 20 次之后所取得目标值的平均值作为参考值。

1) 对需求平均值的敏感性分析

保持其他参数值不变，分别针对原平均药品物资需求量 (100%) 变动 80%、90%、100%、110% 及 120%(即表示对原平均药品物资需求量乘上一缩小与放大倍率)，测试平均需求量的变化对于模型目标值的影响，规划结果如图 9-15 所示。

随着药品物资需求量变动倍率的增加，平均目标值会呈现上升的现象。这是因为，当需求量增加时，医疗系统必须增加更多的库存量，以应对实际运营中的随机扰动情况，故总运营成本会大幅增加。

2) 对需求标准差的敏感性分析

在平均值固定的前提下，进行标准差变动敏感性分析，规划结果如图 9-16 所

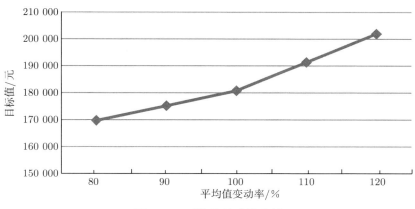

图 9-15 平均值敏感性分析

示。标准差变动倍率上升代表随机性变动情况的增加。当标准差变动率由 80% 增至 120% 时,随机性规划的目标值呈现上升的趋势,这表示随机规划模型在考虑现实的扰动情况下,各时点的药品物资需求量变动幅度会随着变动情况的增加而相对提升,使得目标值上升。因此,药品物资需求量在实际运营中受到的扰动性越大,医院必须付出越多的运营成本,以应对此扰动的变化。

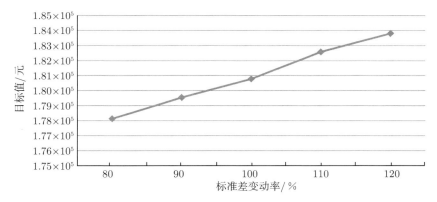

图 9-16 标准差敏感性分析–单种药品物资随机性模式

3) 对固定订货成本的敏感性分析

医院在每次向供应商订购物资时,除了要支付药品物资的购买成本外,还会产生固定的订货成本,比如订单处理成本 (包括办公成本和文书成本)、装卸费等。该固定成本仅与订购次数有关,而与订购量无关。因此,医院应尽可能减少订货频次,以避免订购成本过大。本节针对固定订购成本进行敏感性分析,分别针对 80%、90%、100%、110% 及 120% 等 5 种固定订购成本变动百分比,测试固定订购成本变动对于模型目标值的影响。

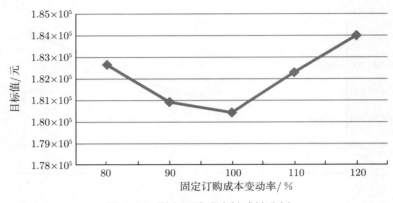

图 9-17   固定订购成本敏感性分析

单种药品物资随机性模型的规划结果如图 9-17 所示，当固定订购成本由 80% 增至 100% 时，目标值呈现降低的趋势；当固定订购成本从 100% 增至 120% 时，目标值呈现上升的趋势。当固定订购成本增大时，医院为降低订购成本，会减少订货频次。但同时为了能够正常满足各科室的需求，每次又会订购更多的量，这就造成库存成本的上升。图 9-17 中目标值之所以先降低后上升，是因为在一开始订购成本的减小幅度大于库存成本的增加幅度，之后则相反。另外可以确定，固定订购成本在变动率 100% 附近时能够使目标值最低，医院则可以此作为决策的参考。

9.4   多种药品物资的随机性订购与配送规划模型研究

9.4.1   多层药品物资订购与配送时空网络

多种药品物资随机性模型的假设条件与单种药品物资随机性模型基本一致，具体假设如下。

(1) 以医院为立场，并以最小化药品物资订购与院内配送总成本为目标。

(2) 各科室对于每种药品物资在各时间节点的潜在需求量为随机值，并符合某一正态分布。

(3) 药品物资订购与配送的规划周期为一年 (52 周)；对于每种药品物资，订购和院内配送均为一周一次。

(4) 医院仓库与各科室的最大库存容量和安全库存为已知，并为固定值。

(5) 对于每种药品物资，医院仓库和各科室在规划初期具有一定库存量。

(6) 对于每种药品物资，供应商每周的最大产量为已知，且为固定值。

按照上述模型的假设条件构建多层药品物资订购与配送时空网络结构，如图 9-18 所示。每一层网络代表一项药品物资，以区别出不同药品物资的时空分布情形。

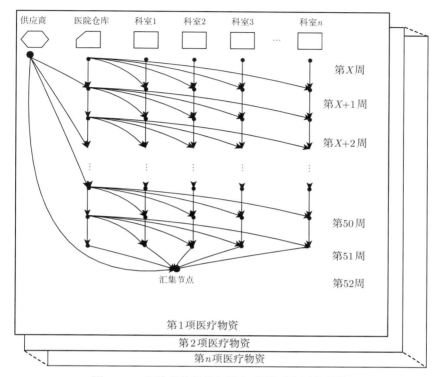

图 9-18 多种药品物资订购与配送时空网络结构

该时空网络所包含的节点、节线等要素已在前两节作出详细说明，在此不再赘述。

参数定义。

AM^n, NM^n：分别表示第 n 层时空网络中所有节线与节点的集合；SW^n：第 n 层时空网络中供应商和医院仓库之间所有节线的集合；WD^n：第 n 层时空网络中医院仓库和科室之间所有节线的集合；HA^n：第 n 层时空网络中所有滞留节线的集合；RM^n：第 n 层时空网络中，除 SW^n 和 HA^n 之外所有节线的集合；D^n：第 n 层时空网络中所有医院科室节点的集合；n, N：分别表示第 n 层时空网络与所有时空网络的集合；p^n：第 n 层时空网络中药品物资的单位购买价格；d^n：第 n 层时空网络中从医院仓库到医院科室的单位配送成本；h^n：第 n 层时空网络中药品物资在医院仓库和医院科室中的单位库存成本；c^n：第 n 层时空网络中每次订购产生的固定成本；t^n：第 n 层时空网络中单位缺货成本；um_{ij}：医院仓库和科室对于滞留节线 (i, j) 时段的最大库存容量；l_{ij}^n, u_{ij}^n：分别表示第 n 层时空网络中节线

(i, j) 的流量下限和流量上限；a_i^n：第 n 层时空网络中第 i 节点的需求量；α, β, λ：分别为相应机会约束条件的置信水平。

决策变量。

x_{ij}^n：第 n 层时空网络中节线 (i, j) 的流量；y_i^n：第 n 层时空网络中第 i 节点的缺货量，$y_i^n = \max \left\{ a_i^n - \sum_{j \in NM^n} x_{ji}^n, 0 \right\}$，$i \in NM^n$；$\delta_{ij}^n$：第 n 层时空网络中医院是否向供应商订货的 0-1 变量。

9.4.2 多种药品物资的随机性订购与配送规划模型构建

根据上述假设条件和参数说明，多种药品物资的随机性订购与配送规划模型构建如下。

$$\min \quad \overline{f} \tag{9-14}$$

$$\text{s.t.} \quad \Pr \left\{ \sum_{n \in N} \left(\sum_{ij \in SW^n} (p^n x_{ij}^n + c^n \delta_{ij}^n) \right. \right.$$
$$\left. \left. + \sum_{ij \in WD^n} d^n x_{ij}^n + \sum_{ij \in HA^n} h^n x_{ij}^n + \sum_{i \in NM^n} y_i^n t^n \right) \leqslant \overline{f} \right\} \geqslant \alpha \tag{9-15}$$

$$\Pr \left\{ \sum_{j \in NM^n} x_{ij}^n - \sum_{k \in NM^n} x_{ki}^n = a_i^n \right\} \geqslant \beta, \; \forall i \in NM^n, \; \forall n \in N \tag{9-16}$$

$$\Pr \left\{ l_{ij}^n \leqslant x_{ij}^n \right\} \geqslant \lambda, \; \forall i, j \in HA^n, \; \forall n \in N \tag{9-17}$$

$$\sum_{n \in N} x_{ij}^n \leqslant um_{ij}, \; \forall i, j \in HA^n, \; \forall n \in N \tag{9-18}$$

$$x_{ij}^n \leqslant \delta_{ij}^n u_{ij}^n, \; \forall i, j \in SW^n, \; \forall n \in N \tag{9-19}$$

$$l_{ij}^n \leqslant x_{ij}^n \leqslant u_{ij}^n, \; \forall i, j \in RM^n, \; \forall n \in N \tag{9-20}$$

$$x_{ij}^n, y_{ij}^n \in N, \quad \forall i, j \in AM^n, \; \forall n \in N \tag{9-21}$$

$$\delta_{ij}^n \in 0 \quad \text{或} \quad 1, \quad \forall i, j \in AM^n, \; \forall n \in N \tag{9-22}$$

目标函数式 (9-14) 为在随机需求下的药品物资订购与配送总成本最小化，其具体组成部分体现在式 (9-15)：总成本中第一项为药品物资的订购成本，第二项为医院内部的配送成本，第三项为药品物资在医院仓库和医院科室的库存滞留成本，第四项为由于随机需求导致的缺货成本；约束条件式 (9-16) 表示模型的目标值为目标函数取得目标值的置信水平；约束条件式 (9-17) 表示所有节点满足流量守恒的置信水平；约束条件式 (9-19) 表示医院仓库和医院科室的库存量高于最小安全库存的置信水平；约束条件式 (9-18) 表示在医院仓库和医院科室储存的各类物资总量不能超过最大库存容量；约束条件式 (9-19) 为判断医院是否订货；约束条件式 (9-20) 为其他节线的流量上、下限约束；约束条件式 (9-21) 和式 (9-22) 分别为各决策变量的非负整数限制和 0-1 限制。

9.4.3　问题求解算法

本节讨论的多种药品物资随机性模型的求解方法仍然采用上一节中单种药品物资随机性模型的遗传算法，不同之处是前者为多种物资，需要增加一个循环操作；其他算法步骤与上一节相同，因此求解时间会更长。具体操作步骤在此不再赘述。

9.4.4　算例分析

1. 算例数据分析

本节多种药品物资随机性模型的算例分析继续以 9.2 节和 9.3 节中的南京市某家医院的历史资料为测试输入数据，在之前的基础上增加了两项药品物资的需求量数据，其他数据保持不变。

2. 问题规模及参数设计

在问题规模方面，若以 3 项药品物资、1 个医院仓库、3 个医院科室、一年 52 个时点为例，则随机性规划模型问题的规模估算如表 9-4 所示。

表 9-4　多种药品物资随机性模型的问题规模

类别	项目	数值
网络规模	时空网络个数	3
	时空网络节点数	630
	时空网络运送节线数	612
	时空网络滞留节线数	612
	时空网络汇集节线数	15
数学式规模	变量个数	2046
	节点流量守恒限制式	942
	节线流量上下限制式	1890
	整数限制式	1890
	0-1 整数限制式	156

模型输入数据、电脑运算环境及模型输出数据参考 9.2.4 节中相关参数设置。

3. 测试结果与分析

经过运行随机性模型的 MATLAB 程序，我们可以得到基于随机性需求的多种药品物资订购与配送的排程规划结果，如图 9-19 所示。随着遗传算法迭代次数的增加，模型目标值不断减小，直至在第 135 代左右趋于稳定，得到模型的最优解，即整个规划的最小总成本为 590 480 元。

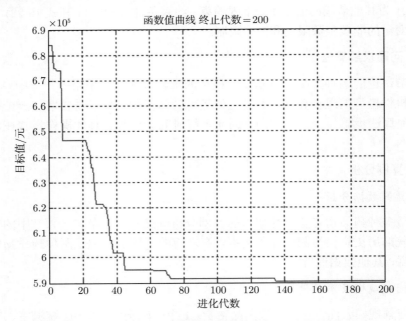

图 9-19　多种药品物资随机性模型运行一次的结果

　　同时得到了整个规划期 (52 周) 内针对 3 项药品物资订购与配送的规划结果，包括仓库的订购量和各科室的配送量，以第 1 项物资为例的规划结果，如图 9-20 所示。可以发现，与单种随机性模型相同，在规划期内，有几周医院是没有订购药品物资的。这是由于固定订购成本的存在，医院既不能每周都订货 (这会产生巨大的订购成本)，又不能在规划初期一次性地订购全年所有的药品物资 (这又会造成巨大的库存滞留成本)。因此，该模型系统性地考虑了整个规划期各方面的约束，在固定订购成本和库存滞留成本之间取得一个良好的平衡，从而获得医院最小的运作总成本，以及最优的订购与配送排程规划。

　　4. 敏感性分析

　　本节分别针对数学模型的参数和遗传算法的参数进行敏感性分析，两种算法的测试的变动率均为 80%、90%、100%、110% 和 120%，而且针对每个变动率执行模型 20 次并取平均值作为敏感性分析的观察值，以此探讨这些参数的变化对于模型结果的影响。

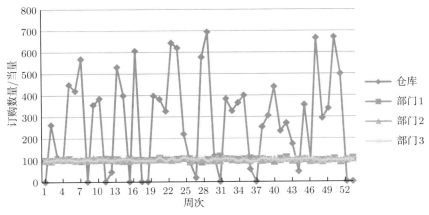

图 9-20 第 1 项药品物资的订购与配送排程

1) 对需求平均值的敏感性分析

多种药品物资随机性模型的规划结果如图 9-21 所示。随着需求量平均值不断变大，模型的目标值也呈现不断上升的趋势。这一现象与单种确定性和单种随机性两个模型一样，都表明当需求量增加时，为了降低随机扰动情况的影响，医院必须订购更多的药品物资，增加更多的库存量，从而导致整体运营成本的增加。

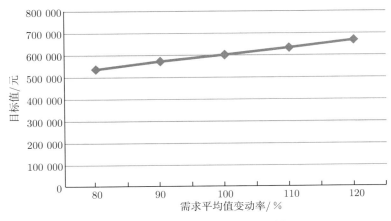

图 9-21 需求平均值敏感性分析

2) 对需求标准差的敏感性分析

在保持平均值不变的情况下，进行需求量的标准差敏感性分析，其规划结果如图 9-22 所示。标准差变动率上升代表着随机扰动情况的增加。当标准差变动率由 80% 增至 120% 时，随机性规划的目标值呈现上升的趋势。并且可以观察到，目标值上升的幅度是不断增大的，即标准差呈倍率增加，总运营成本会呈较大倍率增加。因此，在实际运营中，药品物资需求量受到的干扰性越大，则医疗机构将会付出越多的运营成本。这一结果也提示医疗机构要尽量减少随机性因素对于药品物资需求量的干扰，以确保医疗机构整体的稳定运作。

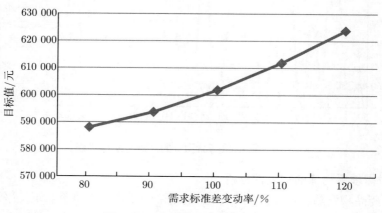

图 9-22 需求标准差敏感性分析

3) 对固定订货成本的敏感性分析

多种药品物资随机性模型的规划结果如图 9-23 所示。当固定订购成本由 80% 增至 120% 时，目标值先逐渐减小，在变动率等于 90% 处达到最小，然后不断上升。这一现象的原因与单种药品物资随机性规划模型相同，即当固定订购成本增大时，医院为降低订购成本，会降低订货频次，但每次的订购量又会增加，这就造成库存成本上升。图中目标值之所以先降低后上升，是因为开始时订购成本的减小幅度大于库存成本的增加幅度，之后则相反。此外，我们可以得知，在本算例中，适当降低订购成本，能够使医疗机构的总运营成本减小。

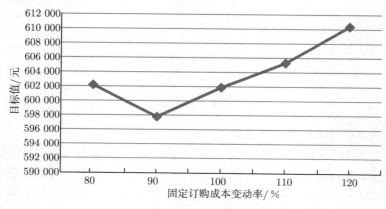

图 9-23 固定订购成本敏感性分析

参 考 文 献

[1] Zhang H X, Liu M. A time-space network based approach for the medical resource order and distribution scheduling problem[J]. ICIC Express Letters Part B: Applications, 2015, 6(7): 1975-1982.

[2] Zhang H X, Liu M. A chance-constrained programming model for medical resources order and distribution scheduling based on time-space network[C]. IEEE International Conference on Logistics, Informatics and Service Sciences, 2015: 1066-1070.

[3] 张慧祥. 基于时空网络和机会约束规划的常规医疗物资订购与配送排程规划[D]. 南京：南京理工大学, 2016.

[4] 刘宝碇, 赵瑞清. 随机规划与模糊规划[M]. 北京：清华大学出版社, 1998.

[5] 刘宝碇, 赵瑞清, 王纲. 不确定规划及应用[M]. 北京：清华大学出版社, 2003.

[6] 邢文训, 谢金星. 现代优化计算方法[M]. 北京：清华大学出版社, 2006.

第 10 章 基于流感扩散规律的药品物资订购与配送排程规划

近年来，随着中国经济的快速发展，外出人口流动频繁、人口老龄化、高危人群比例不断增加，流感的危害及其监测和防治的重要性逐步引起了各级政府的高度重视。在流感扩散期间，市场上普通的药品对流感的治疗效果并不明显，患者须到医院接受针对性抗病毒药品治疗，这将会给医院及配送中心的药品库存管理带来巨大挑战。在当前的药房托管模式下，一方面医院相关药品库存过多会占用大量流动资金，而且存在大量的药品过期风险；另一方面，库存过低则可能造成患者不能及时得到治疗，医疗服务水平随之降低，继而引发更大的经济损失。因此，每年的流感肆虐时，一个有针对性且紧致化的药品订购与配送规划就显得很重要。

10.1 研究问题的提出

中国公众普遍存在"流感为感冒"的认知误区，实际上流感与感冒并非同一概念。普通感冒 (简称感冒) 是上呼吸道感染的一种类型，上呼吸道感染指鼻、鼻咽或咽、喉部急性炎症，大多由病毒引起，部分为细菌所致，患者通常从市场上购买一些 OTC 感冒药 (如感冒胶囊) 即可治愈。流行性感冒 (influenza) 简称流感，是一种由流感病毒引起的急性呼吸道传染病，主要通过空气中的飞沫、人与人之间的接触或与被污染物品的接触进行传播。当流感病毒的表面抗原出现重大改变时，就会产生能造成大流行的流感病毒品种。人类对这种病毒的抵抗力有限，因此这类新病毒将迅速广泛地传播，如 2009 年的甲型 (H1N1) 流感病毒就是一个典型案例。流感大流行通常伴随较多感染个案及较严重的病情，并对社会及经济造成极大影响。据世界卫生组织 (WHO) 发布的公告，全球每年流感病例为 6~12 亿例，美国每年因流感造成的经济损失高达 1000 亿美元，而中国每年有 2 亿左右的人遭受流感的困扰，因各类流感到医院就医者超过 5000 万人次，因误工等造成的社会和经济损失难以统计[1]。近年来，随着中国经济的快速发展，外出人口流动频繁、人口老龄化、高危人群比例不断增加，流感的危害及其监测和防治的重要性逐步引起了各级政府的高度重视[2]。

与此同时，国内医疗行业内关于医药分开的呼声一直很高。2011 年，公立医院改革试点工作安排就明确了"推进医药分开，增设药事服务费"的基调。传统的医院药房管理，每年都需要抽出大量资金用于采购药品，大大占用了医院的流动资金，同时医院还承担着药品过期的损失风险。因此，物流管理成本已成为第三方医药商业公司切入医院终端的最好入口，如南京医药股份有限公司与江苏省人民医院集成化供应链药事服务项目，就是一个典型的案例。在药房所有权归医院不变的前提下，把药品的招标、采购、配送、储存等事务都交由专业药事服务商负责，通过商业企业的集成化供应链服务，使药师从繁杂的药事管理中脱离出来，极大地提高了医院药房的管理效率，降低了医院用药的成本。

其一，在流感扩散环境下，市场上的普通感冒药治疗流感效果不明显，患者须到医院接受针对性的抗病毒药物治疗，从而为本书提供了丰富的研究问题，如流感扩散动力学行为是怎样的？如何预测被感染人数？从建模的角度，如何将患者优化指派到各定点医院？这些医院的抗病毒药品如何从药品储备中心进行采购和配送？在考虑生产提前期的情况下，药品储备中心应该如何向药品生产企业订购该类药品？如何从整体优化的角度去协调这些药品的采购与供应？等。

其二，政府对该类流感的应急响应程度较低，允许医院从成本控制的角度进行药品物资整体优化配置，从而为本书提供了特殊的研究思路，即可以综合应用优化理论与方法、供应链管理以及传染病动力学等知识，根据流感扩散动力学行为规律，将流感药品的需求预测、采购、生产和供应进行整体优化设计，实现流感扩散网络与药品资源配置网络的动态协同，在满足患者药品需求的同时，有效地控制整个药品供应链成本。

基于此，本章以流感扩散环境下的药品物资订购与配送规划为研究内容，首先建立人口流动情形下的流感扩散动力学模型，找出其扩散的关键控制参数，继而构建出药品时变需求预测模型；其次，从需求驱动和容量约束的角度，研究流感患者的整体指派优化行为，在考虑了药品生产商的生产能力、提前期水平以及药品储备分销中心的订购决策行为等因素基础上，构建了药品采购与供应协调优化模型；再次，将上述问题中的"流感患者的整体指派优化行为"这一限制条件放松，考虑患者随机分配到各医院的情形下，应如何订购与配送药品物资，使得整体运营成本最小；在上述工作的基础上，进一步对模型进行拓展，将固定量的订购决策改变为优化模型中的一个决策变量，探究在该环境下的药品采购与供应协调优化模型，以及最优订购量的变化情况。

10.2 患者整体指派情形下的药品物资订购与配送排程规划

本节利用传染病动力学模型分析流感疫情的扩散情况，基于患者的数量预测药品的实时需求, 然后从需求驱动和容量约束的角度, 研究药品物资订购与配送规划模型。本节模型的构建主要考虑患者整体指派到医院情形下的药品物资订购与配送规划的情形。最后对模型的算例结果进行综合比较并对相关参数进行敏感性分析。

10.2.1　预测阶段

在实际运作中, 为了能够精确地获得每一时刻的患病人数, 我们通常利用经典的 SEIR 模型描述流感疫情的扩散情况, 并利用其中 $I(t)$ 的变化情况来预测实时的患者人数[3]。图 10-1 是 SEIR 模型的示意图, 表示人群从进入易感染区域到进入恢复区域的变化情况和疾病传播的过程。尽管人群在不同的区域内有不断的流动特点, 我们依然可以假设除非有特殊的经济社会的原因或者是重大的自然灾害, 否则每个区域的人口数量在一定的时间内不会发生大的改变[4]。由于在一定的区域内, 流感从传播扩散到被控制的时间不是特别长, 一般不会超过六个月, 因此本书假设在流感传播的区域内人口的流入与流出不会有明显的区别。

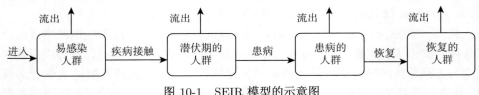

图 10-1　SEIR 模型的示意图

为了能够更好地了解流感扩散规律, 我们通常用下面的常微分方程组 (10-1) 去描述流感的传播过程。

$$
\begin{cases}
S'(t) = \lambda N - \beta S(t)I(t) - \lambda S(t) \\
E'(t) = \beta S(t)I(t) - \gamma E(t) - \lambda E(t) \\
I'(t) = \gamma E(t) - \lambda I(t) - \delta I(t) \\
R'(t) = \delta I(t) - \lambda R(t) \\
N = S(t) + E(t) + I(t) + R(t)
\end{cases}
\tag{10-1}
$$

式中, N 为疫区中人群总数；$S(t)$ 为 t 时刻易感染者的数量；$E(t)$ 为 t 时刻潜伏者的数量；$I(t)$ 为 t 时刻感染患病的数量；$R(t)$ 为 t 时刻病人恢复的数量；β 为疾病的传播率；γ 为疾病的感染率；δ 为疾病的恢复率；λ 为人口的进出率。

常微分方程组 (10-1) 主要描述的是流感在人群传播的动力学过程。常微分方程组中, 第 1 个等式表示易感染人群的改变率是由进入易感染区域的人群的数量、从易感染人群区域出去的数量和接触疾病的传播率转移到潜伏区域人群的数量决定的, 此外转移到潜伏区域人群的数量与疾病的传播率成正比例；第 2 个等式表示潜伏人群的改变率是由进入潜伏人群的数量、从潜伏人群区域出去的数量和转移到患病区域的人数决定的；第 3 个等式表示转移到患病区域人群的数量与疾病的发病率成比例；以此类推，第 4 个等式表示患病人数的改变率是由进入到患病区域人群的数量、由患病人群区域出去的数量和转移到恢复人群的数量决定的；第 5 个等式表示恢复人群的改变率是由进入到恢复人群的数量和出去的人群的数量决定的。当知道模型参数的值并把它们代入到常微分方程组中，便可以利用编程软件刻画出 $S(t)$，$E(t)$，$I(t)$ 和 $R(t)$ 的演化轨迹。这些轨迹可以通过离散算法被近似算出来，比如我们可以通过 Runge-Kutta 法近似的算出这些曲线轨迹每一时刻的值[5]。一般来说，时间间隔越短，离散算法的近似值越精确。由于许多传染病疫情的数据是离散的，为了便于本文后续优化模型的设计及嵌套，我们对方程组 (10-1) 进行差分，结果为方程组 (10-2)。

$$
\begin{cases}
S(t+1) = S(t) + \lambda N - \beta S(t)I(t) - \lambda S(t) \\
E(t+1) = E(t) + \beta S(t)I(t) - \gamma E(t) - \lambda E(t) \\
I(t+1) = I(t) + \gamma E(t) - \lambda I(t) - \delta I(t) \\
R(t+1) = R(t) + \delta I(t) - \lambda R(t) \\
N = S(t+1) + E(t+1) + I(t+1) + R(t+1)
\end{cases}
\tag{10-2}
$$

当各群体的初始值 $S(0), E(0), I(0), R(0)$ 被给定后，便可以利用差分方程组 (10-2) 预测每一时刻 t 的易感染人群、潜伏人群、患病人群和恢复人群的实时数量。在此基础上，假设由流感引起的患者人数与医疗物资的需求之间存在某种正的线性关系，即 $D = aI(t) + b$，则根据此函数我们可以进一步获得任意时刻 t 的医疗物资需求量。当然，在实际运用中，决策者可以根据具体的情况调整需求预测函数的设定，比如可以设定函数为非线性函数等。

10.2.2　模型规划

为方便后续优化模型的计算和比较，首先假设仓储中心每次的药品订购量为固定量。结合上述基于 SEIR 模型预测出的患者数量，本节从需求驱动和容量约束的角度，研究患者整体指派到各医院情形下，药品物资订购与配送的协调优化模型。

1. 模型假设

为便于模型的构建及界定模式使用的范围，现提出下列模式的基本假设。

(1) 流感扩散期间，当地政府或者政府指定的代理机构将对决策管理和药品物资的分配占据主导作用。在大规模的流感扩散期间，当地政府或政府部门指定的代理机构能够有效地组织相关管理部门对传染病进行控制[6]，并能调配足够的药品物资应对。因此，我们假设当地政府或者政府指定的代理机构在管理决策中占主导地位。

(2) 在流感爆发之前，政府部门提前指定若干医院为治疗传染病的定点。在流感扩散期间，如果能够启用提前指定的医院治疗感染患者，将会节省大量的时间，降低物流成本，并且更好地控制传染病的传播。

(3) 供应商能够完全满足市场需求，并准时且数量无误地将药品物资送至仓储中心。在本模型中，药品物资的采购主要以合约协议订购为主，并不考虑与其他非合约供应商进行物资购买，也不考虑合约供应商因其本身因素导致无法准确、准时交付客户所订购的物资，故本节假设合约供应商能够完全满足市场需求，且必须依照合约内容规定，准时、数量无误地将所订购的物资送达仓储中心仓库，即每次订购都不会发生缺货的现象。

(4) 供应商的生产能力、配送中心与医院仓库最大库存容量和安全库存为已知，并为固定值。供应商的生产能力、配送中心与医院仓库库存容量的调查与计算一般较为复杂且费时费力，而安全库存的设定也受物资种类、订货提前期等因素影响。本书由于资源有限，在后续的算例测试方面对于这两个数据的取得方法，是参考南京地区某家医院的已有资料，并做出相应合理的修改。因此，在使用上假设供应商的生产能力、配送中心与医院仓库最大库存容量和安全库存为已知的固定值，并不受其他可能影响因素的影响。

(5) 订购量固定，仓储中心每次向特定供应商订购的数量是相同的。为方便模型计算以及与后续的模型改进比较，本书假设在一个规划周期内的药品物资订购数量上，针对特定的供应商，仓储中心每次订购的数量相同。

(6) 假设配送旅行时间固定。配送旅行时间表示从供应商到仓储中心，从仓储中心到医院的车辆配送时间。在确定性模型中不考虑车辆因各种不可预料的因素导致配送旅行时间变化的情况，将配送时间设为一个定值，从而在确定性模型中药品物资的单位配送成本也为固定值[7]。

(7) 假设不考虑提前期。实际上，常规的药品物资订购的提前期都相对固定。为简化起见，本节在模型建立时不考虑该因素。

2. 符号说明

模型建立所涉及的参数和符号说明如下。

参数说明

I, i：药品供应商 S 的集合，$i = 1, 2, \cdots, I$；J, j：仓储中心 DC 的集合，$j = 1, 2, \cdots, J$；K, k：医院 H 的集合，$k = 1, 2, \cdots, K$；m：每个病人平均每天用药量；X_k：医院 H_k 的容量；$h_k(t)$：医院 H_k 在 t 时刻的总成本；h_{1k}：医院 H_k 固定成本系数；h_{2k}：医院 H_k 可变成本系数，与医院接收的患者人数正相关；$g_j(t)$：仓储中心 DC_j 在 t 时刻的总成本；g_{1j}：仓储中心 DC_j 固定订购成本；g_{2j}：仓储中心 DC_j 存储成本系数，与仓储中心库存的药品数量正相关；v_j^s：仓储中心安全库存；v_j^0：仓储中心固定订购量；V_j：仓储中心的最大库存；D_i：供应商 S_i 的最大产能限制；$f_i(t)$：供应商 S_i 在 t 时刻的总成本；f_{1i}：供应商 S_i 制造药品的固定成本系数；f_{2i}：供应商 S_i 制造药品的可变成本系数，与所需生产的药品数量正相关；$d_i(t)$：供应商 S_i 在 t 时刻接到的订单量；$u^i(t)$：供应商 S_i 在 t 时刻的运输成本；$w^j(t)$：仓储中心在 t 时刻的运输成本。

决策变量。

$x_k(t)$：在 t 时刻医院 H_k 接收的流感患者数量；$z_j^i(t)$：在 t 时刻从供应商 S_i 到仓储中心 DC_j 的药品运输量；$y_k^j(t)$：在 t 时刻从仓储中心 DC_j 到医院 H_k 的药品运输量；$v_j(t)$：在 t 时刻仓储中心 DC_j 库存药品量；$\alpha_k(t)$：0-1 变量，医院 H_k 在 t 时刻是否被启用；$\varepsilon_j^i(t)$：0-1 变量，仓储中心 DC_j 在 t 时刻是否向 S_i 订购药品；$\omega_i(t)$：0-1 变量，供应商 S_i 在 t 时刻是否生产药品。

3. 数学模型

基于上述符号说明，考虑患者整体指派情形下的药品物资订购与配送协调优化模型可描述如下[8]。

$$\min Z = \sum_{t=1}^{T}\left(\sum_{k=1}^{K} h_k(t) + \sum_{j=1}^{J}(g_j(t) + w^j(t)) + \sum_{i=1}^{I}(f_i(t) + u^i(t))\right) \tag{10-3}$$

$$\text{s.t.} \quad \sum_{k=1}^{K} x_k(t) = I(t), \quad \forall t \in T \tag{10-4}$$

$$x_k(t) \leqslant \alpha_k(t) X_k, \quad \forall k \in K, t \in T \tag{10-5}$$

$$v_j^s \leqslant v_j(t) \leqslant V_j, \quad \forall j \in J, t \in T \tag{10-6}$$

$$v_j(t) = \sum_{i=1}^{I} z_j^i(t) - \sum_{k=1}^{K} y_k^j(t), \quad \forall j \in J, t \in T \tag{10-7}$$

$$mx_k(t) = \sum_{j=1}^{J} y_k^j(t), \quad \forall k \in K, t \in T \tag{10-8}$$

$$d_i(t) \leqslant D_i, \quad \forall i \in I, t \in T \tag{10-9}$$

$$\varepsilon_j^i(t) \leqslant \omega_i(t), \quad \forall i \in I, j \in J, t \in T \tag{10-10}$$

$$\alpha_k(t), \varepsilon_j^i(t), \omega_i(t) \in \{0, 1\}, \quad \forall i \in I, j \in J, k \in K, t \in T \tag{10-11}$$

$$x_k(t), y_k^j(t), z_j^i(t), v_j(t) \in \text{Int}, \quad \forall i \in I, j \in J, k \in K, t \in T \tag{10-12}$$

上述模型中，目标函数式 (10-3) 为追求总成本最小化，包括医院 (H) 的运营成本、配送中心 (DC) 存储成本、订购成本以及到医院的运输成本、供应商 (S) 的生产成本以及到配送中心的运输成本等；约束条件式 (10-4) 保证所有的患者被分配到各个医院；约束条件式 (10-5) 是各医院的容量限制；约束条件式 (10-6) 是 DC 库存容量限制；约束条件式 (10-7) 是 DC 流量守恒限制；约束条件式 (10-8) 保证患者需求得到满足；约束条件式 (10-9) 是供应商 S 的生产能力限制；约束条件式 (10-10) 是供应商 S 是否生产的限制；约束条件式 (10-11) 是 0-1 变量约束；约束条件式 (10-12) 是整数约束。由于决策变量中既存在 0-1 决策变量，又存在整数决策变量，因此，上述优化模型为一个典型的 0-1 混合整数规划模型。

10.2.3　模型求解思路

患者整体指派情形下药品物资订购与配送协调优化模型为 0-1 混合整数规划问题，该模型可通过调用 MATLAB 软件中的相关命令进行求解，求解思路如下。

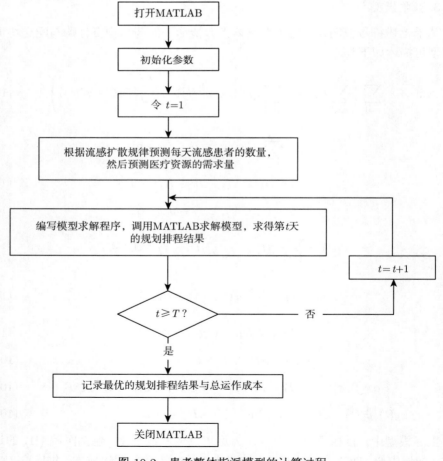

图 10-2　患者整体指派模型的计算过程

步骤 1：初始化参数。设定参数的初始值，包括供应商的生产能力、存储中心仓库和医院的最大安全库存量、安全库存量与初始库存量，各项成本数据，以及其他相关参数数据。

步骤 2：利用式 (10-2) 预测感染患者的数量以及药品物资的需求量。

步骤 3：从 $t=1$ 开始。

步骤 4：以医疗系统总成本最小化为目标，利用 MATLAB 软件中的 milp 命令求解医院在 t 天的药品物资订购与配送排程结果。

步骤 5：判断 $t \geqslant T$ 是否成立。若是，则进行下一步；否则，令 $t = t+1$，并回到步骤 4，直到整个规划期的订购、配送排程情况全部确定。

步骤 6：记录最优的规划排程数据以及总的运作成本。

该整体指派模型的具体的计算过程如图 10-2 所示。

10.2.4 算例测试

为测试所建立的基于流感传播的药品物资订购与配送规划模式在实际应用中的效果，本节以南京市某家医院的实际运营情况为测试背景，药品物资订购与配送作业相关数据经过系统性整理、分析及合理假设之后，作为测试时的输入数据。

1. 算例数据分析

本节以南京市某家医院的历史资料中的数据作为药品物资订购与输配送构建的基本输入数据。由于实际的药品物资需求量与相关成本等资料不易搜集，且该部分数据在实务上也采用预估的方式，并无法得到确切的药品物资需求量与相关成本，本章以合理假设进行推估。

参考现有相关文献研究成果，将算例测试中 SEIR 模型的相关参数给定如下：考虑一个地区人口总数 $N = 10\,000$，各种群人口的初始设置为 $S(0) = 9955$，$E(0) = 40$，$I(0) = 5$，$R(0) = 0$，流感疫情的相关传播系数设置为 $\beta = 4 \times 10^{-5}$，$\gamma = 0.6$，$\delta = 0.3$ 和 $\lambda = 1 \times 10^{-3}$。

一般而言，药品物资订购与输配送作业成本主要可分为三大类，分别为订购成本、库存成本与运输成本。由于详细数据无法顺利取得，故本节依据与实务人员访谈的结果、相关数据与文献等信息，经系统性整理、分析及合理假设后作为上述各项成本的输入数据。

本节中，仓储中心用来存储药品并依照医院的需求将药品配送到医院。因此，仓储中心会根据自己的需求向不同供应商订购药品补充自己仓库。由于在模型中只考虑一种常规性药品物资，为了便于计算，假设本模型中每个仓储中心向所有供应商订购的药品的数量是固定的，且药品的单位订购价格也是固定的。本书参照相关的数据以及某种实际药品的价格来设定每个仓储中心的单位订购价格参数。

在库存成本方面, 本节主要讨论的是仓储中心的库存成本, 且不同仓储中心的单位库存成本不一样。因此, 为便于计算, 参考相关文献的库存成本设定, 本节设置各个仓储中心的单位库存成本是递减的, 且价格相差 0.1 元。

在配送成本方面, 主要考虑从供应商到仓储中心的配送成本和从仓储中心到医院的配送成本。由于从供应商到各个仓储中心和从仓储中心到各个医院的距离不同, 本节设定在不同的部门间配送费也不相同。未来在实际应用该模型时, 决策者可依实际的情况进行调整。

由于实际库存空间运用和药品物资库存体积换算等数据取得不易, 对于最大库存容量限制标准的设定, 参考南京市某家大型医院的计算方式, 再进行合理假设。在安全库存方面, 也参照实际中的做法进行相关设定。目前各医院在实务操作中对于药品物资安全库存的设定标准如下: 对于仓储中心仓库, 其安全库存为仓储中心对物资的日平均需求量 (使用量) 的五倍, 即安全库存为五天的日平均需求量; 对于各个医院, 其安全库存为物资在该医院的日平均需求量的一倍, 即药品物资安全库存为一天的医院日平均需求量。

其他相关参数设置如表 10-1～ 表 10-4 所示。

表 10-1　　不同部门之间的运输成本设置　　　　　　　　(单位: 元)

仓储中心	S_1	S_2	S_3	H_1	H_2	H_3	H_4	H_5	H_6
DC_1	2	4	3	6	2	6	7	4	2
DC_2	4	3	5	4	9	5	3	8	5
DC_3	6	2	2	5	2	1	9	7	4

表 10-2　　医院的相关参数设置

医院	容量 X_k/人	固定成本 h_{1k}/元	单位成本 h_{2k}/元
H_1	40	35	2.5
H_2	45	34	2.6
H_3	40	33	2.7
H_4	45	32	2.8
H_5	40	31	2.9
H_6	35	30	3.0

注: 参数值 $k = 1, 2, \cdots, 6$

表 10-3　　仓储中心参数设置

仓储中心	容量 V_j /当量	订购成本 g_{1j}/元	库存成本 g_{2j}/元	订购量 v_j^0/当量	安全库存 v_j^s/当量
DC_1	120	6	1.4	40	10
DC_2	150	6.5	1.3	30	10
DC_3	120	7	1.2	40	10

注: 参数值 $j = 1, 2, 3$

表 10-4 供应商的参数设置

供应商	生产能力 D_i/当量	固定成本 f_{1i}/元	可变成本 f_{2i}/元
S_1	80	120	6
S_2	90	110	7
S_3	100	115	6.5

注: 参数值 $i = 1, 2, 3$

2. 测试结果分析

本节以 Microsoft Windows 7 操作系统为测试平台, 以 MATLAB R2012a 程序软件为开发环境进行模式构建与求解, 并于 Intel® Core™ 2.13GHz CPU, 2.00GB RAM 的计算机上执行程序运算, 以求得输出结果并进行相关分析。

图 10-3 展示了在预测阶段, 根据微分方程组 (10-1) 模拟出来的感染病人的数量与时间的关系。从图中可以看出, 传染病初期阶段, 患者的数量快速增加, 但总数较少。这主要是因为传染病流行初期, 仅有少数的病例出现, 这些患者发病可能并未及时就医, 或是新疫病刚开始没有得到明确诊断且无有效治疗方法和控制手段。随着时间的延长, 患病人数快速增加, 易感人群增多, 感染病例数迅速增多, 但是增加的速率放缓。主要由于这一阶段, 电台、电视、报纸等媒体加强了对疫情的宣传力度, 使人们提高了对疫病的预防, 人们开始有意识地减少出行, 避免与患者的接触, 主动采取防范措施, 并寻找有效的预防和治疗方法。与此同时, 政府也采取紧急措施, 但是政府命令从颁布到生效、落实, 要经过一个滞后期, 且疫病具有潜伏期。因此总体来说, 这一阶段患病人数还在不断增大, 直到达到最高峰。随着时间的推进, 由于政府及相关部门采取了相应的预防控制措施, 疫情在一定程度上有所控制, 感染病例数逐渐减少且趋于稳定, 预示疫情基本得到控制。本算例中, 从第 60 天后患者的数量逐渐减少直到稳定。

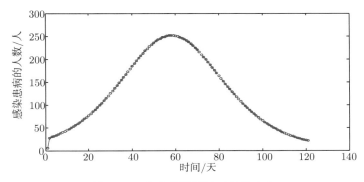

图 10-3 患者的数量随时间的变化

图 10-4 比较了利用微分方程组与差分方程组描述患者的数量随时间的变化曲

线的区别, 从图形可以看到利用差分方程组 $I(2)$ 描述的曲线利与微分方程 $I(1)$ 的区别不大。虽然连续时间模型较离散时间模型易于研究, 但离散模型往往是连续模型的近似, 易于进行计算机处理。同时, 许多传染病疫情的数据是按年、月、周或天来收集的, 因此, 研究离散时间的传染病模型比连续时间的模型更加符合实际。

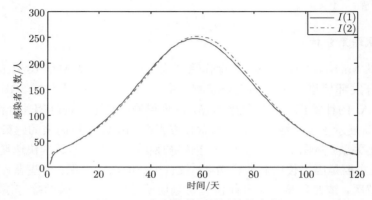

图 10-4　患者的数量随时间的变化

　　图 10-5 描述了在 120 天内, 三个仓储中心的库存水平随着时间的变化。仓储中心的库存变化分为四个时期, 每个时期 30 天。从图中可以看出, 第一时期和第四时期的库存水平比较低, 而第二时期和第三时期的库存水平较高。通过库存水平的变化能够很好地反映患病人数的变化。在传染病爆发初期即第一时期, 由于没有建立相应的响应机制, 也没有预防措施, 初期的感染病人到医院就医的很少, 医院所需要的药品物资较少, 医院向仓储中心药品物资的订购也较少, 仓储中心的库存水平较低。在第二时期和第三时期, 由于传染病的传播, 感染病人的数量增加, 医院的患者数量不断增加, 需要的药品物资量也不断增多, 仓储中心库存水平比较大。在第四时期, 由于政府和相关部门建立相应的预防和治疗措施, 患病人数得到了控制, 并且经过一段时间的治疗, 患者逐渐恢复健康。因此所需要的药品物资不断减少, 仓储中心的库存水平也较低。

　　图 10-6 描述了在 120 天内, 三个供应商的生产水平随着时间的变化情况。供应商的生产水平变化分为四个时期, 每个时期 30 天。从图形中可以看到在初始阶段只有 S_3 启动生产而 S_1 和 S_2 没有启动, 这是由于传染病初期患病人数较少, 去医院治疗的病人也较少, 因此所需要的医疗量也少, 此时 S_3 的生产能力完全可以满足医院需要的药品物资。随着时间的推移, 由于相关部门没有采取有效的措施, 也没有针对流感做相关的治疗, 易感染人群与患病人群接触增加, 传染病在第二时期和第三时期暴发, 患者人数大量增加, 到医院就诊的人数因而也大量增加。此时医院需求的药品物资较大, 因此在第二和第三阶段所有的生产商 (S_1、S_2、S_3) 都

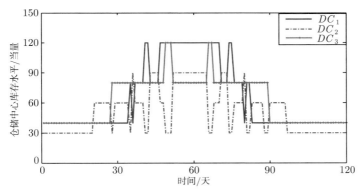

图 10-5 仓储存储中心的库存水平

启动了药品生产用来供应医院的药品需求。在第四阶段，大规模疫情的出现引起了政府和相关部门的高度重视，卫生系统迅速采取措施制定应对疫情的预案；在各级医疗机构中开通疫病流行病学调查和转诊的绿色通道；实施疫情报告制度。各部门密切协作，加强对疾病的监测，疫情扩散得到了有效遏制，感染病人逐渐恢复健康。因此，其他的生产商逐渐停止药品的生产，仅供应商 S_3 就能满足医院对药品的需求。

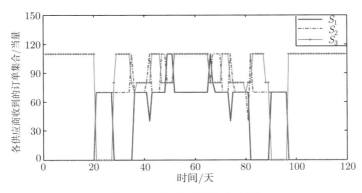

图 10-6 生产商的生产水平

在整体指派情形下，我们能够给出每天感染病人分配到各个医院的动态情况。例如，图 10-7 描述了在第 42 天患者整体分配到各个医院的病人数量。从图中可以看到，在这天医院 2、医院 3 和医院 6 接诊的患者达到了医院的容量限制，医院 4 中有部分患者，而医院 1 和医院 5 完全空置。考虑到医院的成本结构，这样的分配结果是我们考虑成本最优化方法的结果。很显然，我们的优化决策不希望在被分配到的医院没有满员的情况下，将患者分配到其他的医院，因为这样不仅会导致医院的成本上升，而且医院闲置的资源也会被浪费。

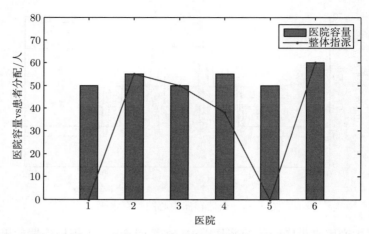

图 10-7 第 42 天病人分配到各个医院情况

3. 敏感性分析

本节所构建的优化模型在不同参数设定下，可能会造成不同的规划结果与绩效表现。因此，为了解相关参数对于规划结果的影响程度，本节针对模型相关参数进行敏感性分析，并整理其分析结果，供决策者进行规划作业时参考。

1) SEIR 模型参数 β 的敏感性分析

接触传染率 β 表示易感染人群接触疾病感染的概率，通过对接触传染率 β 进行灵敏度分析能够更好地分析它对传染病的影响，能够帮助我们采取措施控制传染病的传播。保持其他参数不变，分别选取 $\beta_1 = 3 \times 10^{-5}$，$\beta_2 = 4 \times 10^{-5}$，$\beta_3 = 5 \times 10^{-5}$ 进行敏感度分析，结果如图 10-8 所示。

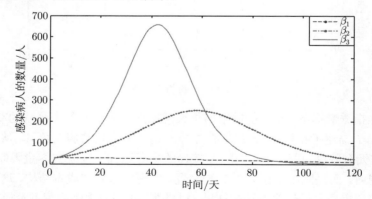

图 10-8 接触传染率 β 对患者人数的影响

如图 10-8 所示，随着接触传染率 β 的值增加，感染患者的数量随着增加，接触传染率提高百万分之一，患者人数将大幅度上升，是之前患者人数的几十倍。产生这一现象的原因是，疫情初期，新疫病刚开始没有得到明确诊断，无有效治疗方法和控制手段，人群能够正常的交流活动，因而当接触传染率 β 增加时，会使更多的易感染人群接触到传染病，导致患者人数大量的增加。测试结果表明接触传染率对感染患者的数量影响非常大。由此可以推测在传染病暴发初期，如果政府和相关部门能够采取措施，在疫情的初始阶段进行控制，对流感的控制有非常重要的作用。

2) SEIR 模型参数 γ 敏感性分析

患病率 γ 表示潜伏人群患病的概率，保持其他参数不变，分别选取 $\gamma_1 = 0.5$，$\gamma_2 = 0.6$，$\gamma_3 = 0.7$ 进行敏感度分析，测试患病率的变化对于患者人数的影响，结果如图 10-9 所示。

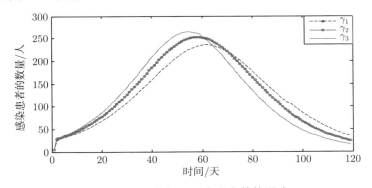

图 10-9　患病率 γ 对患者人数的影响

如图 10-9 所示，随着患病率 γ 的值的增加，患者人数的高峰期出现的时间逐渐提前，且高峰期人数有所增加。因此控制潜伏人群的发病率对于控制疫情的传播，降低患者的发病率具有同样重要的意义，建议政府部门和相关的医疗机构能够及时确诊疫情、研究出应对疾病的方法、对疫区采取隔离等措施，降低潜伏人群的患病率。

3) SEIR 模型参数 δ 敏感性分析

疾病恢复率 δ 表示患者通过治疗恢复的概率，对疾病恢复率 δ 进行灵敏度分析，观察它对流感扩散的影响，能够帮助我们采取相应的措施控制流感的传播。本书对疾病恢复率分别取值 $\delta_1 = 0.2$，$\delta_2 = 0.3$，$\delta_3 = 0.4$ 进行敏感度分析，测试疾病恢复率 δ 的变化对于患者人数的影响，结果如图 10-10 所示。

随着恢复率 δ 的值增加，感染患者的数量快速降低。这一现象的产生是因为大量的患者在得到及时救助后，恢复的人数大量的增加，患者人数会相应地减少。由图 10-10 可以看出，恢复率的改变量为 0.1，而患者恢复的数量是之前的 5~6 倍，由此可以推测，流感暴发期间，感染患者的数量对于恢复率的敏感程度非常高。因此政府应急部门和医疗系统部门在应对流感暴发期间是否能够及时大量地提供医疗帮助对于患者的恢复非常重要。

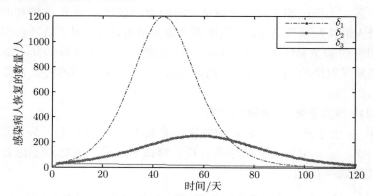

图 10-10 恢复率 δ 变对患者人数的影响

本节的目标是基于 SEIR 模型预测出患者人数，继而构建药品物资订购与配送协调优化模型，使得药品物资订购与配送总成本最小化。图 10-11 描述的是患者整体指派到医院情形下，参数 β 的改变对于药品物资订购与配送过程总成本的影响。在这里我们将参数 β 的值分别设置为 $\beta_1 = 3.9 \times 10^{-5}$，$\beta_2 = 4.0 \times 10^{-5}$ 和 $\beta_3 = 4.1 \times 10^{-5}$。从图中首先可以观察到随着时间的延长，目标总成本的变化是先增大后减小，这和传染病模型曲线变化一致，主要由于传染病患者的数量也是先增加后减少。其次，随着疾病传染率 β 的值增大，目标总成本的值也在不断地增加。主要的原因是当疾病传染率的值增加时，患病的概率增大，患病的人数越来越多，医院需求的药品物资也在不断地增加，目标总成本也在不断地增加。

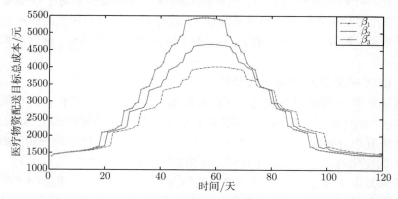

图 10-11 疾病传染率的变化对目标总成本的影响

图 10-12 描述的是患者整体指派情形下，参数 δ 的改变对于药品物资订购与配送过程总成本的影响。这里将参数 δ 的值分别设置为 $\delta_1 = 0.29$，$\delta_2 = 0.30$，$\delta_3 =$

0.31。从图 10-12 中可以观察到,随着恢复率 δ 的增大,目标总成本的值将逐步减少。主要的原因是随着疾病恢复率的增加,患者在医院得到更好的医疗服务,且政府已采取措施防治流感的传播。因此,恢复的人群数量越来越多,相反患病的人群的数量越来越少,医院需求的药品物资量不断减少,进而目标总成本也在不断减少。

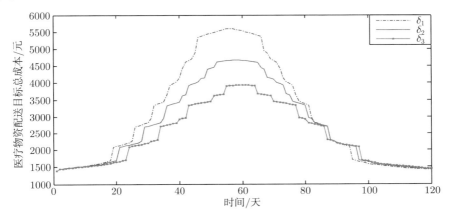

图 10-12　恢复率的变化对目标总成本的影响

图 10-13 描述的是患者整体指派情形下,参数 γ 的改变对于药品物资订购与配送过程总成本的影响。这里分别取 γ 的值为 $\gamma_1 = 0.5$,$\gamma_2 = 0.6$,$\gamma_3 = 0.7$。从图 10-13 可以观察到随着患病率的增加,总成本也在不断地增加。主要原因是患病率的增加会导致更多的潜伏人群患病,医院需求的药品物资将增多,导致医疗物流总成本增大。因此,在流感初期,能否降低潜伏期的患病率对于降低物流成本具有很大意义。

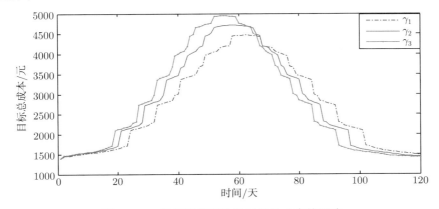

图 10-13　患病率的变化对目标总成本的影响

10.3　订购量为决策变量情形下的药品物资订购与配送排程规划

本节在 10.2 节研究的基础上，把实际运营环境中药品物资的订购量不确定性的特点纳入考虑范围，将 10.2 节中固定的订购量这一参数改为优化模型中的一个决策变量，探究在该环境下的药品采购与供应协调优化模型，以及最优订购量的变化情况，从而使所规划的结果能更符合现实环境的情况。最后，对两种模型的算例结果进行综合比较并对相关参数进行敏感性分析。

由于流感患者人数的预测在 10.2 节已经有详细的描述，并且本节采取的预测方法和 10.2 节相同，为了避免重复，在这里不再对流感患者人数的预测模型进行描述。下面将着重描述药品物资订购与配送规划模型的构建情况。

10.3.1　模型构建

1. 模型基本假设

本节的模型假设条件与 10.2.2 节中的模型假设条件基本一致，除了假设 (5) 改变如下：

假设 (5′) 药品物资订购量不固定。

在现实环境中，需求量会受许多随机因素的干扰而产生变化，因此本规划模型以 10.2 节所构建的优化模型为基础，将药品物资订购量作为一个决策变量纳入优化模型中，使规划结果能符合现实环境的不确定情况。

2. 符号说明

模型建立所涉及的参数和符号说明如下。

参数说明。

I, i：药品供应商 S 的集合，$i = 1, 2, \cdots, I$；J, j：仓储中心 DC 的集合，$j = 1, 2, \cdots, J$；K, k：医院 H 的集合，$k = 1, 2, \cdots, K$；m：每个病人平均每天用药量；X_k：医院 H_k 的容量；$h_k(t)$：医院 H_k 在 t 时刻的总成本；h_{1k}：医院 H_k 固定成本系数；h_{2k}：医院 H_k 可变成本系数，与医院接收的患者人数正相关；$g_j(t)$：仓储中心 DC_j 在 t 时刻的总成本；g_{1j}：仓储中心 DC_j 的固定订购成本；g_{2j}：仓储中心 DC_j 的存储成本系数，与仓储中心库存的药品数量正相关；D_i：供应商 S_i 最大产能限制；$f_i(t)$：供应商 S_i 在 t 时刻的总成本；f_{1i}：供应商 S_i 制造药品的固定成本系数；f_{2i}：供应商 S_i 制造药品的可变成本系数，与所需生产的药品数量正相关；$d_i(t)$：供应商 S_i 在 t 时刻接到的订单量；$u^i(t)$：供应商 S_i 在 t 时刻的运输成本；$w^j(t)$：仓储中心在 t 时刻的运输成本；M：某个大数。

决策变量。

$x_k(t)$：在 t 时刻医院 H_k 接收的流感患者数量；$z_j^i(t)$：在 t 时刻从供应商 S_i 到仓储中心 DC_j 的药品运输量；$y_k^j(t)$：t 时刻从仓储中心 DC_j 到医院 H_k 的药品运输量；$v_j(t)$：t 时刻仓储中心 DC_j 的药品库存量；$v_j^i(t)$：t 时刻内仓储中心向供应商订购的药品量；$\alpha_k(t)$：0-1 变量，医院 H_k 在 t 时刻是否启用；$\varepsilon_j^i(t)$：0-1 变量，仓储中心 DC_j 在 t 时刻是否向 S_i 订购药品；$\omega_i(t)$：0-1 变量，供应商 S_i 在 t 时刻是否生产药品。

基于以上说明，订购量为决策变量情形下的药品物资订购与配送协调优化模型可以表达如下[9]。

$$\min Z = \sum_{t=1}^{T} \left(\sum_{k=1}^{K} h_k(t) + \sum_{j=1}^{J} (g_j(t) + w^j(t)) + \sum_{i=1}^{I} (f_i(t) + u^i(t)) \right) \tag{10-13}$$

$$\text{s.t.} \quad \sum_{k=1}^{K} x_k(t) = I(t), \quad \forall t \in T \tag{10-14}$$

$$x_k(t) \leqslant \alpha_k(t) X_k, \quad \forall k \in K, t \in T \tag{10-15}$$

$$v_j^s \leqslant v_j(t) \leqslant V_j, \quad \forall j \in J, t \in T \tag{10-16}$$

$$v_j(t) = \sum_{i=1}^{I} v_j^i(t) - \sum_{k=1}^{K} y_k^j(t), \quad \forall t = 1, \cdots, T, \ j = 1, \cdots, J \tag{10-17}$$

$$mx_k(t) = \sum_{j=1}^{J} y_k^j(t), \quad \forall k \in K, t \in T \tag{10-18}$$

$$d_i(t) \leqslant D_i, \quad \forall i \in I, t \in T \tag{10-19}$$

$$v_j^i(t) \leqslant M\varepsilon_j^i(t), \quad \forall i \in I, j \in J, t \in T \tag{10-20}$$

$$\varepsilon_j^i(t) \leqslant \omega_i(t), \quad \forall i \in I, j \in J, t \in T \tag{10-21}$$

$$\alpha_k(t), \varepsilon_j^i(t), \omega_i(t) \in \{0, 1\}, \quad \forall i \in I, j \in J, k \in K, t \in T \tag{10-22}$$

$$x_k(t), y_k^j(t), z_j^i(t), v_j(t) \in \text{Int}, \quad \forall i \in I, j \in J, k \in K, t \in T \tag{10-23}$$

其中，目标函数式 (10-13) 为在订购量为决策变量情况下药品物资订购与配送总成本最小化，包括三部分：第一部分为医院的运营成本，第二部分为药品物资的订购成本和仓库的滞留成本，第三部分为供应商的生产成本和运输成本；约束条件式 (10-14) 保证所有患者都能分配到医院；约束条件式 (10-15) 表示医院的容量限制；约束条件式 (10-16) 表示仓储中心的安全库存；约束条件式 (10-17) 表示仓储中心的流量守恒，即仓储中心存储量和向医院配送的药品物资的数量之和与仓储中心向供应商订购的药品物资的数量相等；约束条件式 (10-18) 表示患者所需的药品需求都能够得到满足；约束条件式 (10-19) 表示供应商的产能限制；约束条件式

(10-20) 和式 (10-21) 表示仓储中心是否订购与供应商是否生产之间的逻辑关系；约束条件式 (10-22) 和式 (10-23) 为变量类型的约束。很显然，由于决策变量中既存在 0-1 决策变量，又存在整数决策变量，因此，上述优化模型也是一个 0-1 混合整数规划模型。

10.3.2　模型求解思路

由于本节所构建的优化模型为 0-1 混合整数规划问题，该模型可以通过调用 MATLAB 软件中的相关命令进行求解。参照 10.2.3 节模型求解思路，给出本节模型的求解思路如下。

步骤 1：初始化参数。设定参数的初始值，包括供应商的生产能力、存储中心仓库和医院的最大安全库存量、安全库存量与初始库存量，各项成本数据，以及其他相关参数数据。

步骤 2：利用 10.2.1 节中的方法预测感染患者的数量以及药品物资的需求量。

步骤 3：令 $t = 1$。

步骤 4：以医疗系统总成本最小化为目标，利用 MATLAB 软件中的 milp 命令求解医院在 t 天的药品物资订购与配送排程结果。与 10.2.3 中不同的是，这里订购量也是一个决策变量。

步骤 5：判断 $t \geqslant T$ 是否成立。若是，则进行下一步；否则，令 $t = t+1$，并回到步骤 4，直到整个规划期的订购、配送排程情况全部确定。

步骤 6：记录最优的规划排程数据以及总的运作成本。

10.3.3　算例测试

1. 算例数据分析

与 10.2 节算例部分一样，本节构建的药品物资订购与配送排程规划模型仍然以南京市某家医院的历史资料为主要依据。但由于实际中药品物资需求的分布形态难以得知，且人力、物力有限，为简化起见，本节仍依照从业人员的经验，根据流感传播规律预测出来的患者人数合理推估各药品物资需求。未来医院管理者在实际应用时，可根据实际需求情况对本节提出的排程规划模型进行调整，以求得更符合实际情况的药品物资订购与配送的排程规划结果。本节算例中所需的各项参数均按照 10.2.4 节的要求进行设置，在此不再赘述。下面对两种模型的算例结果进行综合比较，并对相关参数进行敏感性分析。

2. 测试结果分析

图 10-14 描述的是仓储中心在订购方式不同的情况下每天订购量的变化情况比较。本书将 120 天分为四个阶段，从图中可以看出每个配送中心在第一阶段和

第四阶段订购量比较低，而在第二阶段和第三阶段订购量比较高。这种曲线变化情况与流感患者人数变化比较相似，原因在于第一阶段和第四阶段处于流感暴发的初期和末期，感染的人口规模小，对药品物资的需求相对较低，因此每个配送中心的订购量在第一阶段和第四阶段也相对比较低。而在第二阶段和第三阶段订购水平较高是因为这两个阶段处于流感扩散的中期，感染患者数量增多，所需的药品物资也比较多，需要加快生产以适应快速增长的需求。

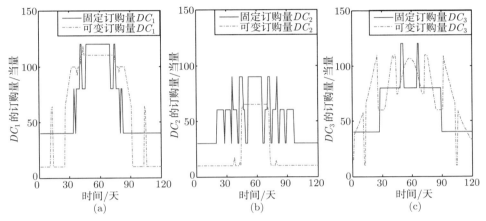

图 10-14　不同订购方式下仓储中心订购水平之间的比较

　　同时，本书也比较了在不同订购方式下每个仓储中心订购量之间的区别。在图 10-15 中，可以观察到在订购量固定的情况下，每个仓储中心的订购水平曲线有很长一段时间是水平的，波动状况不是很明显。然而在订购量为决策变量的情况下，仓储中心的订购水平波动频繁且无规律。主要原因是当订购量为固定时，订购量是提前设定好的，一般依据决策者过去的经验和历史数据获得，因此较为稳定；而在订购量为决策变量情形下，仓储中心的订购水平是不确定的并且随着时间变化而不断变化，导致波动变化大。实际上，订购量的调整使得订购水平可以系统地进行优化，这不仅能够帮助管理者精确了解实际案例中的物流情况，而且能提供更为准确的药品物资的需求预测。

　　图 10-15 描述的是三个供应商在订购方式不同的情况下每天接收的订单变化情况。从图中可以看出，供应商在第一阶段和第四阶段只有供应商 S_3 在生产药品物资，而在第二阶段和第三阶段，三个供应商 S_1、S_2、S_3 全部生产药品物资。这和图 10-14 仓储中心订购量的变化情况一致。主要是不同阶段流感患者数量不同导致的药品物资需求量不同。同时，本节也比较了不同订购方式下每个供应商生产水平之间的区别。从图 10-15 中可以发现，当订购量为决策变量时，供应商的生产水平变化随着时间而不断波动；而当订购量不变时，供应商的生产水平曲线波动情况

较小。在实际情况中，订购量为决策变量的情况更合理，更能满足实际生活中的药品物资的需求。

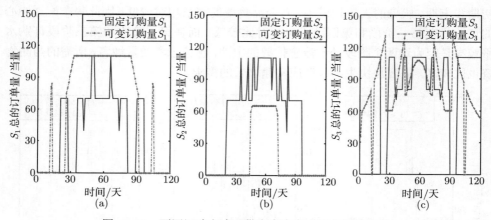

图 10-15　不同订购方式下供应商生产水平之间的比较

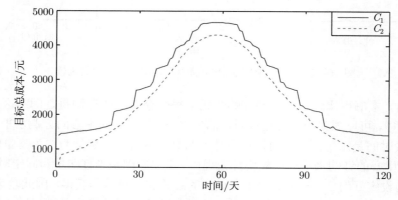

图 10-16　不同订购方式下目标总成之间的比较

图 10-16 描述了在不同订购方式下总目标成本随着时间变化的情况，C_1、C_2 分别表示订购量固定、订购量为决策变量时的总目标成本。从图中可以很明显地看出，在订购量为决策变量的情况下，目标总成本的值相对更低，比订购量固定时的目标总成本大致低了 500 元。主要原因是订购量固定的情况下，主要依据决策者的经验和以前的数据来订购药品物资，产生了许多不切实际的需求以及大量的资源浪费，导致物流成本增大。而订购量为决策变量时，主要依据医院的实时需求对药品物资进行订购，更符合实际的情况。

3. 敏感性分析

本节敏感性分析主要讨论在订购量为决策变量的情况下，SEIR 预测模型的参数变化对目标总成本的影响。由第 9 章可知，参数 β 和 δ 的变化对目标总成本的影响较大。因此下面主要讨论在订购量为决策变量的情况下，这两个参数的改变对于目标总成本的影响。

图 10-17 描述的是在订购量为决策变量的情况下，探究改变疾病传染率 β 的值对目标总成本的影响，并且与订购量为固定值时的目标总成本改变情况进行比较。在这里，设定 β 的值分别为 $\beta_1 = 3.9 \times 10^{-5}$，$\beta_2 = 4.0 \times 10^{-5}$，$\beta_3 = 4.1 \times 10^{-5}$。由图 10-17 可以观察到，随着时间的变化，目标总成本先增加后减少。随着疾病传染率 β 的值的增大，目标总成本的值也增大。主要原因是疾病传染率的增大使易感染人群感染疾病的概率增大，患者的数量增加，医院对药品物资的需求变大导致目标总成本的增加。与图 10-11 进行比较可以发现以下两点，首先是目标总成本的曲线相对比较光滑；其次是目标总成本的值也比固定订购量时要低。这主要因为在实际情况中，医院药品物资的需求是动态实时的，订购量改为决策变量的情况更符合现实的需求，不仅能够实时动态地满足医院的需求，而且能够极大地降低目标总成本。

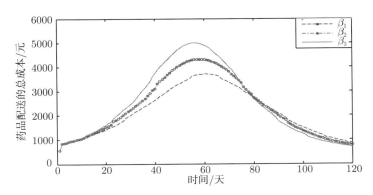

图 10-17　疾病传播率的变化 β 对目标总成本的影响

图 10-18 描述的是在订购量为决策变量的情况下，改变疾病恢复率 δ 的值对目标总成本的影响，并且与订购量为固定值的时目标总成本改变情况进行了比较。我们将疾病恢复率 δ 分别设为 $\delta_1 = 0.29$，$\delta_2 = 0.30$，$\delta_3 = 0.31$，并观察目标总成本的变化情况。由图可以观察到随着时间的变化，目标总成本先增加后减少，这与疾病传播模型曲线基本一致。此外，随着疾病恢复率的增大，目标总成本的值也相应减少。主要原因是疾病恢复率增大，导致更多的感染病患者恢复健康，患者的数量不断减少，医院需求的药品物资也不断减少，导致目标成本的降低。另外，与订购量为固定值时的目标总成本的比较情况和图 10-12 论述的基本一致，在此将不再叙述。

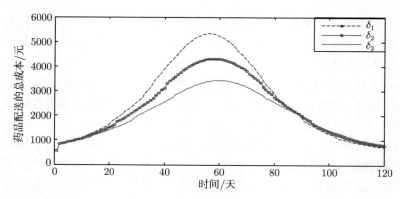

图 10-18　疾病恢复率 δ 的变化对目标总成本的影响

10.4　患者随机指派情形下的药品物资订购与配送排程规划

本节在 10.2 节研究的基础上，考虑在实际生活中，患者受各种因素的影响，选择医院具有随机性特点，构建患者随机指派到各定点医院情形下的药品物资订购与配送规划模型，探究在该环境下的药品采购与供应协调优化模型，以及最优订购量的变化情况。本书对整体指派和随机指派两种模型的算例结果进行综合比较并对相关参数进行敏感性分析。

由于流感患者人数的预测在 10.2 节已经有详细的描述，并且本节采取的预测方法和 10.2 节相同，为了避免重复，这里不再对流感患者人数的预测模型进行描述。下面将着重从患者随机分配到医院的角度研究药品物资订购与配送协调优化模型的构建情况。

10.4.1　模型规划

在实际环境中，流感患者对诊疗医院的选择具有很大的随机性。考虑到这一实际情况，我们进一步将 10.2 节模型中患者整体指派到各医院这一条件放松，研究患者在医院容量范围内随机分配到各医院的情形，构建该环境下的药品物资的订购与配送规划模型。

1. 模型说明

为方便模型效果的比较，患者随机指派到各医院情形下药品物资订购与配送协调优化模型的假设和符号说明与 10.2.2 节中的相同，在此不再叙述。两者不同之处为以下几点。

(1) 在整体指派情形下，决策变量 $x_k(t)$(即 t 时刻医院 H_k 接收的流感患者数量) 需要等到优化模型求解后方可得知；而在随机指派情形下，t 时刻医院 H_k 接

收的流感患者数量 $x_k(t)$ 是一个随机数, 各医院所接收的患者数 $x_k(t)$ 之和仍然满足约束条件式 (10-14), 但该随机数由模拟随机生成, 而并非由模型优化结果导出.

(2) 由于决策变量 $x_k(t)$ 来源和性质的变化, 医院是否启用的 0-1 决策变量 $\alpha_k(t)$ 在求解过程中也随之变化, 进而导致其他相关决策变量发生改变.

(3) 由于决策变量 $x_k(t)$ 来源和性质的变化, 各医院的药品需求也变得随机指派, 从而延伸出模型的性质从 0-1 混合整数规划模型转化为一个随机整数规划模型, 且对于任意时刻 t, 该模型可以转化为一个两阶段的运输问题.

(4) 由于两个模型的性质不同, 两个模型的求解方法也有所区别.

2. **数学表达**

基于以上说明, 患者随机指派情形下的药品物资订购与配送协调优化模型与患者整体指派情形下的数学模型基本一致, 只是在患者分配和医院容量控制约束方面转为人为主观决定, 因此模型的数学表达可简化为

$$\min Z = \sum_{t=1}^{T}\left(\sum_{k=1}^{K}h_k(t)+\sum_{j=1}^{J}\left(g_j(t)+w^j(t)\right)+\sum_{i=1}^{I}\left(f_i(t)+u^i(t)\right)\right) \tag{10-24}$$

$$\text{s.t.}\quad v_j^s \leqslant v_j(t) \leqslant V_j, \quad \forall j\in J, t\in T \tag{10-25}$$

$$v_j(t)=\sum_{i=1}^{I}z_j^i(t)-\sum_{k=1}^{K}y_k^j(t), \quad \forall j\in J, t\in T \tag{10-26}$$

$$mx_k(t)=\sum_{j=1}^{J}y_k^j(t), \quad \forall k\in K, t\in T \tag{10-27}$$

$$d_i(t)\leqslant D_i, \quad \forall i\in I, t\in T \tag{10-28}$$

$$\varepsilon_j^i(t)\leqslant \omega_i(t), \quad \forall i\in I, j\in J, t\in T \tag{10-29}$$

$$\varepsilon_j^i(t),\omega_i(t)\in\{0,1\}, \quad \forall i\in I, j\in J, t\in T \tag{10-30}$$

$$x_k(t),y_k^j(t),z_j^i(t),v_j(t)\in\text{Int}, \quad \forall i\in I, j\in J, k\in K, t\in T \tag{10-31}$$

该模型的目标函数与约束条件的解释与 10.2.2 节中基本一致, 在此不再赘述.

10.4.2　模型求解思路

患者随机指派模型的求解思路大致和整体指派相同, 不同之处在于后者模型中患者是随机指派到医院, 因此需要在整体指派求解步骤 3 与步骤 4 之间加上一个步骤. 其具体思路是根据各个医院的容量约束, 利用随机函数随机生成 N 个数值, 且保证这些数之和与此时预测出的患者数量相等, 然后进行多次迭代 (如 1000

次) 循环取平均值, 将此 N 组数随机分配到相应的 N 个医院, 其他算法步骤与上一节相同 (图 10-19)。具体操作步骤在此不再赘述。

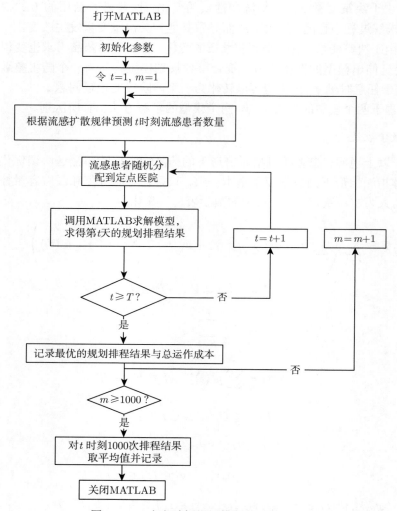

图 10-19   患者随机指派模型的计算过程

10.4.3   算例测试

1. 算例数据分析

与 10.2 节算例部分一样, 本节构建的基于流感传播的药品物资订购与配送排程规划模型仍然以南京市某家医院的历史资料为主要依据。与 10.2.4 节相同, 本节单种物资随机性模型中的药品物资需求量数据、成本数据和库存容量参数均参考自南京市某家医院的历史资料，在此不再赘述。下面将对两种模型的算例结果进行综合比较并对相关参数进行敏感性分析。

2. 测试结果分析

本节以 Microsoft Windows 7 操作系统为测试平台，以 MATLAB R2012a 程序软件为开发环境进行模式构建与求解，并于 Intel® Core™ 2.13GHz CPU，2.00GB RAM 的个人计算机上执行程序运算，以求得输出结果并进行相关分析。

图 10-20 描述的是患者整体指派和随机指派到医院两种情形下，供应商生产水平的比较情况。$S_{1\text{-}1}$、$S_{2\text{-}1}$、$S_{3\text{-}1}$ 表示患者整体指派情形下 3 个供应商的生产水平；$S_{1\text{-}2}$、$S_{2\text{-}2}$、$S_{3\text{-}2}$ 表示患者随机指派情形下 3 个供应商的生产水平。从图 10-20 中可以看出，首先，两种情形下供应商的生产水平随时间变化与传染病人暴发期间患病人数的变化情况一致，这在图 10-6 已详细说明。其次，患者整体指派到医院情形下供应商的生产水平与患者随机指派到医院情形下的生产水平相似，但前者的仿真曲线更具有规律性。两种情形下供应商的生产水平相似主要原因在于基于流感传播模型预测出的患病总人数一定，因此需求的药品物资总量不变，导致供应商的生产水平变化不大。此外，与患者随机分配到医院不同的是，患者整体指派到医院的情形下，优化模型依据医院的成本结构将患者依次安排到不同的医院，并且保证医院在没有满员的情形下，患者不会被安排到其他的医院，因此患者需求的药品物资能够从供应商依次得到满足。

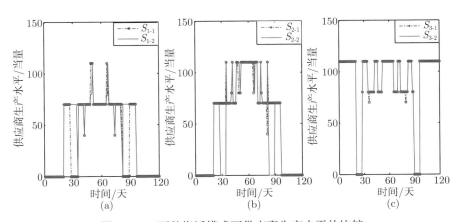

图 10-20 两种指派模式下供应商生产水平的比较

图 10-21 描述的是患者整体指派和随机指派到医院两种情形下，仓储中心的库存水平变化情况。$DC_{1\text{-}1}$、$DC_{2\text{-}1}$、$DC_{3\text{-}1}$ 表示患者整体指派情形时三个 DC 的库存水平；$DC_{1\text{-}2}$、$DC_{2\text{-}2}$、$DC_{3\text{-}2}$ 表示患者随机指派情形下三个 DC 的库存水平。从图 10-21 中可以看到，两种情形下的仓储中心的存储水平整体趋势都是先增大后

减小, 这与患者仿真曲线的变化情况是相符合的。但是, 患者随机指派到医院的情形下, 仓储中心的存储水平曲线波动频率较大, 主要原因是患者随机指派模型是将患者随机分配到各个医院, 具有不确定性的特点, 导致医院需求的药品物资也具有随机性, 仓储中心的存储水平仿真曲线波动频率大, 且无规律性。

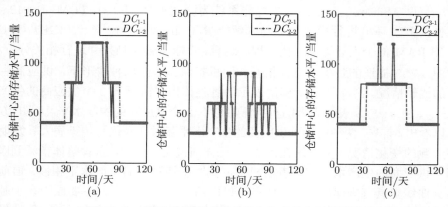

图 10-21　两种指派模式下仓储中心存储水平的比较

　　图 10-22 展示的是截取第 42 天两种情形下各医院的患者分配情况。当患者整体指派到医院时, 图 10-7 已经做过相关解释, 在此不再赘述; 当患者随机指派时, 医院患者的分配情形是所有的医院都接收了一定量的患者。产生这一现象的原因是整体指派的情况是依据医院的容量, 患者依次被分配到各个医院, 只有医院满员的情况下, 才被分配到下一个医院; 而随机指派到医院的患者不具有这一特性, 每个医院获得患者数量也不确定, 前者是依据医院的成本结构, 由模型的优化的结果得到的。

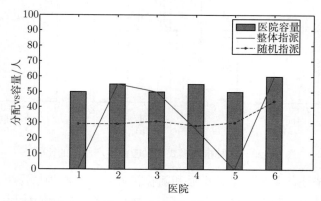

图 10-22　第 42 天患者分配到各个医院情况

　　图 10-23 描述的是患者整体指派到医院和随机指派到医院两种情形下累积目

标总成本的比较情况，其中患者随机指派到医院情形下物流总成本比较高。主要原因是患者整体指派到医院的情况是由模型的优化结果得到的，能够充分利用医院的资源；而患者随机指派到医院的情形主要是现实生活中患者受各种因素的影响，随机选择医院。因而，会造成医院闲置资源大量浪费，物流总成本会比较高。

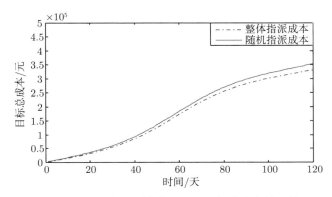

图 10-23　两种指派模式下累积目标总成本的比较

3. 敏感性分析

在患者随机指派到医院的情形下，SEIR 模型参数对药品物资订购与配送总成本也存在着显著的影响。图 10-24 描述的是两种指派情形下，参数 β 的改变对累积物流成本的影响。从图中可以观察到随着接触传染率 β 增大，药品物资订购与配送的累积物流成本逐渐增加。原因主要是，随着流感传染率的增加，人群接触到流感的机会增加，越来越多易感染人群变为疾病潜伏人群，导致患者人数增加，医院需求的药品物资也相应地增加，于是，药品物资的总物流成本也会增加。同时我们也可以观察到，当参数 β 的值一定时，患者随机指派到医院情形下的医疗物流总成本的值要比患者整体指派情形的值大，造成这一现象的原因是在整体指派情形下，患者是依据医院的成本结构优化分配到医院的，能够充分利用医院的资源。

图 10-25 描述的是在两种指派模式下 SEIR 模型参数 δ 的改变对累积物流成本的影响。同样从图中可以观察到，当参数 δ 的值一定时，随机指派模式下累积物流成本曲线比整体指派模式下的累积物流成本曲线高。结合图 10-22 可知，其主要原因是患者随机指派到医院会造成医院资源的浪费，很多医院并未满负荷运行，由此造成医院运营成本的增加。

图 10-26 描述的是两种指派情形下 SEIR 模型参数 γ 改变对累积物流成本的影响，参数的具体设置与图 10-13 相同。从图中也可观察到类似的结论，在此不再赘述。

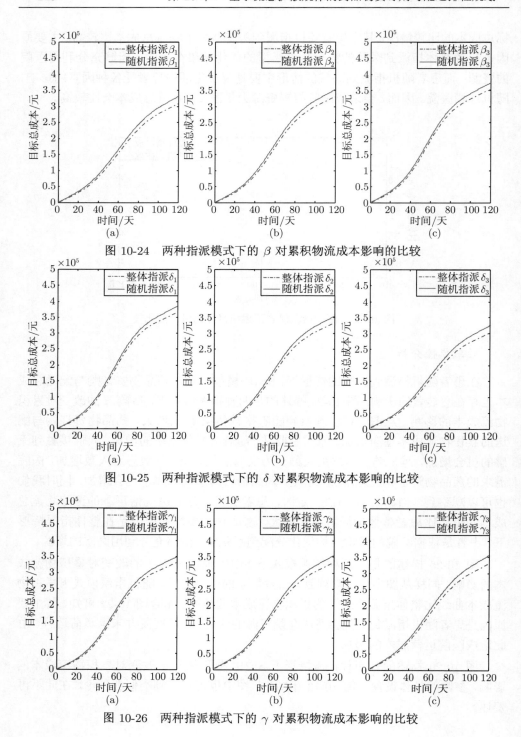

图 10-24　两种指派模式下的 β 对累积物流成本影响的比较

图 10-25　两种指派模式下的 δ 对累积物流成本影响的比较

图 10-26　两种指派模式下的 γ 对累积物流成本影响的比较

总体而言，本章以流感扩散环境下的药品物资订购与配送规划为研究内容，首先，提出了相关流感扩散规律研究，再建立人口流动情形下的流感扩散动力学模型，找出其扩散的关键控制参数，继而构建出药品时变需求预测模型；其次，从需求驱动和容量约束的角度，研究了流感患者的整体指派优化行为，在考虑药品生产商的生产能力、提前期水平以及药品储备分销中心的订购决策行为等因素的基础上，构建了药品采购与供应协调优化模型；然后，将上述问题中的"流感患者的整体指派优化行为"这一限制条件放松，考虑患者随机分配到各医院的情形下，应如何订购与配送药品物资，使得整体运营成本最小；在上述工作的基础上，本章进一步对模型进行拓展，将固定量的订购决策改变为优化模型中的一个决策变量，探究在该环境下的药品采购与供应协调优化模型，以及最优订购量的变化情况。

参 考 文 献

[1] WHO. Seasonal Influenza [EB/OL], http:/www.who.int/mediacentre/factsheets/fs211/en/. [2015-10-20].

[2] 中国疾病预防控制中心 [EB/OL]. www.chinacdc.cn. [2015-10-20].

[3] Zhou S. 季节性流感的多元激发理论及其包含气象和社会行为因素的数学模型[J]. 热带气象学报, 2009, 25(6): 706-716.

[4] 陈江平, 张兰兰, 余远剑, 等. 利用空间自相关的中国内陆甲型 H1N1 流感疫情分析[J]. 武汉大学学报 (信息科学版), 2011, 36(11): 1363-1366.

[5] 刘德海, 王维国, 孙康. 基于演化博弈的重大突发公共卫生事件情景预测模型与防控措施[J]. 系统工程理论与实践, 2012, 32(5): 937-946.

[6] Arenas A J, González-Parra G, Chen-Charpentier B M. Dynamical analysis of the transmission of seasonal diseases using the differential transformation method[J]. Mathematical and Computer Modelling, 2009, 50(5-6): 765-776.

[7] Rahman S U, Smith D K. Use of location-allocation models in health service development planning in developing Nations[J]. European Journal of Operational Research, 2000, 123(3): 437-452.

[8] Liu M, Su W L. A multi-stage scheduling method for medical resources order and distribution based on influenza diffusion model[J]. ICIC Express Letters Part B: Applications, 2016, 7(7): 1559-1566.

[9] Liu M, Su W L. An improvement of scheduling method for medical resource order and distribution[C]. Proceedings of the 35th Chinese Control Conference, Chengdu, 2016: 2685-2689.

索　引